历 史 自 信

——中华文明照亮世界

陈敬亭 著

山西出版传媒集团
山西人民出版社

图书在版编目（CIP）数据

历史自信：中华文明照亮世界 / 陈敬亭著. — 太原：山西人民出版社，2023.2

ISBN 978-7-203-12519-8

Ⅰ. ①历… Ⅱ. ①陈… Ⅲ. ①中华文化—研究 Ⅳ. ① K203

中国版本图书馆 CIP 数据核字（2022）第 237805 号

历史自信：中华文明照亮世界

著　　者：陈敬亭
责任编辑：吕绘元
复　　审：刘小玲
终　　审：武　静
装帧设计：海　云

出 版 者：山西出版传媒集团・山西人民出版社
地　　址：太原市建设南路 21 号
邮　　编：030012
发行营销：0351-4922220　4955996　4956039　4922127（传真）
天猫官网：https://sxrmcbs.tmall.com　电话：0351-4922159
E-mail：sxskcb@163.com　发行部
sxskcb@126.com　总编室
网　　址：www.sxskcb.com

经 销 者：山西出版传媒集团・山西人民出版社
承 印 厂：北京科普瑞印刷有限责任公司

开　　本：710mm × 1000mm　1/16
印　　张：19
字　　数：300 千字
版　　次：2023 年 2 月　第 1 版
印　　次：2023 年 6 月　第 2 次印刷
书　　号：ISBN 978-7-203-12519-8
定　　价：68.00 元

自 序

2000多年前，伟大的中国史学家司马迁撰写了《史记》。《史记》是一部对中国前3000年历史做全面、系统记述的史学巨著，也是一部具有世界意识的史学巨著。《史记》有专门的列传，如《匈奴列传》《大宛列传》等，对当时中国周边国家的历史做了详细的记述，同时也对远在西亚，与汉王朝并无直接联系的一些国家做了简略但又不失清晰的介绍，已经具备世界史的雏形。

爱奥尼亚人希罗多德撰写的《历史》一书，是西方世界第一部有影响的史学著作。《历史》视野所及包括了西亚、北非、黑海和地中海沿岸、意大利等许多地方，而不仅仅是古希腊的方寸之地，也具有了一定的世界史性质。

但无论是《史记》还是《历史》所记述的世界都局限于时代，并不是近现代意义上的世界。将近现代意义的世界——地球世界历史作为记述对象的世界史著作则是由拉丁欧洲人最先完成的。

1492年发现新大陆后，拉丁欧洲人迅速走上了殖民扩张的道路，他们不断闯入世界新的角落，征服当地的民族，摧毁当地的文明，建立起一个个庞大的殖民帝国。殖民扩张的巨大成功使拉丁欧洲人的种族和文明优越感迅速滋生，不断强化。正是在这样一种社会氛围下，18世纪后期、19世纪前期拉丁欧洲人开始了活跃的近现代意义世界史的创制，为以后200余年的西方世界史写作确立了基本精神、基本思想、基本框架，虽然不断有修改和补充，但充其量都是无关大局的小修小补。

19世纪中期后，西方世界的进一步扩张，更使西方人得以将他们种族、文明优越的世界史观作为思想武器、侵略工具传播到了世界的每个角落。由于西方史家始终毫无愧色地以科学态度、据实直书为标榜，加之还维持着在经济、科技等方面的领先优势，时至今日，少有人对其世界史的真实性和客观性提出质疑。

在强烈的种族、文明优越感支配和影响下，公开主张“自恺撒—伯利克里的时代直至目前，历史上伟大戏剧里的主角都是由欧洲的白种人担当”的“西方版世界史”，真的能对世界其他民族、其他文明，尤其是对曾经长期辉煌，近代一时落伍的东方民族、东方文明，对世界历史特别是西方历史发展所施加的影响、所做出的贡献，做出客观的、恰如其分的评价吗？

在西方的世界史写作中究竟是真相重要还是利益重要？

为拉丁西方文明奠定基础、提供传统的基督教文化，其史学的基本观念是为了上帝，为了宗教利益，可以杜撰史实、歪曲史实。不如此，又怎么能将一部中世纪的世界史写成上帝惩戒恶魔，振兴基督教，拯救人类，教会统治最终取代世俗统治的历史。

今天放在各位读者面前的这本书，便是作者基于对西方历史写作不能盲目相信的态度，以考古发现、原始文献为依据，重新检视西方世界历史叙事的部分结果。

历史的事实可以清楚地表明：西方史家所鼓吹的从古希腊时代起，文明的太阳就一直高悬西方的天空，从来不曾落下，或许永远也不会落下的观点是十分荒谬的。

就如同自然界的太阳每天都是从东方升起一样，人类文明的太阳也是最先从东方升起的，而且曾经长久地高悬在东方的天空，正是在东方太阳的照耀下，西方才得以成功地走出黑暗，开始其近300年如日中天的时代。

回首5000余年的人类文明史，历史给予中国人更多的是自信而非自卑。中国人应当彻底走出近代失败的阴影，恢复民族自信和文化自信，充满信心去迎接新时代的到来。

西边的太阳快要落山了，人类历史旧的一天很快就会过去，新的一天即将来临。

太阳将再度从东方升起。

陈敬亭

2022年10月7日于上海

目 录

第一章 中国：人类文明诞生的地方

人类文明最早出现于何地？西方学者的普遍观点是两河流域的苏美尔。近二三百年来，由于西方的优势地位，西方的观点也就成了世界性的结论。事实果真如此吗？我们不妨探讨一下。

文明曙光的最初出现

国际社会一般认为，文明曙光指的是农业的出现以及陶器的发明。

人类诞生以后的数百万年间，一直以采摘野生植物、捕杀野生动物作为食物来源，通过向大自然索取来生存和繁衍。直至新石器时代，人类开始尝试运用多年积累的经验，将野生植物培育成可以人工栽培的作物，将某些动物驯化为家畜，为人类提供更稳定和更多的食物。人类从单纯的消费者变成生产者，这是人类发展历史上一次革命性的变化，标志着文明曙光的出现。

陶器的发明同样具有划时代的意义，它是人类第一次改变自然材料性质的重大创造，揭开了人类利用自然的崭新篇章，使人类以后的文明、发展成为可能。

西方史学的主流观点认为，文明曙光最初出现在西亚的黎凡特，以后又向中亚、欧洲扩散，最终甚至影响至中国。

今以色列、巴勒斯坦、黎巴嫩、叙利亚和土耳其东南部，被西方学者称作黎凡特，又称农业起源的新月形地带。这一地区夏季炎热干燥，冬季多雨潮湿，有适于栽培的野生植物和易于驯养的野生动物，而且从旧石器时代到中石器时代，文化的发展有一定的基础，距今12500—10000年间，有了农业的萌芽。

叙利亚的阿布胡赖拉遗址位于阿勒颇附近，紧邻幼发拉底河岸，其年代距今12500—8000年，发掘于1972—1973年。遗址形式主要是土丘，面积约11.5万平方米，由古人居住时产生的废弃物逐渐堆积而成。大约距今1.2万年前，当地人开始种植小麦、大麦、扁豆等谷类和豆类。1000余年后，多种植物种子的大小、形态和结构从野生型向栽培型转化。距今1万年前后的小麦和大麦，籽粒大，成熟时不易自然脱落，“完全人工种植的小麦和大麦”[①] 开始出现，但是在这一阶段陶器没有出现。

阿布胡赖拉遗址的发掘表明，古代西亚野生植物的人工栽培，始于距今约1.2万年前，从单纯的依赖野生植物的采集，转变为人工种植，经历了1000余年。

穆赖拜特遗址与阿布胡赖拉遗址相距不远，位于幼发拉底河东岸，距离阿勒颇东南86公里。年代距今11000—9000年，人口数百，1965年开始发掘。

尽管毗邻阿布胡赖拉遗址，穆赖拜特遗址却没有发现农作物和饲养的家畜，居民靠狩猎和采集为生。该遗址发现了5件低温烧制的陶器，其中4件年代距今约1万年，为西亚地区最早，但在年代较晚的地层中没有发现陶器。一般认为，在封闭式的陶窑发明之前，未经高温烧制的陶器较软且易渗漏，人们更喜欢使用木质或石质容器而非陶器。也有人推测，由于烧制的温度不高，陶器可能已成为粉末。

在公元前7000—前6000年，西亚各地才先后进入有陶新石器或发达的新石器时期。

2010年，德国考古学家与伊朗考古研究中心的研究人员合作，对位于伊朗西部扎格罗斯山麓的早期农业村庄遗址进行了全面发掘。埋藏在地

---

① ［美］伊恩·莫里斯：《西方将主宰多久》，钱峰译，北京：中信出版社，2014年，第45页。

下约 8 米深的考古沉积物的放射性碳年代测定结果显示，距今 11500 多年前，扎格罗斯山前地带的人们也已开始栽培野生大麦、小麦和扁豆等；距今 9800 年前，人工种植的小麦出现。[①]

这一考古发现表明，小麦单一起源说、农业技术传播说有可能都是些经不起检验的假说。

近几十年来的考古发现表明，文明的曙光最初应该出现在中国。

位于中国湖南道县寿雁镇的玉蟾岩遗址是 1988 年发现的。1993 年、1995 年湖南省考古研究所曾先后两次对这个遗址进行发掘，出土了大量的旧石器向新石器时期过渡的文物，如石器、棒器、动物骨头残骸、植物种子，最重要的是发现了栽培稻谷和陶片的遗存。出土的陶片距今约 1.4 万年，几枚栽培稻谷初步认定是 1 万年前的。

玉蟾岩遗址的文化堆积厚达 3 米，这显然不是短期人类活动能够形成的，而是长期生活的结果。玉蟾岩遗址出土的生产工具主要有石、角、牙、蚌制品。石器主要有刮削器、砍砸器、锄形器、石锤，还有少量的亚腰斧形器、苏门答腊式石器。其中，锄形器、亚腰斧形器、苏门答腊式石器都是原始农业用具。这些工具的出土，直接证明了玉蟾岩存在原始农业。

2004 年，对玉蟾岩遗址又进行了第三次发掘，集中了当今世界上研究农业起源最权威的专家，除来自北京大学、中国农业大学、湖南省文物考古研究所等国内高校和科研单位的专家学者外，还有来自美国、以色列的 4 位外籍教授。发掘的主要目标是寻找稻作农业起源更早、更多的证据。

此次发掘，考古人员又发现了 6 枚炭化的稻谷。因为稻谷所处的环境不同，3 次出土的稻谷炭化程度不一，颜色也存在差别。研究结果表明，玉蟾岩出土的稻谷是一种兼有野、籼、粳综合特征的特殊稻种，体现了从野生稻向栽培稻初期演化的原始性状，其最显著的特征是大粒性。[②] 同时，考古人员在玉蟾岩遗址也发现了相当原始的陶片。

---

① 张章：《中东发现迄今最早人工小麦：显示农业起源或多元化》，《中国科学报》，2013 年 7 月 9 日。

② 张文绪、袁家荣：《湖南道县玉蟾岩古栽培稻的初步研究》，《作物学报》，1998 年第 4 期。

为了精确地测定遗址使用年代及陶器碎片年代，考古人员对遗址堆积地层进行了详细的碳年代测定分析。考古人员从遗址地层中提取了 100 多个骨碎片和木炭沉积物样本，对其中通过严格预筛选的 27 个样本进行了放射性碳测年，从而获取了遗址不同地层的年代脉络，确定遗址使用年代距今 1.4—1.8 万年。① 这一结果表明玉蟾岩古栽培稻是目前世界上发现最早的人工栽培作物。

2009 年 6 月 5 日，有关玉蟾岩陶片断代的研究文章刊载在美国的《国家科学院学报》上，文章指出，通过出土地层对比，玉蟾岩遗址出土的陶片距今 1.7—1.8 万年。这比世界其他任何地方此前发现的陶片都要早好几千年，也标志着玉蟾岩人在旧石器时代晚期就发明了陶器。

图 1–1　由玉蟾岩遗址出土的陶片复原而成的陶釜。制作原始，胎体厚达 2 厘米，泥片叠筑，用于烹煮食物，是中国已知最早的陶器之一

① 吴小红、[以] 伊丽莎贝塔·博阿雷托等：《湖南道县玉蟾岩遗址早期陶器及其地层堆积的碳十四年代研究》，《南方文物》，2012 年第 3 期。

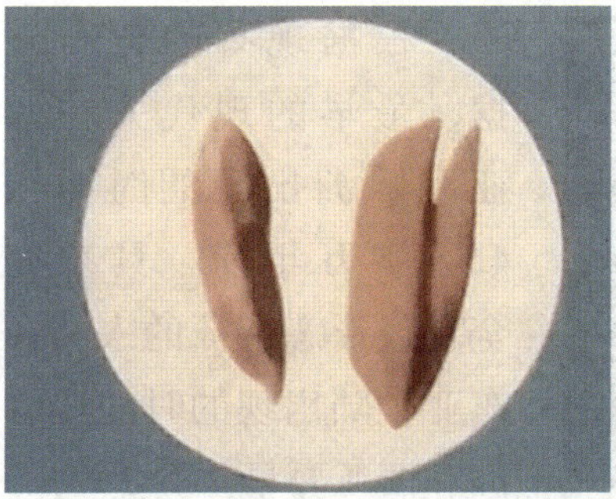

图 1–2 玉蟾岩遗址出土的稻谷，距今 1.4—1.8 万年

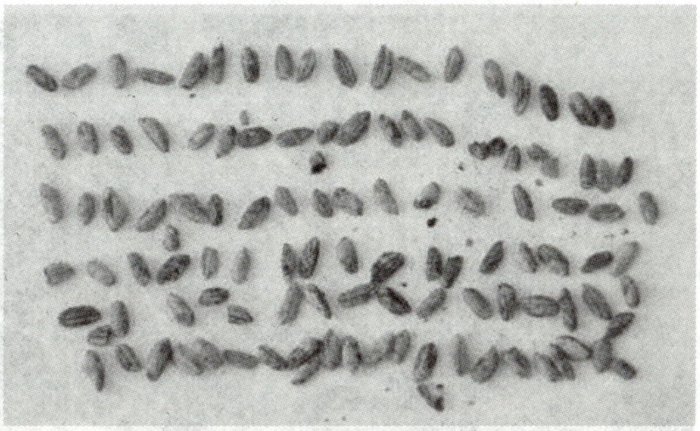

图 1–3 湖南澧县宋家岗遗址出土的 9000 年前的炭化稻米

图 1–4 澧县城头山遗址出土的距今 6000 年的炭化稻和炭化米

绝非偶然，最新的考古发现表明，完全意义上的现代人最早也出现在湖南道县。

2010 年以来，有关研究人员在湖南道县境内的福岩洞进行了连续调查和发掘，先后发现 47 枚人类牙齿化石以及大量的动物化石。国内外研究机构对道县人类化石形态和相关地层、年代以及动物群进行了深入研究。研究显示，道县人类牙齿尺寸较小，明显小于欧洲、非洲和亚洲更新世中晚期人类，处于现代人变异范围。道县人牙齿齿冠和齿根呈现典型现代智人特征，如简单的咬合面和齿冠侧面形态、短而纤细的齿根等。

在道县发现的 47 枚具有完全现代人特征的牙齿化石证明，距今 8—12 万年前中国华南地区已有现代人活动的痕迹。这是目前已知最早的生活在亚欧大陆具有完全现代形态的人类。

图 1-5　玉蟾岩遗址考古现场。玉蟾岩遗址为人们了解旧石器时代向新石器时代过渡时期的文化及早期陶器、稻作农业起源提供了难得的实物资料。图为 2004 年中美联合考古队发掘现场，在发掘工作中采用了当时具有国际先进水平的定位方法（田超　摄）

根据现有的化石证据，最早的现代人在西亚和欧洲出现的时间在 4.5—5 万年前。具有完全现代形态特征的人类在东亚大陆出现的时间比欧洲和西亚要早至少 3—7.5 万年。①

这一研究结果发表在 2015 年 10 月的《自然》(Nature) 杂志上，题为《中国南方已明确的最早现代人》。

考古发掘表明，最初农业的出现和早期陶器的发明，在中国南方地区并不只局限于湖南道县一地，在江西万年县也有发现。

位于江西万年县的仙人洞遗址，地处赣东北石灰岩丘陵地区的一个山间盆地。洞穴深 40 米，宽约 19 米，最高处近 6 米，可容纳上千人。早在 20 世纪 60 年代初，考古人员就对遗址有过大规模的发掘。1993 年、1995 年和 1999 年由北京大学考古学系、江西省文物考古研究所和美国安德沃考古基金会组成联合考古队先后对此进行了 5 次发掘，出土了大量的陶器、石器、骨器、蚌器等人工制品和动物骨骼等。其中，早期陶器的出土最受关注。

2009 年，北京大学和哈佛大学的合作团队对仙人洞陶器的年代进行

① 吴晶晶：《湖南道县发现东亚最早的现代人化石》，《中国文物报》，2015 年 10 月 16 日。

了进一步的研究。合作团队在重新清理出来的考古地层剖面上采集了系列碳十四测年样品和地层微结构样品，确定碳十四测年样品与陶片的地层等时关系，证实以前发掘的考古地层是人类活动形成的原生堆积，不存在自然过程或者后期活动的搅扰，所测定的碳十四年代代表了同层位陶器的年代。由此证实仙人洞遗址出土陶片的年代距今2万年，比此前在东亚各地发现的最古老陶片早2000—3000年，是目前世界上已发现最早的陶器。

2012年，美国《科学》杂志、中国《南方文物》刊载《江西仙人洞遗址两万年前陶器的年代研究》的文章，对研究成果进行了介绍。①

此外，在该遗址吊桶环洞穴还发现了1.7万年前的野生稻植硅石和1.2万年前的栽培稻植硅石，是现今所知世界上年代最早的栽培作物遗存之一。②

事实清楚地表明，在亚欧大陆，生活在中国华南地区的古人类最早进化成为完全现代形态的人类。他们的后代最早实现了人类从狩猎采集到食物生产的伟大跨越，最早开始了改造自然的创造活动，为人类以后的一切发展进步奠定了基础。

近年来的考古发现还表明，最晚在1万年前，中国大陆已全面进入陶器时代。最晚在距今9000年前，中国大陆无论北方还是南方，都进入了农业社会。

图1-6　由仙人洞遗址出土陶片复原的陶罐

① 邵军：《江西仙人洞遗址出土世界最古老陶罐》，《中国文化报》，2013年2月21日。

② 彭适凡、周广明：《江西万年仙人洞与吊桶环遗址：旧石器时代向新石器时代过渡模式的个案研究》，《农业考古》，2004年第3期。

西方学者的文明标准

何谓文明，西方有一个标准，即文明三要素：文字、青铜器、城市。一个社会必须具备此三要素才能称为文明社会。这个标准有什么依据呢？依据的是西方近代以来在西亚的考古实践。

根据这一标准，西方一致认为，世界上最早的文明是苏美尔文明。

根据这一标准，西方普遍认为，中国的文明开始于商代。①

但问题是，这个标准能不能作为国际标准。要回答这一问题，我们首先必须明白什么是国际标准。所谓国际标准就是放之四海而皆准的标准，不仅能解释西亚的考古现象，同时也应能解释东亚、美洲、欧洲的考古现象。

文字或二维文字与文明

美洲

印加文明与玛雅文明、阿兹特克文明并称印第安三大古老文明。

印加文明是在南美洲西部、中安第斯山区出现的一个著名的印第安古代文明。印加为其最高统治者的尊号，意为太阳之子。15世纪起势力强盛，影响范围北起哥伦比亚南部，南至智利中部和阿根廷北部，全长4800公里，东西最宽处500公里，总面积达100多万平方公里，人口超过1000万。大体来说，它包括今厄瓜多尔、秘鲁、玻利维亚大部，半个智利和阿根廷西北部等地区。首都在秘鲁南部的库斯科。16世纪初由于内乱日趋衰落，1532年被西班牙殖民者灭亡。

印加文明是安第斯山中部地区4000余年文明发展的结晶。公元前

① ［美］斯塔夫里阿诺斯：《全球通史》，上海：上海社会科学院出版社，1988年，第115页。

3000 年前后，安第斯山区出现了氏族公社。公元前 1000 年中后期，发达的农业文化形成，并出现了阶级和国家的最早形式。公元前后，为列国兴盛时期。12 世纪后半叶，中安第斯山区出现了列国争霸和兼并的局面，由此导致了一些原有文化的衰落和消亡，在此基础上逐渐形成了印加人统一中安第斯山区的国家。

印加帝国是一个奴隶制国家，有一套完整的国家体系。奴隶主阶级包括印加王、王室贵族、高级官吏和祭司。印加王被称为太阳之子、神的化身，拥有至高无上的权力，独揽国家的一切政治、军事和宗教大权。为了维护统治，帝国实行强有力的中央集权政治制度，通过各级官吏，牢牢地控制着整个国家。帝国实行征兵制，拥有一支 20 万人的训练有素的常备军队，用于对外扩张与对内镇压暴乱和反抗。以首都库斯科为中心，印加帝国在全国大兴道路和驿站，建立起一个覆盖全境的交通网，有两条大道纵贯南北，一条沿海岸延伸至智利中部，一条穿行于高原地区，可达阿根廷西北部。大道两侧有无数通道联结各地，以利于对边远地区的控制和人员来往。

图 1–7　秘鲁的印加文化遗址马丘比丘，这个美丽的山城在 1532 年西班牙人的征服中躲过一劫，因为它位于安第斯山脉的高远地带

一个无论人口和规模都大大超过同时代欧洲的国家，算不算有文明？当然算。

但这个国家没有文字，按照文明三要素标准，这个国家应该没有文明。

中国北部

中国北部，也就是中国北方游牧地区。

中国史籍记载最早的北方游牧民族是匈奴族。匈奴族是个强悍的民族，弯弓跃马，曾经宛如秋风扫落叶般，横扫欧洲大陆，欧洲人匍匐在匈奴人的脚下，不得不称其为帝国。

但匈奴族没有文字，“毋文书，以言语为约束”①，按照文明三要素，也没有文明。直到突厥族创制文字之前，北方游牧民族都没有文字。其后的北方游牧民族也都是在其领袖人物正式称帝前后方创制文字。

916 年，辽太祖耶律阿保机称帝，国号契丹。920 年，辽太祖命大臣

图 1-8　契丹文古币

图 1-9　西夏文青铜敕牌

① 司马迁：《史记》，长沙：岳麓书社，1988 年，第 785 页。

和一些汉族士人参照汉字结构创制契丹文字，颁行使用。

1036年，西夏景宗李元昊正式称帝前二年，命大臣野利仁荣创制西夏文字。结构仿汉字，共5000余字，3年方成。

1204年，成吉思汗征服乃蛮人，命被俘的乃蛮掌印官塔塔统阿用畏兀儿文字书写蒙古语，并教贵族子弟学习，蒙古民族方进入文字时代。1206年，成吉思汗统一蒙古高原，建立蒙古汗国。

欧洲

色雷斯人主要生活于公元前的巴尔干半岛北部，现今保加利亚、罗马尼亚、希腊、马其顿等国境内，是半岛最早的居民之一。根据西方学者的考证，色雷斯人曾经创造过一定程度的文明，拥有矿山开采和金属加工技术，以擅长于打造金器而闻名，也曾建立过自己的国家，但这一民族直至公元后被同化、消亡，始终没有文字。

西方学者将文明与文字联系在一起的主要理由是：文明社会是分阶层的复杂化社会，复杂化社会为了进行有效的管理，就必须有文字存在，如此方能上令下传，下情上达。

但也可能未必，早期的文明社会其复杂程度恐怕是有限的。在雅典担任公职，采取的是抽签方式，只要抽签抽中，即使智力有限，同样可以担任公职。从有文献记录的苏美尔、古希腊来看，早期国家也就是一个可以称作城的中心聚落，再加上周边的一些小聚落，地域有限，鸡犬之声相闻，所谓城邦国家。真有大事，召集大家开个会也是容易的，没有文字未必就一定不行。

更主要的是现代人理解的文字已经单一化了，也就是我们日常习见的二维文字，实际上，上古时代应该还存在非平面的三维文字。

现代研究表明，印加人并非没有文字，而是一种与众不同的三维立体的书写体系，印加人称作奇普。奇普是印加人结绳记事用的绳子，用棉线、骆驼毛线由一根主绳串上百根副绳制成。主绳直径通常为0.5—0.7厘米，上面系着很多细一些的副绳，一般超过100条，有时甚至多达2000条。副绳颜色有异，都结有一串令人眼花缭乱的绳结，不同的绳结、不同的颜色代表不同的含义，“用于统计人口、粮食收成、赋税、士兵人数，记录军队行动、民政状况等”①。

就是用这种独特的书写体系，印加人传递信息、保存资料，有效地管理着一个远比同时期欧洲各国庞大的国家。

图 1–10　印加人用于记数、记事的三维文字奇普。一些研究者认为，奇普不仅能够记数、记事，甚至还可以书写文学作品

事实上，苏美尔早期象形文字也只是用于记载食品与其他生活必需品的种类和数量，服务于简单的集中管理和部落再分配，并不能用来撰写政治文告，传播神话传说。印加三维文字与苏美尔早期文字二者的作用是完全相同的。

根据中华元典记载，上古中国应该也存在三维文字。老子曰：“小国寡民……使人复结绳而用之。”《尚书》序首句则云：“古者伏羲氏之王天下也，始画八卦，造书契，以代结绳之政，由是文籍生焉。”由此可以推断，中国早期国家出现的时代，可能使用的也不是二维文字，而是三维文字，不然何来“小国寡民”“结绳之政”之说。上古时期中国应该有“结绳之政”的文明时代存在。

北魏是最早统一中国北方的少数民族政权，据《魏书·本纪第一·序纪》所载：“其后世为君长，统幽都之北，广莫之野。畜牧迁徙，射猎为业，淳朴为俗，简易为化，不为文字，刻木纪契而已。世事远近，人相传

① 许海山主编：《美洲历史》，北京：线装书局，2006 年，第 58 页。

授，如史官之记录焉。”清楚地表明，早期国家时代的鲜卑族使用三维文字保存信息，以口语交流思想、传承历史。

《新五代史·四夷附录第一》也明确记载：“至阿保机，稍并服旁诸小国，而多用汉人，汉人教之以隶书之半增损之，作文字数千，以代刻木之约。”

认为文字只有二维文字一种，又将二维文字与文明联系起来，认为没有二维文字或者没有发现二维文字就没有文明，只能说明现代人的孤陋寡闻，自以为是。

二维文字的出现只是有可能让后人识读的原始文献出现。

讨论至此，应该已经可以很好地判断，文明三要素究竟能不能作为国际标准。

中国中南部

中国中南部，也就是长城以南的地区。长城以南究竟什么时候出现文字，一直存在分歧：一种观点认为商中后期才有文字，也就是甲骨文；另一种观点认为商以前就有文字了。

要回答这一问题，首先必须明白一个道理。文字不能独立存在，文字依靠其载体而存在。载体消失，文字就消失；载体存在，文字就存在。最早创造西亚文明的苏美尔人，由于地理环境的原因选择泥板作为文字的载体，所以大部保存了下来，而中国选择竹木做主要载体，所以大部分消失了。

目前公认的中国文字前期发展的顺序是：甲骨文、金文、篆文。甲骨文是用锋利的刀具刻在龟甲和兽骨上，金文是铸造在青铜器上，篆文主要是书写在简牍上。

甲骨文出现在商代，主要是商后期王室用于占卜吉凶而在龟甲或兽骨上契刻的文字，内容一般是占卜所问之事或者所得结果。殷商灭亡后，甲骨文便逐渐消失。

金文之始，主要在盘庚迁殷后。最初只有寥寥数字，所述十分简略，多为铸者或其先祖之名讳，直至商末，才有文章出现，然现存其时最长之文，也仅40余字。

这两种文字应该都不是当时文字的主要使用形式，甲骨文有其特殊用途，金文铸造极不方便。尤其是甲骨文消失后，西周、春秋时期只有金文一种形式。随着时代的进步，文字使用范围不是越来越宽，而是越来越窄，显然有悖常理。

西周设辟雍，教育贵族子弟；孔子兴私学，教育平民子弟，应该不会扛着钟鼎教学，所用只能是简牍。

金文由工匠铸造在铜器上，写作者应该是宫廷写手，不会是工匠。工匠又是以什么为底本的呢，只能是简牍。

甲骨文是契刻文字，但也发现有先书写后契刻的，在一些甲骨上发现过书写留下的朱墨痕迹，甚至还有直接书写于甲骨之上的。此外，在殷墟出土的玉石器、陶器上也多次出现毛笔书写的文字。[①] 既然会书写在甲骨、玉石器、陶器上，为什么不会书写在简牍上？既然会复杂地又写又刻，为何不会简单地只写不刻？

甲骨文中有“典”和“册”（冊）这两个字，“册”是用绳索把木或竹简串起来的形状；“典”是把册郑重地放在台上，双手高举的样子。商有一官职，叫“作册”，也就是史官。甲骨文只是占卜记录，不是系统的史录，比较简短，最多算个备忘录。

《尚书》有“惟殷先人，有典有册”的记载，也表明殷商王室已有正式的文书档案、简牍典册。

甲骨文是一种相当成熟的文字，约有4500个单字，它的基本词汇、基本语法、基本字形结构跟之后的汉语言文字是一致的。用许慎的六书来检验，在字形结构方面，指事、象形、形声、会意皆已齐备；在文意上，转注、假借也都很清楚，不可能一夜形成。

很显然，战国以前简牍便已存在，但目前所见最早的简牍是战国时期的，也就是说，战国以前的简牍，或者说战国以前主要的文字记载，因为材料的原因都消失了。

① 陈漫兮：《殷墟探秘：甲骨文》，北京：文化艺术出版社，2010年，第204页。

简牍时代至少和甲骨文、金文时代并存，很有可能更早。

至于简牍时代究竟始于何时，结合金文的情况我们可以知道个大概。战国以前文字记载的主要方式应该有两种：书于简牍，刻于器物。商以后主要刻于甲骨、铜器上，商以前主要刻于陶、玉、石器上。书于简牍的已经消失，刻于陶、玉、石及铜器上的还有存在。初期铜器铭文都只有寥寥数字，著名的后母戊鼎，是目前已发现的中国形体最大、重量最重的青铜器，世界上也仅此一件，仅刻“后母戊”三字。由此推断，陶、玉、石器上刻字也不会多。

商以前陶、玉、石器上数字连刻现象不断出现的时间，就应该是简牍时代开始的时间，换言之，也就是早期文字时代开始的时间。

位于安徽省蚌埠市的双墩遗址，距今约7300年。出土了630多片带刻画符号的陶片，数量多而集中，是迄今为止陶器时代遗址中出土数量最多、内容最丰富的一批与文字起源相关的实物。双墩刻画符号均来自先民对生产、生活经验的总结和对大自然的观察，所刻画的内容已具有象形、指示、会意的文字特征。

双墩刻画符号的主要特点是写实类符号简洁、生动、形象，具有文字书写特征。刻画符号中出现了一部分固定的单体符号，这些符号与其他符号相组合时，可以从中分析出其所显示的内容，成为一种可以会意并解读的符号。除了单体符号外，还出现了两种或两种以上的符号组合，表达了相对完整的意思，显现出语段文字的特点。

尤其值得注意的是，在距离双墩遗址约60公里的定远县侯家寨遗址也发现了一批与双墩遗址同样的刻画符号。通常认为，一种符号在不同的遗址中出现，有一定偶合的因素，但一批完全类似的刻画符号在不同的遗址中出现，就说明在一定区域内已有固定形态的符号得到普遍认同并共同使用，具备了文字社会性的特点。[①]

长江下游的良渚文化，其时代在公元前3300—前2200年，在良渚文化的陶器和玉器上，都出现了刻画符号。良渚文化许多刻画符号与大汶口

① 徐大立：《蚌埠双墩遗址刻画符号简述》，《中原文物》，2008年第3期。

文化陶器符号同形或相似。表明由于空间位置的相近和时间阶段的相合，良渚文化和大汶口文化已有多方面的交流，许多符号已在相当大范围内得到认可和使用，具有文字的社会性。

更重要的是良渚文化陶器、石器上的刻符，发现有多个是数字连刻的。

1935 年，在良渚一条干涸的河床挖掘到的一件蛋圆形黑陶盘，上面刻有十几个字符。

1940 年前后，在杭州出土，现藏于美国哈佛大学的一件良渚文化晚期黑皮贯耳壶，圈足内壁上刻画有 9 个字符。

图 1–11　澄湖遗址出土的良渚鱼篓形黑陶罐及刻画字符

1976 年，江苏省苏州市吴县澄湖遗址出土了一件良渚鱼篓形黑陶罐，现藏于苏州博物馆，罐腰部有 4 个字符大致并排刻在一起。

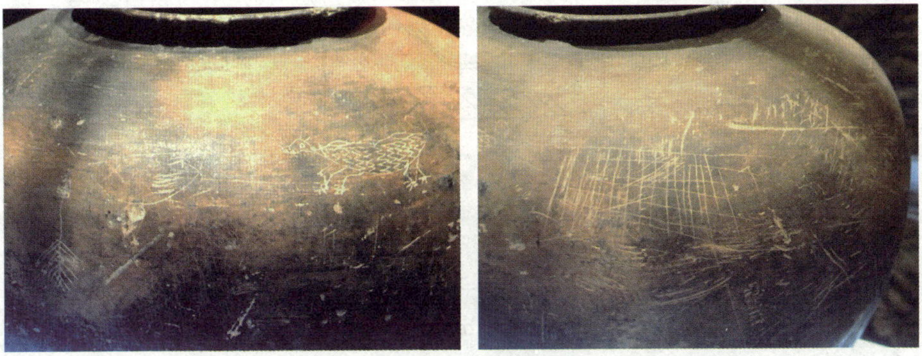

图 1-12　南湖遗址出土的良渚黑陶罐局部及其刻画字符

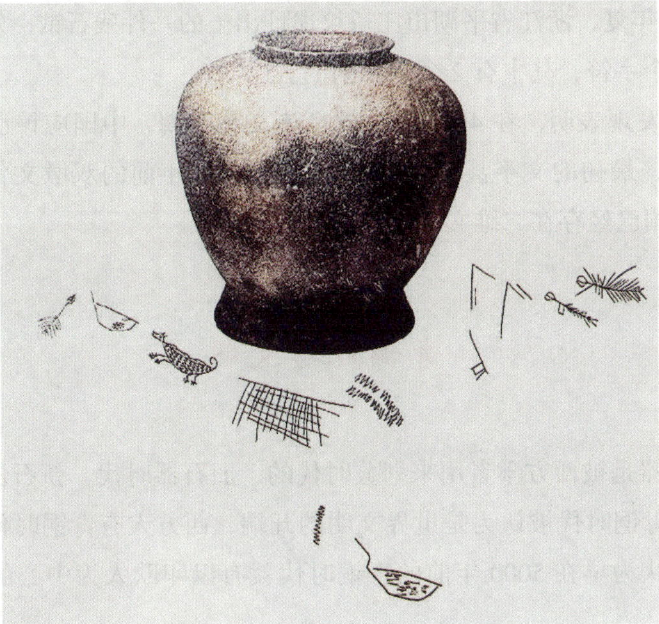

图 1-13　良渚黑陶罐及其刻画拓本[①]

1987 年，浙江省余杭市南湖遗址出土了 60 多件良渚文化陶器。5 件有明显的陶文，其中，一件黑陶罐最突出，发现了 8 个符号连续相刻的情形。[②]

① 本图改编（重新合成）自夏勇、朱雪菲：《图画与符号：良渚原始文字》，杭州：浙江大学出版社，2019 年，第 120—121 页。

② 任平：《良渚文化玉器纹饰与陶器刻符论析》，《美术观察》，2009 年第 5 期。

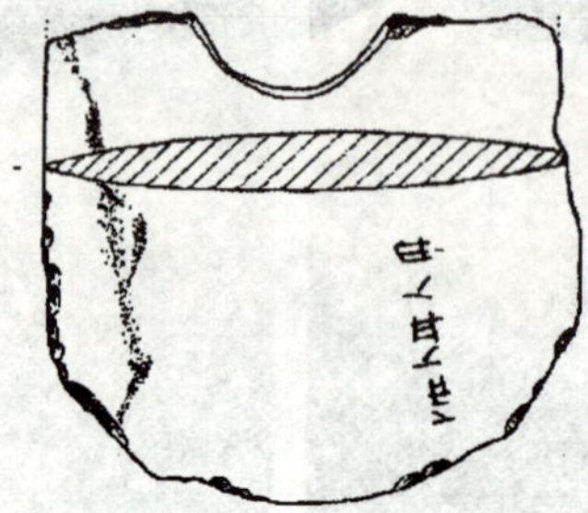

图 1–14　庄桥坟遗址出土的残石钺及刻画字符

2013 年夏，浙江省平湖市庄桥坟遗址出土的一件残石钺，发现连在一起的有 6 个字符，其中有 2 个是相同的。

上述发现表明，在 4800 年前的良渚文化时期，中国应该已经出现早期的文字，最初的文字甚至有可能出现在 7000 年前的双墩文化时期。商代以前中国已经存在二维文字。

青铜器与文明

青铜器是被西方学者用来划分时代的，旧石器时代、新石器时代、青铜时代。青铜时代被认为是世界文明的开端，西方人有青铜时代的世界体系一说，认为早在 5000 年前的青铜时代就有以印欧人为中心的世界体系存在。

真是这么回事吗？

铜是什么？铜是一种特殊的石头，是一种矿物资源。既然是资源，在地球表面就不是均匀分布的。在古代的西亚、北非地区，金属资源非常丰富，不仅有铜，还有金、银等。所以西亚地区早在 1 万年前左右，即前陶器时期[①]就有了铜器。大约在同一时期，东亚人也发现了一种特殊的石

① 桑栎：《近东地区冶金术的发展历程》，《边疆考古研究》（第 17 辑），北京：科学出版社，2015 年。

头，后来人们将它称作玉。

慢慢地，随着时间的推移，西亚发展起了金属加工，东亚发展起了玉石加工。

青铜首先是个资源问题，然后才能说是技术问题。资源多，利用早，当然可以大规模地应用；资源少，或者根本就没有，当然无法利用，更别说大规模地应用。以一种特定资源的利用水平，作为判断世界各地文明程度的标尺，何来合理性。

马可·波罗来到中国，对一种能够燃烧的石头感到惊奇，对当时的西方来说，这简直是天方夜谭。他哪知道，中国人用煤做燃料，已有近 3000 年的历史。

2015—2016 年，中国考古工作者在对新疆伊犁河峡谷尼勒克县恰勒格尔村吉仁台沟口遗址的墓葬进行发掘时，发现了煤的痕迹。不仅有煤堆，还有在地坑里使用的痕迹，都是人为燃烧，与煤迹一起被发现的还有食物残渣、羊骨等物。根据遗址区内出土的青铜器、陶器、墓葬形制等可以断定这里使用煤炭的时间在距今 3500 年左右。[①] 至晚到汉代，中国已在规模化地以煤炭做燃料。

是不是我们可以因此说 13 世纪的中国领先西方近 3000 年？

美洲的考古实践也表明，文明与青铜冶炼技术没有必然的联系，“古中美洲的文明已开始有书写文字，但缺乏冶金术”[②]。

旧石器时代、新石器时代、青铜时代的上古历史分期方法，局部地用在某个地区或许还行，作为世界性的标准则问题甚多。

能拿来做划分时代世界性标尺的，只能是世界上均匀分布的资源：石头、土壤等。石器时代、陶器时代、国家时代才是具有普适性的分期方法。石器时代以石头制作工具为特征，陶器时代以土壤制作陶器为特征，国家时代以出现国家为特征。

根据中国的考古发现，1 万年前是石器时代，10000—5000 年前是陶

① 卢钟：《尼勒克县吉仁台沟口青铜时代聚落遗址入选 2016 年中国六项考古新发现》，《伊犁晚报》，2017 年 1 月 12 日。

② 孙隆基：《新世界史》（第 1 卷），北京：中信出版集团股份有限公司，2015 年，第 90 页。

器时代，5000 年前进入国家时代。

以陶器制作技术论，到商中期，中国人的技术已经能熟练烧制出原始瓷，已大大领先于世界。

为什么在商以前青铜器只有不多的发现，而在商中后期一下子大量出现，并迅速攀上世界青铜艺术的最高峰？这不难理解，因为那时中国青铜资源的问题解决了，有了大量、稳定的资源供应，中国人通过烧制陶器掌握的窑炉技术则早已炉火纯青，自然青铜技术便遥遥领先于世界。

图 1–15　商妇好青铜三联甗，1976 年出土于河南省安阳市殷墟妇好墓，是迄今见到的唯一的商代大型复合式炊具（现藏国家博物馆）

我们可以自豪地说，至商代，中国不是进入了文明时代，而是已经领先于世界。

通过以上分析可以看出，所谓文明三要素，其中两要素不具有普适性，真正靠谱的只有第三个要素：城市。

文明的再定义与文明起源

何谓文明，文明就是不平等，有合法暴力的不平等。所谓文明社会，就是有合法暴力的不平等社会。从平等的社会变成有合法暴力的不平等社会，是人类进化史上巨大的变化，从此以后的人类社会就再也没有改变过这一性质，再也无法回到过去。均贫富，等贵贱，是个美好的梦想，但可能永远也只是个美好的梦想。

人类进入国家状态，也就进入了文明时代。文明需要具备三要素：分化、城市、合法暴力。

按照西方学者的观点，地中海东部最早诞生的文明是苏美尔文明。“在从公元前3200年到公元前2350年差不多1000年的时间里”[①]，在两河流域出现了乌鲁克、乌尔等十几个城邦国家。

乌鲁克文化是由苏美尔人创造的，因最早发现于伊拉克境内的古城乌鲁克而得名。主要分布于美索不达米亚地区，年代在公元前3500—前3100年，约于公元前3100年为提姆杰特·那色文化所取代，主要遗址有乌鲁克遗址（12—4层）、埃利都遗址和尼普尔遗址等。

西方文明从诞生之日起，就是一种和中华文明完全不同性质的文明。中华文明是世俗文明，而西方文明是宗教文明。苏美尔人从早期的聚落至晚期的城市，无一例外都以神庙为中心。

乌鲁克文化晚期，苏美尔各聚落神殿建筑的规模都较前期有了较大的扩展，以神庙为中心，出现了有一定规模的聚落，并向城市发展，奠定了苏美尔时代城市的基础。这种聚落遗址以乌鲁克为最著名，其第四、第五层神庙的建筑面积在2000平方米左右。其中一处可能是伊南娜神庙，它长达75米，宽29米。[②]

---

① ［美］杰里·本特利等：《新全球史》，魏凤莲译，北京：北京大学出版社，2014年，第38页。

② ［俄］维克多·瑞布里克：《世界古代文明史》，师学良等译，上海：上海人民出版社，2010年，第34页。

图 1-16　乌鲁克三层出土的雪花石膏大瓶

该文化流行轮制的红色或灰色磨光陶器，金属制品的盛行也是这一时期的特色，石斧、石刀等石制生产工具和陶镰仍继续使用。居民主要从事农业和畜牧业，手工业已从农业中分离出来。

这一文化的雪花石膏制品很精致。乌鲁克三层（前 3000—前 2900）出土的一只雪花石膏大瓶描绘了长袍的祭司、短裙的仆人及一队手捧酒罐、粮斗等物品的裸体平民，向穿长袍戴神冠的乌鲁克女神伊南娜献祭的场景。其他一些滚筒印图也表现了相似的主题。这些艺术形象让我们感到在乌鲁克文化晚期或提姆杰特·那色文化时期，两河流域社会阶层差别已比较明显，穿长袍的首领与短裙的仆人、裸体的平民的区分一目了然。[①]据此推测，那时可能已经出现了国家。

同时期产生了美索不达米亚地区最早的象形文字。基什附近的遗址出土了一块约为公元前 3500 年的石板，其两面以直线刻画出应该是表示各种事物的图画符号，其中有些看上去像人的头和手脚。这些图画符号经约 1000 年的演化，在公元前 2600 年左右始形成成熟的楔形文字。

① 许海山主编：《亚洲历史》，北京：线装书局，2006 年，第 456 页。

图 1–17　发现于土耳其东部乌尔法市的哥贝克力石阵。石阵的发现表明，西方世界最早出现的并非农业社会而是宗教社会，西方文明自萌芽状态始就是宗教主导的文明

20 世纪六七十年代，美国学者塞维斯依据学者们对世界各地一些尚存的原始部落的研究结果，提出了一种新的理论——酋邦理论，来解释国家的起源进程。按照这一新理论，在国家诞生前的前国家时代不仅存在平等的氏族社会，同时还存在等级制的氏族社会。这种等级制的氏族社会被其称为酋邦。国家是自平等的部落经不平等的酋邦演进而来的。酋邦依靠非暴力的神权权威进行集中管理，有能力进行规模化的工程建设。酋邦与国家的根本区别是无合法暴力支撑其领导权。①

众所周知，西方社会从诞生之时起就是神权社会。早在 1.2 万年前，在今土耳其东部地区，他们便依靠神权的力量建造了被称为哥贝克力石阵的世界上第一个规模浩大的神庙，至今宗教力量在西方社会还发挥着重要的作用。由此观之，5200 年前的两河流域应该完全可以依靠非暴力的神权权威建造一系列有一定规模的神殿建筑。单凭宏大的宗教建筑、证明等

① 易建平：《从摩尔根到塞维斯：酋邦理论的创立》，《史学理论研究》，2008 年第 4 期。

级存在的雪花石膏瓶，就认定5000年前的苏美尔社会已经进入国家时代，而非处于酋邦时代，证据尚有不足。

中国目前发现最早的城市有6200年的历史，是位于湖南省常德市澧县车溪乡南岳村的城头山古城。古城总占地面积18万平方米，经10多次发掘，目前已发掘面积逾7000平方米。

城头山古城坐落在高出四周平原2—4米的矮岗上，共发现4次大规模筑城的过程，形成相应的4期城墙，从下到上累次加高，其中第一期城墙年代最久，在公元前4200年的大溪文化早期。城略呈圆形，城垣外圆直径340米，内圆直径324米，城高2—4米，围绕城垣的护城河宽30—50米。城内发掘出大片台基式的房屋建筑基础、设施齐全的制陶作坊、宽阔的城中大路、密集而重叠的氏族墓葬、完整的祭坛和众多的祭祀坑。

“城头山古城自筑城始就有城市方位和通道的规划，城市规划已有了以人为本的观念。”[①] 城头山古城有东西南北4个门，两两相对。城内有通往东西南北4个门的“十”字形路网。东门有延伸到护城河的鹅卵石路面，南门有一条直通城外的陆路通道，西门是有芦苇丛等护坡设施的渡口，北门是水门。城内的东西大道宽约2米，两旁有排水沟，用中国最早的建筑材料红烧土块修筑。红烧土块经过800摄氏度左右高温烧制而成，质地坚硬，至今仍很难将其砸碎。

城内功能区划明晰规整，城西偏南紧邻城中心为居住区，城中心偏西是制陶作坊区，城中心偏西北是墓葬区，城东有一个高高隆起的祭坛，近城中央发现有类似宫殿的大型建筑基址。

在城头山古城遗址中，已发掘陶窑10座，其中8座位于城址中部。陶窑、泥料坑、贮水池、制坯晾坯的工棚一应俱全，规模宏大，设施齐全，构成了一个完整的制陶作坊区。各座陶窑烧制的陶器只有一种，表明当时无论手工业还是商业都已有一定的发展，出现规模化生产，有完备的商品销售渠道，开始为贸易而组织生产。

1998年发掘东城墙时，发现在首次筑城时就存在大量的杀人祭城现象。

① 袁维婧：《尊重自然与人文的早期城市规划：城头山古文化遗址分析》，《建筑与文化》，2016年第12期。

图 1-18 城头山古城墙发掘现场（来源于澧县文物局）

在遗址东门豁口角城内，现存一个用黄土筑造的祭坛，略呈椭圆形，面积约 250 平方米，平地堆筑夯打而成，中间高，向边沿倾斜，周边有数十个堆满祭祀物品的深坑。除发现稻谷、陶器、兽骨外，还发现大量的人骨，表明存在人祭现象。土台顶部是 3 个一字排列的浅坑，底部平整，圆边规则，坑中各平放一块椭圆形的大卵石。这个祭坛和众多的祭祀坑，是早期城头山人从事祭祀活动的处所，也是同时期各地发现中最完整的一处。

祭天祀祖，祈求丰收，在文明诞生的最初年代，城头山人以此为支撑，顽强前行，用勤劳、勇敢和智慧为人类在广阔的天地间点亮了文明的灯火。

祭坛周边墓葬群中发现 5 座 5800 多年前的随葬品丰富的墓葬，其中 3 座自北向南排成直线，一男两女，头的方向一律朝东。男性逝者骨架保存完好，仰身直肢，颈戴两件玉璜，骨架左侧置一小孩头骨，与墓主头的方向相反，右手执一小鼎，随葬 30 余件磨光红陶器。墓葬北侧头和脚的位置各有一座没有随葬品的屈肢葬墓。① 两位女性逝者随葬物品也都在 10

① 郭伟民：《城头山遗址与洞庭湖区新石器时代文化》，长沙：岳麓书社，2012 年，第 61 页。

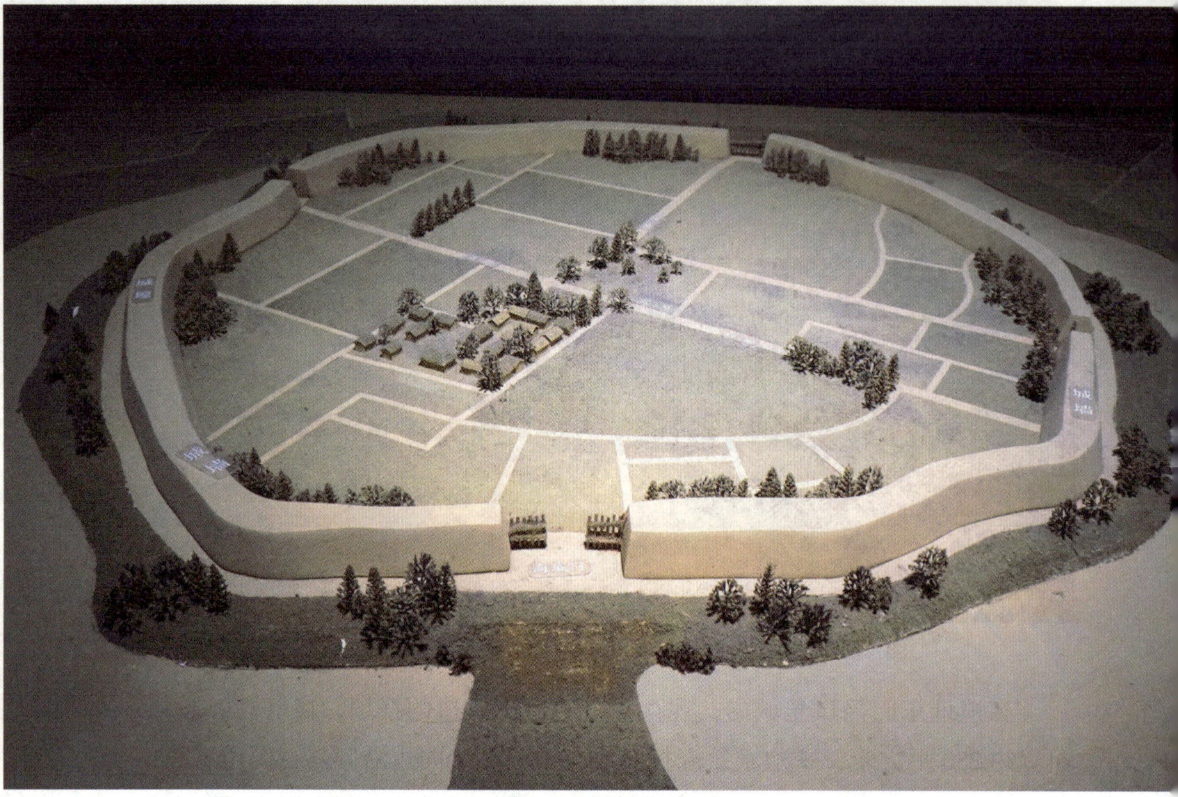

图 1–19　城头山古城遗址复原模型（现藏湖南省博物馆）

件以上，发现一座墓中有很罕见的橙黄薄胎黑彩单耳杯，另一座墓中有珍贵的玉玦。①

这是中国目前发现最早的殉葬、陪葬墓，表明城头山已经出现明显的阶级分化，出现了合法的暴力。

以城头山城址为中心，其周边分布有数百处规模不一的大溪、屈家岭至石家河时期的文化遗址，这些遗址无一例外都没有城防设施，聚落布局也没有统一的规划，应属于城头山中心聚落的附属聚落。

所有这一切都清楚地表明，距今 6000 年前后的城头山已经存在阶级分化，出现了王一类的人物，诞生了城邦国家。

城头山是世界范围内最早出现的城邦国家，城头山改写了世界文明史。

① 刘勇：《神秘的高岗：城头山遗址解读》，长沙：湖南人民出版社，2014 年，第 142 页。

近年来的考古发掘表明，中国大陆早于苏美尔城邦出现的城邦国家并非城头山一处，安徽的凌家滩遗址同样也具有典型意义。

凌家滩遗址，1985 年发现于安徽省含山县铜闸镇凌家滩村，年代在公元前 3800—前 3300 年。其中，发掘墓葬的年代在公元前 3600—前 3300 年，共分 3 期。

凌家滩遗址总面积 1.6 平方公里，超过 300—400 年后的苏美尔城邦。自 1987 年以来，经 6 次考古发掘，已发现大型宫殿遗迹以及布局整齐的房屋、墓地、护城壕沟、手工作坊、集市等。同时，出土大批精美玉礼器、石器、陶器，反映出同时期其他遗址所罕见的精美程度和工艺水平。可以确定，5000 多年前的凌家滩已是一座繁华的城市。凌家滩城采用独特的双重环壕形制，居住区周边围以内城壕，壕沟外北侧为墓葬祭祀区，再北为外壕沟。①

遗址中发现的长 90 米、宽 30 米、堆积厚度 1.6 米的红烧土块遗迹，应是大型建筑遗迹，极有可能是早期宫殿建筑的遗存。在遗迹中间还存有一口用红烧土块砌成的水井。

发现一个大型祭坛遗址，是中国目前已知的规模最大、年代较早的祭坛遗址。祭坛为正南北向的长方形，现存面积约 600 平方米，原面积约 1200 平方米，位于凌家滩遗址的最高处。在祭坛上发现有用于祭祀的积石圈和 3 个长方形的祭祀坑。在祭坛的东南角发现有红烧土和草木灰遗迹，草木灰堆积很厚，呈灰黑色，这里可能是祭祀时用火的地方。整个祭坛的形制和特征都表明，它是凌家滩遗址中极为重要的一个举行祭祀活动的场所。

在祭坛近顶部发现一座特殊大墓。墓上压有一件用玉石雕刻的猪形器，重达 88 公斤，是目前发现的中国陶器时代最大、最重的玉制品。雕刻者利用巨型玉石仔料的天然形状，采用粗犷而纯熟的写意手法雕刻，突出表现了猪的吻部、鼻孔和獠牙，同时用减地法表现眼睛和一对竖立的耳朵，并磨出伸展的脖子和圆突的脊背，整体表现出野猪健壮、凶猛而威武的形象。

大墓墓坑呈不规则长方形，长 3.45、宽 2.1、深 0.3 米，面积约 7 平

① 刘松林、王同革：《试从韦岗遗址的发掘成果来看凌家滩文化特质》，《巢湖学院学报》，2015 年第 5 期。

图 1-20 凌家滩遗址 07M23 号大墓

方米，似有棺椁痕迹，人骨已腐朽不存。墓坑内随葬品共计 330 件，其中玉器 200 件，其余为石器、陶器。随葬品摆放整齐有序，似乎遵循着一些特殊规则。墓主胸部位置有 10 件玉璜，两臂位置各放 10 件玉镯，腰部正中位置放置 1 件玉龟及 2 件玉龟状扁圆形器。胸部以下至脚部叠压着玉钺、石钺、石锛、石凿，部分部位叠压达 2—6 层器物，脚底竖立向上摆放着玉璧和玉环等。[①] 这种摆放方式可能有特殊意义，具有一定的政治内涵。

墓葬特殊而尊贵的位置，墓葬上压着的独一无二的大型玉猪，墓葬内众多的随葬品，表明这应是王者之墓。这里长眠着的应该是一位集军权、政权、神权于一身的军事、政治首领，是凌家滩的执政者。

大墓开口于遗址堆积第三层下，属第二期墓葬，距今 5500—5400 年。

遗址出土了大批多种形式的玉钺、石钺、玛瑙钺、玉戈等礼仪性兵器，表明当时对外战争相当频繁和激烈。

---

① 张敬国：《安徽含山县凌家滩遗址第五次发掘的新发现》，《考古》，2008 年第 3 期。

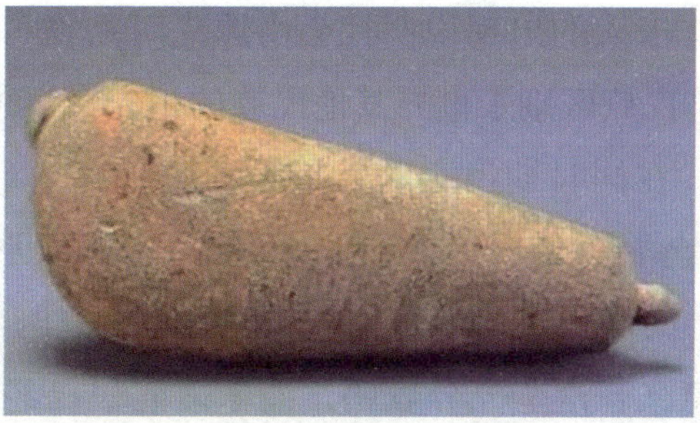

图 1–21　凌家滩遗址出土的玉人和石钻

由此可以判断，5400 年前的凌家滩已经形成国家，进入文明时代。

通过对遗址周边开展大范围系统的调查和勘探，在已调查的约 260 平方公里范围内，目前共发现与凌家滩同时期的遗址 20 余处，周边较近的有 10 多处。凌家滩遗址是其中规模最大、等级最高的史前遗址。

凌家滩遗址目前已发现玉器种类之多、造型之美、制作之精，为同时代其他古文化遗址所少见，具有重要的考古、科学和艺术价值。从出土的凌家滩玉器看，选料、设计、钻孔、雕刻、抛光等工艺技术都已达到高度发达的水平。经过测试，不少玉器的硬度达到或超过 7 度。玉器的钻孔最小孔眼直径只有 0.15 毫米，而且所有钻孔的擦痕都十分规整、平行，而不是交错的乱痕，这是迄今为止发现最早的微型管钻工艺技术。①

其中的玉人第一次展示出了原始人类完整的形体风采。长方脸、浓眉大眼、双眼皮、扁鼻、大耳、大嘴，体形和五官表现出蒙古人种的特征。玉人头戴圆冠，腰系饰有斜条纹的腰带，表明当时已有很发达的纺织技术。玉人上唇留有八字胡，表明当时已出现剃须工具。玉人双耳有耳孔，表明他们佩戴耳饰。玉人两臂弯曲，五指张开放在胸前，臂上戴满手镯。满臂手镯、头冠、腰带表明这是一个具有很高地位人物的形象。玉人背面有两个对穿的钻孔，表明玉人是被系挂在某个物体上用于祭拜的，“活着的

① 王俊：《凌家滩：中华远古文明的曙光》，《江淮文史》，2007 年第 6 期。

人对着玉人祺拜，以求平安”[1]。

玉人的出现说明社会由原先对动物、自然的崇拜转向了对人的崇拜，中华民族区别于世界其他民族的祖先崇拜思想已经产生。

在同时期出土的大量石器中，有一个石钻呈梯形，上细下粗，两端都有钻头，钻头一端粗一端细，呈螺纹形。其设计和制造，已包含了机械、力学、几何学的基本原理，对研究陶器时代的工具制造有着极其重要的意义。这些充分表明，凌家滩先民已经认识到旋转力和离心力的作用，对相关知识的掌握已达到较高的水准，体现了凌家滩先民高度的智慧和创造力。

上述事实清楚表明，长江流域的文明早于苏美尔。

世界文明的起源地在中国，在中国的长江流域，在中国长江流域的湖南。

同时，我们也可以发现，在以黄河流域为主体的中华文明出现之前，长江流域的文明程度要高于黄河流域，中华文明的诞生是以弱击强，以小博大。

① 安徽省文物考古研究所：《凌家滩：田野考古发掘报告之一》，北京：文物出版社，2006年，第41页。

第二章　中华民族：史上最富领导精神的民族

这个世界上曾经出现过不少灿烂辉煌的文明，这些文明所缔造的帝国在历史的某一阶段，也皆曾辉煌一时，但当它们告别了巅峰时代之后，不管是西方的还是东方的，都毫无悬念地土崩瓦解、四分五裂了，有些甚至消失得无影无踪。

唯一的例外是中华文明，不仅缔造了一个长期繁荣的强大国家，而且培育了一个人口众多的伟大民族。尽管也曾经受风雨磨难，但始终屹立不倒，始终把属于自己的基本生存空间牢牢地掌握在自己手中，拥有辽阔而富饶的土地。

原因何在？难道不值得我们去深思，去仔细探究吗？

约在5000年前，中华民族的主体华夏族出现在世界的东方——东亚大陆中部的黄河中游地区。中华民族的人文初祖，雄才大略的黄帝东征西讨，通过邦国间的战争，建立起了一个部落联盟，形成了最初被称作华夏民族的民族共同体。

长期以来形成的观念是：中华民族是以华夏民族为主体，一枝独秀地发展壮大起来的，同时期的东亚大陆，不存在其他文明程度相当的族群和国家，其他地区都是在中原地区的影响下逐渐发展起来的。

现代考古发现表明，这种观念是错误的。华夏民族共同体在东方出现的时候，东亚大陆自南向北已存在多个高度发达的文明，其中的一些，其文明程度、发展水平甚至还领先于华夏民族。中华民族是以华夏民族为主体，后来居上，以弱合强，吸收、融合其他具有相当文明程度的族群慢慢演化而形成的。

四五千年前在东亚大陆上存在的文明大致可分为长江流域文明、黄河流域文明和辽河流域文明。

长江流域的早期文明

长江流域及以南地区是中国也是世界文明曙光最早出现的地区，位于湖南道县的玉蟾岩、江西万年的仙人洞诞生了世界上最早的农业，发明了世界上最早的陶器。

长江中游的早期文明

彭头山文化，距今 9000—8000 年，得名于湖南澧县彭头山遗址，分布于长江中游洞庭湖西北的澧阳平原。被确认为属于彭头山文化的遗址有 10 余处，经过发掘或试发掘的遗址有彭头山、八十垱、李家岗等。

彭头山遗址位于澧阳平原中部大坪乡孟坪村，东南距县城约 12 公里，是一处高出四周地面约 4 米的圆形丘岗，面积约 1 万平方米，保存状况良好，揭露面积 400 平方米。遗迹有地面式和浅穴式建筑、灶坑、墓葬、灰坑等。

出土遗物中，石器大多数都是打制石器，既有大型砾石石器，也有黑色细小燧石器，与本地石器时代晚期传统区别不大。陶器制造古朴简单，全部为原始贴塑法制成，胎厚而不匀，其纹饰有绳纹、刻画纹。器形有圜底罐、深腹钵、盆等，一般呈红褐色或灰褐色。

彭头山出土的陶器胎泥中夹杂有大量的稻谷、稻壳，表明当时的原始稻作农业已有了相当的发展规模，进一步确立了长江中下游地区在中国乃至世界农业起源与发展中的历史地位。

在八十垱发现了该文化的城址，城址大致呈长方形，南北残长 110 米，宽 70—80 米。城内分布着成排的房屋，其中有中国最早的高台建筑。城外有一圈壕沟环绕。这个城址可能是中国后来夯土城址的雏形。

随着澧阳平原经济、社会及文化的发展和进步，距今 6000 年前，在澧阳平原诞生了世界上最早的城邦国家城头山古国。城头山人运用自身智慧，通过制度创新，在澧阳平原及周边地区诸多聚落中脱颖而出，率先进入了国家时代，并在本地区确立了长期而又稳固的统治地位。

从现有的考古发现看，城头山古国并非孤立存在。公元前 3000 年前后屈家岭文化时期，两湖地区又陆续出现了一批古城：石首走马岭城、公安鸡鸣城、澧县鸡叫城等。[①] 进入了城邦争霸时期。

1997 年冬，城头山东城墙发掘时，发现其最底部平行排列有三丘古稻田，灌溉设施已初步配套。用碳十四方法测定农田中的泥土下层距今 6600—6500 年，上层距今 6300—6200 年，属于目前国内已揭露古稻田中最早的几块。它的发现，再一次确认了中华民族在驯化和栽培水稻这一伟大事业中的历史功勋。

1000 多年后，随着石家河文化的崛起，城头山逐渐走向没落。

石家河文化，距今 4600—4000 年，因发现于湖北省天门市石河镇而得名。石家河遗址是长江中游地区迄今发现分布面积最大、保存最为完整的史前遗址。其中心是一座构筑于石家河文化早期（4600—4300 年前）的古城，规模达 120 万平方米。古城内部有明显的功能分区，包括手工作坊区、居民生活区、祭祀区和墓葬区，城内有 3—5 万人口。古城周围约 8 平方公里范围内，紧密环绕着 30 余个一般聚落，形成一个具有密切关系的群体。

石家河古城平面略呈圆角长方形，修筑有坚固的城垣。如今西、南两面依然高耸地面，城壕清晰可见，似乎在宣示着这片土地曾经的辉煌。城垣是在石家河文化早期构筑的，规模宏大，由城墙、城壕和外围台岗共同构成。城墙的墙体，现存墙基宽约 50 米，顶宽 8—10 米，高达 6—8 米。城墙以外开挖环墙壕沟，再外则是人工堆筑的台岗。

① 裴安平：《聚落群聚形态视野下的长江中游史前城址分类研究》，《考古》，2011 年第 4 期。

石家河文化时期的防卫体系，比大溪文化时期、屈家岭文化时期的防卫体系有很大的进步。大溪文化时期的防卫体系多以壕沟为主，城垣为辅，表现为壕沟宽深、城墙矮窄；屈家岭文化时期的防御体系大多以城墙为主，壕沟为辅；石家河古城则是城墙、壕沟并重。这种变化，既体现了筑城技术的进步，同时也表明石家河已是石家河文化时期江汉平原的统治中心，已形成一个势力强大的区域性国家。

石家河古城在石家河文化早期呈现出一派繁荣的气象，它不仅直接统治着方圆100多平方公里范围内的众多聚落，而且在一定程度上控制着半径约100公里范围内的其他聚落，其大致范围是：西至三峡，北达河南南部，东近大别山麓，南控湖南的洞庭湖。

当时的经济生活以稻作农业为主，在石家河遗址发现大片红烧土内夹有丰富的稻壳和茎叶，表明当地的农业生产以种植水稻为主，并且产量较高。许多遗址出土的农业生产工具也反映了这种情况，双肩石锄、蚌镰、长方形带孔石刀都是实用的农具。

在农业发展的基础上，家畜饲养业也在稳定发展。各地发现的动物骨骼以猪骨最多，尤其在墓葬中大量出土，表明以家畜为私有财产的现象比较突出。

石家河文化的玉器制造业相当发达，制玉技术非常完善。玉器制作技术独树一帜，普遍使用圆雕、透雕、浅浮雕工艺，为其他地区所少见，并有深刻的文化内涵。

石家河文化出土的玉器大多小型精致，玉礼器较少，其中尤以玉人头、玉虎头和玉蝉为精华。这些玉器体积小、重量轻，纹饰简洁，做工却很精细，大多出土于成人瓮棺葬。

石家河文化玉人头的特点是方脸、橄榄眼、鹰钩大鼻、阔嘴，分成极夸张的带獠牙和较写实的无獠牙两种，开启了长江中上游巴蜀地区夸张的人像造型艺术的先河。

玉虎头方头卷耳，形象生动，工艺上集浮雕、圆雕、镂空雕于一身。经常出现的玉虎头表明石家河先人有崇虎的习俗。玉蝉是石家河玉器中数量最多、造型最丰富的一种动物形象，开创了商周时期玉蝉造型的先河。

图 2–1　石家河遗址出土的玉人头像

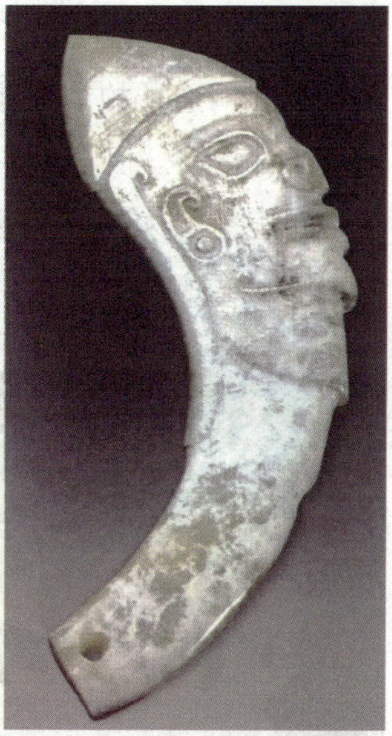

图 2–2　石家河遗址出土的人头形玉饰，雕刻于一块璜形玉片上

图 2–3　四川广汉三星堆遗址出土的青铜面具。将三星堆青铜面具与石家河玉人头像做一对比，不难发现三星堆人像的造型风格明显渊源于石家河文化，认为三星堆青铜及黄金面具塑造的是西方人种形象，三星堆文明是域外西来的文明纯属无稽之谈

石家河文化的玉器代表了江汉平原史前玉雕的最高水平。

邓家湾遗址的个别地段，集中出土了大批小型陶塑，有的一个坑中竟达数千件之多。所塑形象有鸟、鸡、猪、狗、羊、虎、象、猴、龟、鳖以及抱鱼跪坐的人物等。这些陶塑可能是供原始巫术、祭祀活动时使用的，邓家湾则是专门的产地，销往各地。

图 2–4　石家河遗址谭家岭出土的虎座双鹰佩

图 2–5　石家河遗址出土的玉蝉

罗家柏岭遗址发现残铜片 5 件以及一些铜绿石（孔雀石）或锈蚀的铜渣等。铜制品和原料在一起数量较多且相当集中地出土的情况，在同时期国内史前遗址中比较少见。

石家河遗址及由它命名的石家河文化代表了长江中游地区史前文化发展的最高水平，在中华民族文明起源与发展史上占有十分重要的地位。距今 4300—4000 年，中原的华夏集团强势崛起，连续不断向南扩张。华夏文明大举南下，强烈冲击着长江中游的石家河文化，石家河文化逐步衰微，最终解体。

长江下游的早期文明

上山文化的典型遗址——上山遗址位于钱塘江支流浦阳江上游的金华浦江县黄宅镇境内，面积 2 万多平方米，距今 11400—8400 年，是中国迄今发现为数不多的位于丘陵、河谷地带的万年以上的史前遗址，也是中国迄今发现的具备早期村落特征的最早考古遗址，发现围壕和由成排木柱构成的建筑遗存。

考古发掘表明，上山人已开始农业种植与畜牧业生产，过着定居生活。食物来源既有野生的动植物，也有经人工培育的粮食作物和人工驯养的猪、牛、鸡、犬等家畜。

在已出土的文物中，陶器主要器型为大口盆、平底盘、双耳罐，还有少量的钵、圈足类器，陶片多素面，较厚。此外，还出土了大量的石球、石磨盘等。

图 2-6　上山遗址出土的大口盆

遗址的早期文化地层中出土了红烧土残块，这些红烧土块内掺杂了大量的炭化稻壳，出土的陶器、陶片坯土的掺和料中也含有大量稻壳。遗址中还浮选出土了炭化稻米和稻谷小穗梗，[①] 是迄今发现唯一的保存丰富、万年以上栽培稻遗存的遗址，[②] 为研究农业起源、稻作起源提供了十分宝贵的资料，进一步表明长江中下游是人类最早开始农业耕作的

① 蒋中意：《中国稻作实践最早在“上山”？》，《金华日报》，2013 年 1 月 25 日。
② 郇秀佳等：《浙江浦江上山遗址水稻扇形植硅体所反映的水稻驯化过程》，《第四纪研究》，2014 年第 1 期。

图 2–7　桥头遗址出土的彩陶片：太阳升起在地平线上

图 2–8　双墩遗址出土的刻符陶片

地区。

在上山文化的义乌桥头遗址和永康湖西遗址则出土了世界上年代最早的彩陶，距今 9000 年，分乳白彩和红彩两种，以条带纹为主。此外，还出现了神秘的太阳纹图案，是世界范围内太阳崇拜的最早实物。

双墩文化，距今 7300 年左右，发现于安徽蚌埠淮上区双墩村，是目前淮河中游地区已发现的年代最早的史前文化遗存，遗址现存面积 1.2 万平方米。1986 年、1991 年、1992 年先后 3 次发掘，发掘面积 375 平方米，出土了大量的陶器、石器、骨角器、蚌器、红烧土块建筑遗存、动物骨骼以及螺蚌壳等，种类繁多。陶器大部为生活器皿和手工渔猎工具，尤为重要的是在很多陶片上有刻画符号。

600 多件陶器刻画符号，主要集中在器物的外底部，即在陶碗的圈足内侧和陶豆的喇叭形圈足内侧，也就是说都放在隐蔽部位，仅有少数符号刻画在碗的腹部或其他器物的不同部位。显然，这些刻画符号不是用来装饰的，而是具有特殊的意义和用途，这是双墩刻画符号较为显著的特点。所包含内容之丰富也是同时期其他遗址所无法比拟的，仅就已知的内容看，有山川、河流、太阳、动物、植物、房屋等自然现象类刻画，也有猎猪、捕鱼、网鸟、俘鹿、种植、养蚕、编织、饲养家畜等生产生活类刻画，以及记事、记数等几何类刻画符号，内容涉及双墩人的衣食住行以及天文历法、宗教信仰等，涵盖了生产、生活、精神等多方面。

双墩刻画符号已具有一定的表意功能及可解释性，是中国文字起源过程中的一个重要环节，是中国文字的源头之一。

双墩遗址发现的人头像是中国最早的陶塑艺术品之一。这个如小孩拳头大小的人头像，塑造了陶器时代中期一个蚌埠先民的形象。头像逼真生动，惟妙惟肖，神采飞扬。两颊有对称的五点装饰图案，额头正中有一同心圆纹饰，写实中有想象，很有原始艺术的趣味和神秘感。双墩先民将雕塑形体和装饰纹样巧妙地结合起来，想象奇特，给人以美的享受，表明古双墩人的陶塑艺术已经达到了一定的水平。

图 2–9　双墩遗址出土的约 7000 年前的陶塑人头像

1985 年发现于安徽省含山县凌家滩村的凌家滩遗址，总面积约 160 万平方米，是长江下游巢湖流域迄今发现面积最大、保存最完整的史前文化遗址。遗址既有大型宫殿、祭坛等标志性建筑以及布局整齐的房屋、墓地，又有护城壕沟、手工作坊、集市等，是一个繁华的城市。

在祭坛近顶部发现一件用玉石雕刻的猪形器。在玉猪的身下压着一座王的大墓。从墓葬分布、随葬品差异和出土文物的用途看，凌家滩已经出现贫富分化和权力人物，国家已经诞生。

凌家滩遗址已发现 1000 多件玉器。器形分以下几类：工具、武器类，主要是缺乏实用功能的斧、钺、戈，应是礼仪用器；装饰品类，主要是穿戴于身上起装饰作用的镯、璜、环、璧、双连璧、管、珠，以及形制较为特殊的宝塔形饰、扣形饰、喇叭形饰、月牙形饰、冠形饰；动物或人物形象类，主要有猪、龟、龙、凤鸟、鹰、立姿人像、坐姿人像几种，数量很少；其他类，形制较为特殊，如玉版、三角形玉片、玉勺等。

玉龙扁圆形，首尾相连，吻部突出，头部雕出两角，龙须、嘴、鼻、眼部雕刻得清清楚楚。

玉鹰呈展翅飞翔状，鹰首侧视，眼睛以对钻孔眼表现，胸腹部饰一八角形纹饰，双翼展开，呈猪首形。鹰的外形健美，性情凶猛，象征勇敢和力量。鹰和八角纹组合在一起，通常被认为是太阳鸟，象征太阳，应该是先民用于祭天、祭太阳的祭祀用品，反映了凌家滩人的原始宇宙观和对太阳的崇拜。

凌家滩遗址出土了大量造型各异的玉璜，其中虎首璜和龙凤璜最富

图 2–10　凌家滩遗址出土的玉龙

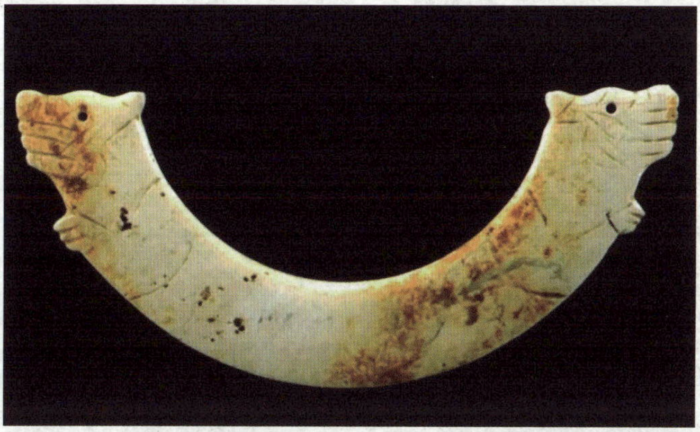

图 2-11　凌家滩遗址出土的虎首璜

考古价值和研究价值，直接反映了凌家滩先民的社会组织结构、伦理道德、文化习俗和生产力发展水平。根据中国历史时期的传统推断，虎首璜可能是一种调兵的凭证。虎首璜和大量的玉钺、玉斧、玉戈等兵器的同墓出土，说明了当时军事权力的高度集中，同时也表明当时已经出现频繁的战争。

凌家滩遗址出土的龙凤璜则为我们找到了中国龙凤文化的源头。龙凤璜可能是当时合婚的信物，表明凌家滩的先民已实行族外婚，在婚姻制度上迈入了文明阶段。

据古代文献记载，三皇之一的伏羲"始作八卦"。《太平寰宇记》记载"伏羲于蔡水得龟，因画八卦之坛"，反映了伏羲"作八卦"和龟有一定的关联。凌家滩遗址出土的玉龟和原始八卦图玉版则以实物印证了这种关联的存在，叠压在一起同时出土的玉龟和玉版，说明之间有紧密的联系。

玉版正面为长方形，反面略内凹，四周钻有若干小孔。玉版正中雕一圆圈，圈内雕刻方心八角星纹，圈外再雕一大圆形，两圆间以直线平分为八等分，每等分雕刻一圭形纹，外圆沿圈边对着长方形玉版的四角各雕刻一圭形纹饰。这块玉版上雕刻的纹饰，可能是上古时代的原始八卦图，反映了 5000 年前凌家滩先民的哲学思想。

凌家滩遗址是中国和世界文明史上具有标志性意义的一处文化遗存。

图 2-12　凌家滩遗址出土的玉版

继凌家滩文化之后，良渚文化在长江下游太湖流域迅速兴起，遗址分布最密集的地区在太湖流域的东北部、东部和东南部，代表遗址是位于浙江余杭的良渚遗址，距今 5300—4200 年。

良渚文化的农业生产水平有了显著的提高，犁耕成为农耕的主要方式。在许多遗址中都发现了当时使用的石犁，仅钱山漾遗址出土的石犁就有百余件。同一铲一锹的耜耕生产相比，连续耕作的犁耕可以节省劳力，提高工效，更好地改变土壤结构，充分利用地力，同时也能更大面积地开发荒地，农业生产水平因此提高到一个新的阶段。从耜耕农业发展到犁耕农业，是中国古代农业史上的一次重大变革，为当时社会的繁荣奠定了雄厚的物质基础。

农业生产水平的提高，带来了手工业的进一步发展。各地出土的遗物表明，良渚文化已拥有制陶、木作、玉雕、髹漆以及丝麻纺织等多种手工业，而且都达到了较高的水平。其中，以制陶业和玉器制作最为突出，占有重要地位。

良渚文化的陶器已普遍采取快轮成型的方法，以黑陶著称。各种陶器造型优美，胎质细腻，器壁厚薄均匀，火候较大。当时彩陶已经很少，常在器表用镂刻技巧加以装饰。装饰花纹既有形态生动的鱼、鸟、花、草等动植物，也有线条纤细、结构巧妙的几何形图案。器型变化多样，用途分明，尤其是鼎、豆、壶的组合，构成了富有良渚文化特色的器物群，对以后的夏商文化礼仪制度有相当的影响。

中国远古社会的玉器制造业，到早期国家时代已相当发达，各地普遍发现了造型美观、制作精巧的玉器。良渚文化的玉器更是首屈一指，以其数量之众多、品种之丰富、雕琢之精湛而超越同时期其他地区，独占鳌头，从侧面反映出了长江下游地区四五千年前的物质生产水平。

良渚文化的玉器制造业，承袭了马家浜文化的工艺传统，并吸收了北方大汶口文化和西边薛家岗文化各氏族的技艺，从而使玉器制作技术达到了当时最先进的水平，主要分为两类：一是祭祀礼仪玉器，一是佩戴装饰玉器。典型器物为琮、璧、钺、冠形器、三叉形器、半圆形饰、镯、璜、带钩等，除琮、璧、钺等独立的单体外，绝大多数应是组合件。这些玉器造型规整，厚薄均匀，转角端正，轮廓分明。

图 2-13　浙江湖州钱山漾遗址出土的扁足陶鼎

图 2–14　良渚玉琮王，高 8.8 厘米，射径 17.6 厘米，四面直槽内共琢刻完整的神人兽面纹 8 个

图 2–15　良渚玉器完整的神人兽面纹饰

良渚文化玉器的琢制，综合运用了镂空、透雕、浮雕及阴线刻等多种技法，特别擅长阴线刻与剔地浅浮雕，或两者结合，并逐步形成了独立的琢玉艺术风格。良渚人艺术创造的基本方法，是线条的运用。用线条的组合来塑造形象，用线条的变化来创造美。组成花纹的纤细阴线是徒手雕刻的，刻工非常精细，有的图案在1毫米宽度的纹路内竟刻有四五根细线，可见当时刻刀相当锋锐，工匠的技术也是相当熟练。线刻技艺达到了后世几乎望尘莫及的地步，对中国艺术的发展产生了深远的影响，在中国雕刻艺术史上占有重要地位。大至璧琮，小至珠粒，均精雕细琢，打磨抛光，显示出良渚文化先民高超的玉器制造水平。

良渚文化玉器的标志性纹饰是神人兽面纹，构图严谨和谐，极富神秘感。

玉琮是良渚文化玉器中体积最大的一种，是中国古代最具神秘色彩的器物，是人们在祭祀天地仪式中沟通天地的媒介，是权力和财富的象征，也是良渚文化玉器最具典型意义的器物和良渚文化的神圣标志。

其形制一般为内圆外方的柱体，个别呈圆筒形柱体。最大的玉琮，直径达17.1—17.6厘米，常见的在8—10厘米左右。琮是各类器物中唯一器形向空中发展的，节数最多、最高的一件，达49.2厘米，分为19节，即所谓多节琮。

几乎每件玉琮的每一节上都有或繁或简的兽面纹或神人兽面纹，有的还有烘托和陪衬神人兽面纹的鸟纹。具体的制作方法是：在器表以精确的减地法等距离刻出横向凹槽，使玉琮分成若干节；四面正中同样以减地法刻出竖向凹槽，使每一节分成四组转角相连的垂直凸面。纹饰一般由一个平面或以凸面转角为中线，琢磨出两个居边角处的半侧面图案组成的一组兽面，形制纹饰讲究严格对称、一丝不苟。制作时有着统一的定制，不能掺有任何随意性。令人叫绝的是，玉琮绝无两件体形、花纹完全相同的，而且都是单体制作的，件件精雕细琢，面目不一。[①]

① 丁叙钧：《良渚文化玉器赏析》，《第一财经日报》，2008年5月1日。

良渚文化时期出现了中国最早的文字。

2007 年，在核心区良渚遗址群内发现了一座面积近 290 万平方米的古城，古城东西长 1500—1700 米，南北长 1800—1900 米，略呈圆角长方形，正南北方向。城墙部分地段至今残高 4 米多，做法考究：底部先垫石块，宽度达 40—60 米，上面再堆筑纯净的黄土夯实。城墙环绕着中间近 30 万平方米的特大型夯土高台莫角山遗址。使用年代当在公元前 2600—前 2300 年，属良渚文化中晚期，是至今所发现的同时期中国最大的城址。这座城应该是良渚古国的晚期都城。

2015 年，在良渚古城外围又发现了公元前 3100 年—前 2700 年的大型水利工程，由 1 条长堤和一组 10 座高低坝系统组成。高坝系统可以抵御短期内 870 毫米的连续降水，低坝系统可以抵御 1900 毫米的降水，能在古城的西面拦蓄出三片累计面积 11.4 平方公里的水面，可以达到百年一遇

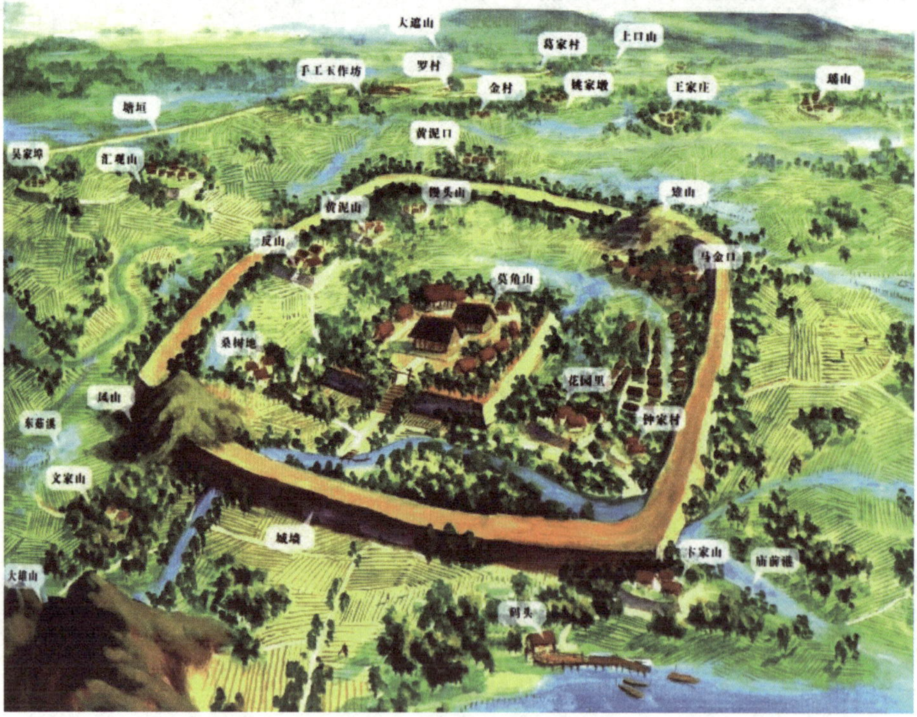

图 2–16　良渚古城复原图

的防洪标准。[①]

良渚文化核心分布区在太湖流域，包括余杭、嘉兴、上海、苏州、常州、南京一带。

根据业已发现的江苏兴化蒋庄遗址、新沂花厅遗址考古现象判断，早在5000年前，良渚古国的统治范围已越过长江，推进至江苏、山东交界地区。

图 2-17　新沂花厅遗址出土的神人兽面纹玉琮

江苏兴化蒋庄遗址距今5000—4600年，目前已经发现古墓葬200多座，这些古墓葬南北分布，有等级、尊卑之分。北片应该是平民埋葬区，南片则是贵族埋葬区。其中最引人注目的是第158号墓，存在人殉现象。棺用一根木头掏挖而成，长度超过2.5米，宽度超过1米，看上去就像一艘要划行的木船，木船内躺着一男一女2个人，船头放了2个人头，船尾摆着4个人头。

从蒋庄遗址出土的陶器、玉器来看，这是一处纯粹良渚文化特征的遗址，文化面貌单纯，几乎没有受到外来文化的影响。遗址出土了直径20厘米以上的玉璧多件，其中一件刻画着山样纹路，代表着高高的祭台；玉琮出土2件，其中一件高23厘米，刻着简化的良渚文化代表性标识神人

① 王珏：《2015十大考古新发现揭晓》，《人民日报》，2016年5月17日。

兽面纹。

江苏新沂花厅遗址距今5300—5000年，共清理墓葬80多座，大多为长方形墓坑，其中有大墓10座。大墓随葬品有多达上百件的，以陶器和玉器为主，也有石器和骨器。多数大墓发现有婴幼儿和青少年殉葬。

新沂花厅遗址出土的陶器兼具大汶口文化、良渚文化两种文化特征，玉器则与良渚文化的同类器物相同，且饰有同样的神人兽面纹，表明这一地区应是良渚文化和大汶口文化的交界地，彼此有密切的来往。[①]

两处遗址的考古现象表明，早在5000年前，良渚古国已是一个横跨长江南北，据有浙江、江苏大部分地区，势力相当强大的区域性国家。据此可以判定，人类历史上最早的区域国家应该是距今5300年前后中国的良渚古国，而非距今5000年前后非洲的古埃及。

如同长江中游文明一样，良渚文化晚期，中原文化迅速崛起，一度相当强盛的良渚文化慢慢走向了衰落。

长江流域的中华民族先民创造了辉煌的长江流域文明，但在来自中原强有力后来者的凌厉攻势面前，其主体部分被华夏民族吸收、同化，最终融合为统一的更为强大的华夏民族，剩余的部分退往西南山区，慢慢演变为中华民族的西南民族分支。

辽河流域的早期文明

辽河是中国七大河流之一，发源于河北，流经内蒙古、吉林和辽宁，最后注入渤海，辽河流域也是中华民族和中华文明的发源地之一。

小河西文化，辽河流域目前发现时间最久远的史前文化，距今8500多年，因首次发现于内蒙古敖汉旗木头营子乡小河西遗址而得名。

考古发现表明，当时的原始村落规模偏小，房屋为半地穴建筑，已掌握了打磨石器的技术。出土的文物有300余件，包括各种陶杯、陶罐、骨

① 南京博物院花厅考古队：《江苏新沂花厅遗址1987年发掘纪要》，《东南文化》，1988年第2期。

制品和石器，陶器的陶胎和底部都很厚，且为素陶，制陶工艺原始。

兴隆洼文化，首次发现于内蒙古敖汉旗宝国吐乡兴隆洼村的史前文化，距今8200—7200年，经济形态除农耕外兼狩猎、采集。兴隆洼文化发现了中国最早的龙形象和非常早期的玉制品。

兴隆洼遗址总面积3.5万平方米，是一处经过周密规划和精心安排，很有可能是一次性建成的聚落，也是中国已知保存最完整、时代最久远、面积最大的聚落。聚落有10多排房屋，每排10座左右，都是西北—东南走向，排列整齐，井然有序。屋内有圆形灶坑，比黄河流域的同时期氏族居址高大宽敞。遗址周围尚存宽约2米、深度1米左右的壕沟，是这个氏族营地的界限，也是一种防御设施。

兴隆洼先民的生产工具以石器为主，其中主要是用于掘土的打制有肩石锄，还有石铲、石斧、石锛等，由石片嵌入骨柄凹槽的刮刀很有特色，是北方细石器工艺传统的产品。骨器有锥、镖、针等，磨制都比较精良。房址中经常发现琢制的石磨盘和磨棒，有的房间里还出土了石杵，都是谷物加工工具，用于植物籽实的去壳脱粒。

出土陶器均为夹砂陶，烧制火候较低，陶质疏松，以装饰压印的网格纹和“之”字形纹为特征，深筒直腹罐和钵为其典型器物。

兴隆洼遗址出土的玉玦，成对出现在墓主的耳部周围，应是墓主生前佩戴的饰物，是世界范围内最早的玉饰件之一。同时，还出土有玉斧、玉锛等工具类玉器，其形制与石质同类器相仿，但形体明显偏小，多数磨制精良，没有使用痕迹，可能为祭祀用神器。

2015年、2019年在黑龙江饶河县乌苏里江左岸的小南山遗址出土了距今9000年历史的100余件玉器，包括玉玦、环、璧饰、锛形坠饰和玉斧等，表明东北地区是中国玉文化的起源地。

兴隆洼文化查海遗址位于辽宁省阜新蒙古族自治县沙拉乡查海村，揭露出的遗迹、遗物有房址、陶器、石器、玉器等，总面积3万平方米。房址规模较大，呈方形，每座房址内生活用具、生产工具配套，排列有序，并显现出每个生活、生产单元的相对独立性，特别是在第五次发掘中揭露出的连体房址，表明当时已出现了原始的祭祀活动。

图 2-18　查海遗址出土的 8000 年前的石堆塑龙

图 2-19　濮阳发现的仰韶文化龙虎墓

1994 年 7 月，在查海遗址的第七次挖掘中，在聚落遗址的中心区域房屋遗址与墓葬群之间发现由石块堆塑而成的长约 20 米的巨龙，呈昂首张口、弯身弓背状。这样的龙形在其他地区的考古中也有多次发现，但时间都大大晚于查海龙。

1987 年，濮阳市文物工作队发掘了一座形制奇特的墓葬，中部有一具成年男性骨架，大体呈头南足北的仰卧直肢姿势，在人骨架的东西两侧以蚌壳分别摆塑了龙、虎图案。龙、虎头北尾南，与人骨架的头脚方向相错。其中，蚌壳龙位于人骨架的东侧，长 1.78 米，龙昂首、曲颈、弓身、前爪扒、后爪蹬，状似腾飞，距今 6000 多年。

查海龙是中国历史最早、形体最大的石堆龙，可以说是中国龙的原型，对后世龙形产生了重大影响，应是中华民族龙文化的源头。

兴隆洼文化兴隆沟遗址浮选出土的炭化粟和黍，经过国内外 3 家不同的碳十四实验室年代测定，距今 8000—7700 年，是目前世界上所知少数最早的人工粟和黍的栽培遗存标本，表明敖汉地区是横跨欧亚大陆旱作农业的发源地之一，同时也是世界粮食作物最早人工培植的区域之一。

以后经由赵宝沟文化，出现了更加辉煌、灿烂的红山文化。

红山文化，以辽河流域中辽河支流西拉木伦河、老哈河、大凌河为中心，分布面积达 20 万平方公里，距今 6000—5000 年。

红山文化的社会形态初期处于母系氏族社会的全盛时期，主要社会结构是以女性血缘群体为纽带的部落集团，晚期逐渐向父系氏族过渡，出现了早期国家。经济形态以农业为主，牧、渔、猎并存，饲养的家畜有猪、牛、羊等。

红山文化的手工业达到了很高的水准，形成了极具特色的陶器装饰艺术和高度发展的制玉工艺。

在手工业生产中，制陶业占有重要地位，制陶技术比早期的兴隆洼文化有了较大的发展。一些富有制陶经验的氏族成员已经专门从事这项劳动，大量陶器具有成批加工的相似性，陶器的产量和质量都有显著的提高。

作为中国史前玉文化的一个高峰，红山文化的玉雕工艺水平极高，以磨制加工为主，器形有玉龙、玉龟、玉鸟、兽形玉、勾云形玉佩、箍形器、棒形玉等。据统计，红山文化的玉器已出土 280 余件，相当部分具有鲜明的特色。其中，龙题材是红山文化最具有代表性的内容，龙的形象从红山文化早期一直延续到它的晚期。

红山文化的玉龙可分两类：一类俗称 C 形龙，以前突的头部、后卷的长鬃、如钩的卷体为特征。C 形龙的头部琢刻最为精细，长吻前伸，鼻翼上翘，鼻孔浅点，梭眼细长，嘴角紧闭，额顶或颚下还有细线阴刻的网格纹，毛发飘举，极富动感。C 形龙形体较大，内蒙古翁牛特旗三星他拉出土的 C 形龙高 26 厘米，是史前玉龙中形体最大的一件，被誉为“中华第一龙”。

另一类玉龙俗称玉猪龙，是红山文化晚期玉器中的典型器物，以肥头大耳、厚实的身躯、玦形的环箍状卷体为特征。玉猪龙的头部一般占到整个身体长度的 1/3 左右，表现极为夸张，以凹凸有致的浅浮雕形成与身躯间的明显分隔。头部的环形大耳、圆环眼、嘴吻部的褶皱都以夸张的形式加以强调，有的甚至还表现了嘴角的獠牙。经考古发掘出土或征集的玉猪龙已超过 13 件，形体大多比较厚实，高度通常在 10 厘米以上。目

图 2–20　三星他拉出土的红山文化玉龙

图 2–21　牛河梁遗址出土的玉猪龙

前所知形体最大的玉猪龙为辽宁省建平县征集的一件，通高15.7厘米，宽10.4厘米，厚4.3厘米。

图 2-22　牛河梁遗址出土的女神像

牛河梁遗址位于辽宁省建平县与凌源市交界处，因其山下的牤牛河而得名，属于红山文化晚期遗存，是距今5500—5000年间的女神庙、大型祭坛和积石冢群相结合的遗址。有一座女神庙，多个地点的积石大冢群，一座石砌圆形三层阶祭坛，形成一个特殊的区域，赋予了其神圣的色彩，布局和性质与北京的天坛、太庙和十三陵相似。

女神庙由一个多室和一个单室两组建筑物构成。多室部分南北长18米余，东西宽7米左右；单室部分南北长2米余，东西宽6米，为土木结构。墙壁以原木为骨架，经过结扎禾草秸把、敷泥和表面压光处理，部分墙面彩绘有赭红间黄白色交错的三角纹、勾连纹图案。女神庙出土大量泥塑造像残块，以人物为主，其次为动物像，因建筑物倒塌，断头残肢，堆积满室。人物塑像残块有头、肩、臂、乳房、手等，大多泥胎细腻，曲线圆润，表现出相当高的造型技巧。残块分属五六个个体，形体有大小之分，年龄有老少之别，组成一多姿多彩的女神像群。

其中，头像残块最为珍贵。基本接近真人大小的彩塑女神头像，头顶和左耳有残缺，存高22.5厘米，面宽16.5厘米，耳长圆，鼻梁低，眼窝较浅，眼内嵌圆形玉片为睛，颧骨高耸，嘴大，与现代华北人的脸型近似。塑工细腻生动，面涂红彩，出土时仍很鲜艳。

在女神庙中还发现了祭祀用的陶器，说明当时女神庙中存在较大规模的祭祀活动。

已在分布范围达50平方公里的多个地点发现积石冢群，都以石垒墙、以石筑墓、以石封顶，然各自的形制、构造和性质不完全相同。每座冢的占地面积都相当大，一般有三四百平方米，最大的达 1000 余平方米，垒石高度在 1 米以上。积石冢内往往有数十人列棺而葬，他们因为身份的不同而被分别安置在大小各异的石砌棺材之中。

在这些积石墓中，随葬了不少精美的玉器。玉器一般放置在死者的头下、胸前和身边，种类有作为原始宗教信仰之物的玉猪龙，有挂于胸前的双联、三联玉璧，有勾云形玉佩、扁圆形玉环、圆桶形玉箍，还有玉鸟、玉鸽、玉龟、玉鱼、玉兽等兽形器，工艺精美，形神兼备，别具风格。种类和数量随墓的大小而异。

处于中心的大墓唯玉为葬，大墓附近的重要墓葬也葬有玉器，但是数量和规格明显较中心大墓低，个别墓葬只有陶器随葬，相当一部分墓葬没有随葬品。共出土玉器 120 余件，是红山文化中出土玉器最多的遗址。

2 号地点积石冢间有一个石砌圆形三层阶祭坛。

积石冢所反映的社会成员的等级分化，显示出原始公社走向解体的迹象，已经有了私有制的概念。气势宏大的祭祀场所，应是一个很大规模的社会共同体举行大型祭祀活动的圣地，表明红山文化晚期已形成早期的国家。[①]

图 2-23　兴隆沟红山文化遗址出土的距今 5300 多年的陶塑人像。陶人将瞬间定格为永恒，表现的是自然的人、生活的人，而非做作的人、摆拍的人，体现了中华先民敏锐的观察力、高超的表现力以及非凡的艺术天分

2012 年，兴隆沟红山文化遗址发掘出土一个距今 5300 多年的陶塑

① 方殿春等:《辽宁牛河梁红山文化“女神庙”与积石冢群发掘简报》,《文物》，1986 年第 8 期。

人像。这个人像通高55厘米，整身、盘坐，头戴盘索冠，鼻梁挺直，口圆张，双目圆睁，两臂交叉，右手用力按在左手上，动感十足，表情张扬，神态生动，是国内目前所知的形体最大、形象最逼真、表情最丰富的史前整身陶塑人像。

陶人发现于一座房址内，应是日常生活中红山先民用于祭祀祖先的，表明中华民族区别于世界其他民族的独特的祖先崇拜思想早在5000多年前就已在多地出现，在以后的岁月里又逐步完善发扬光大，铸就了中华民族的民族特质。

陶人的发现同时也表明中华民族是一个具有相当高艺术天分的民族。上古时期民族祖先就已经具有了一定的解剖学知识，拥有了出类拔萃的塑形能力。

红山时期以后，中国北方地区的文化中心逐渐由东部的辽河流域向西移动，在内蒙古河套地区相继出现了一系列的城池。这些城池都延续了红山文化的传统，大量使用石块作为建筑材料，都是石城。

公元前2200年前后，在陕西省神木县高家堡镇出现了东亚大陆统一王朝出现前最大的城市——石峁古城。石峁古城由皇城台、内城、外城3座基本完整并相对独立的石构城址组成。内城墙残长2000米，面积235万平方米；外城墙残长2840米，面积425万平方米。石峁遗址规模大于年代相近的陶寺遗址，也大于年代略早的良渚遗址，是已知史前城址中最大的一处。

皇城台位于内城偏西的中心部位，是石峁遗址大型宫殿及高等级建筑基址的核心分布区，为一座四面包砌护坡石墙的台城，大致呈方形，台顶面积8万余平方米。皇城台三面临沟，仅北侧偏东有一窄梁通往外界。在皇城台东墙北坡的弃置堆积内，出土约200片陶瓦残片。数量可观的陶瓦的发现，表明公元前2000年前后的石峁古城已存在覆瓦的大型宫室类建筑。

内城将皇城台包围其中，依山势而建，城墙为高出地面的石砌城墙。外城系利用内城东南部墙体、向东南方向再行扩筑的一道弧形石墙，绝大部分墙体高出地面，保存最好处高出现今地表1米余。外城东门址位

图 2-24　石峁古城外城东门

于外城东北部，有瓮城、马面、角楼等城防设施，总面积4000余平方米。

石峁遗址出土了数量可观的玉器，这些玉器质料精良、工艺复杂、特征显见，是中国龙山文化晚期至夏时期北方地区玉器之集大成者。

石峁遗址还发现有铜器，其中铜刀存尾部，刀背很直，铜镞完整，双翼有銎，铜锥完整，器形细长，是我国北方地区时代最早的一批铜器。同时，还发现有石范，石范有一范多器和一范一器两类，器形可辨环首刀、直背刀、锥，表明石峁古城已存在冶铸铜器的活动。[①]

公元前1800年左右，由于中原王朝向北扩张，石峁人被迫毁弃石峁城退往辽阔的北方草原。公元前1500年左右，随着北方气候的变化，其生活方式也由定居慢慢转向了游牧。

创造了辉煌的辽河流域文明的中华民族先民，由于生活环境的变

① 杨雪梅：《石峁遗址，刷新中华文明认知》，《人民日报》，2016年8月29日。

图 2–25　石峁遗址出土的石雕人头像（现藏榆林学院陕北历史文化博物馆）

化，从定居、农耕逐渐转变为游牧，其主要部分最终形成中华民族的游牧分支。

黄河流域的早期文明

南庄头遗址，位于河北省徐水县，距今 11000—9700 年，遗址面积约 2 万平方米，已发现的遗迹有 5 条灰沟、2 座灰坑和 2 个用火遗迹。

南庄头遗址出土了为数较多的兽骨、禽骨、鹿角、蚌壳、木炭、种子，还发现了石磨盘和石磨棒等谷物加工工具。动物骨骸经鉴定分析，大都属于鹿科动物。在出土的文化遗物中，尤为可贵的是发现了 50 余片陶片，这些陶片的陶胎壁厚 0.8—1 厘米，烧成火候低，质地疏松。按陶质可分为夹砂深灰陶和夹云母褐陶两大类。这些陶片是目前我国考古发掘得到的地层和年代都确切的最早的陶制品之一，表明中国北方地区 1 万年前也已进入陶器时代。

华北地区已经发现并经发掘的同时期遗址还有河北阳原于家沟，北京门头沟东胡林、怀柔转年等几处。

贾湖遗址，位于河南省舞阳县北舞渡镇西南1.5公里的贾湖村，距今9000—7500年，是一处规模较大、保存基本完整、文化积淀极为丰厚的陶器时代早期遗存，也是淮河流域地区迄今所知年代最早的陶器文化遗存。以贾湖为代表的文化遗存具有一定的分布地域，有独特的文化特征和发展序列，被命名为贾湖文化。

贾湖遗址已出土陶、石、骨等各种质料的文物5500余件，还有大量的炭化稻粒、炭化果核及多种水生物、动物骨骼。出土文物数量之多、品类之盛、制作之美、内涵之丰富，为国内外同期遗存所罕见。贾湖人所创造的文化的总体高度，远远超出我们的想象。遗址为音乐起源、酿酒起源、纺织起源、汉字起源、稻作起源、养殖起源等都提供了重要的佐证材料。大量证据表明，8000多年前的贾湖先民已掌握了房屋构筑、制陶、磨锯、钻孔、酿酒、工具制作、水稻栽培、人工养殖等多种技能。

贾湖房址大多为椭圆形，兼有圆形、不规则形和方形等。建筑形式基本上为半地穴式或浅地穴式，另有少数为平地起建的。多为单间，有少量依次扩建的多间房。门道多为台阶式，也有少数为斜坡式，房址内有灶台、柱洞等。

墓葬多长方形土坑竖穴，墓向以西和西南居多，随葬品大多为生活实用品，其中陶器与石器较少，骨器较多。有的随葬品成组出现，如龟甲、骨笛、叉形器成组出现的墓葬有20多座，这些墓一般较大，随葬品较丰富。男性随葬品多为石铲、石斧、骨镖、骨镞等，女性随葬品以骨针、纺轮、磨盘居多。贾湖遗址墓地比较集中，多成片出现，有的重复埋葬出现叠压。

在制陶技术方面，发现的陶窑均为横穴式，上口近圆形，残存有火门、火膛、火台、窑壁、烟道和出烟口。出土陶片中以夹砂陶为主，泥质次之，还有夹炭陶、夹云母陶，以红色为主，褐色占一定比例，灰色和黑色较少。由于火候不匀，陶色多不纯正，陶胎多呈灰或黑色。器表以磨光和素面为主，夹砂褐陶和红陶普遍施赭石色陶衣。

在贾湖遗址内，发现了大量碳化的栽培稻米及石磨盘、石磨棒、石铲、石镰等农业生产、加工工具。这些资料表明，最晚在9000年前，中国的北方地区也已进入农业社会，实现了从食物采集到农业耕作的巨大跨越。

在16个贾湖陶器皿碎片上，发现了疑似酒类沉淀物。通过对沉淀物进行化验分析，结果显示，附着物内有酒石酸的成分，主要原料是稻米、蜂蜜、山楂和葡萄，表明8000多年前贾湖人已经掌握了酒的酿造方法，制造了目前已知世界上最早的酒。此前在伊朗发现过大约公元前5400年的酒，被认为是世界上最早的酒。贾湖酒的发现，改写了这一纪录，比国外发现最早的酒要早约1000年，是世界上目前发现最早与酒有关的实物资料。

贾湖契刻共发现17例，分别刻在龟甲、兽骨和陶器上，其中龟甲上刻符9例，骨器上刻符5例，陶器上刻符3例，其特点均是契刻而成。刻符结构为横、点、竖、撇、捺、竖勾、横折等笔画，有些契刻符号的形状与4000年后的商代甲骨文有许多相似之处，如形似眼目的“目”，光芒四射的太阳纹等。

这些契刻符号是迄今为止中国最早的与文字起源有关的实物资料，可能是最终演变成汉字体系的最初原型，为汉字起源研究提供了重要资料。

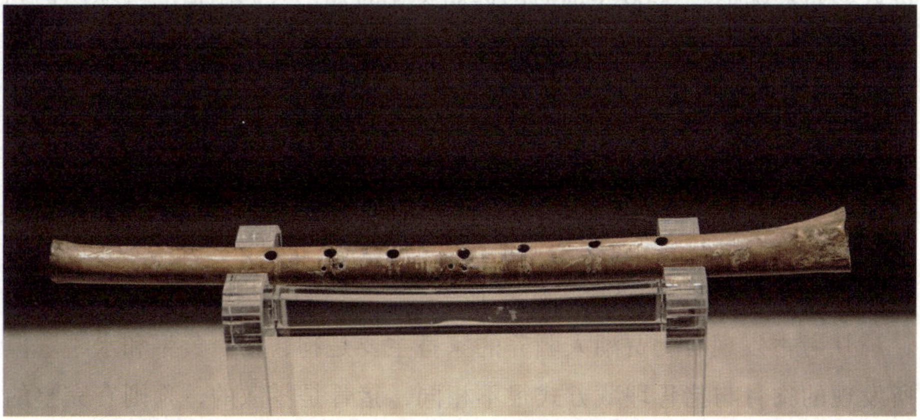

图2–26　贾湖遗址出土的骨笛

贾湖遗址发掘出了30余支骨笛，有二孔、五孔、六孔、七孔和八孔笛，长度17.3—24.6厘米，直径0.9—1.72厘米。骨笛是用鹤类动物的尺骨锯去两端关节钻孔而成。制笛之前贾湖人曾经认真计算，笛子制成后还运用打小孔的方法调整个别孔的音差，制作方法和过程与现在民族管乐器的制法很相似，它反映出的音律水平和计算水平之高，令人惊叹。专家研究发现，贾湖人已经有了音与音之间距离差别的基本概念。经中央民族乐团对其中一支七孔笛测试，知其已具七声音阶，并能完整吹奏现代乐曲。

贾湖骨笛是迄今为止世界上年代最早、保存最完整、出土个数最多，且能演奏的乐器实物，将人类音乐史向前推进了3000多年，改写了中国乃至世界音乐史，彻底推翻了中国笛子西来说和七声音阶外来说，在世界音乐史上具有不可取代的重要地位。

吹奏乐器在我国古文献中有许多记载，如《世本》说“女娲作笙簧”，《通历》说“帝喾造埙”。人们在距今6000年前的仰韶文化遗址中发现了大量的陶埙，有力地证明了文献中的相关记载。我国著名音乐家吕骥曾对半坡仰韶文化遗址中出土的陶埙进行过测音研究，用音叉测得的音和用闪光测音机测定的结果，证明当时的音阶与如今的五声音阶中的小三度音程接近。如果说距今6000年前后的仰韶文化时期，人们制造的陶埙已达到与如今五声音阶完全相同的水平已令人惊叹的话，那么距今8000多年的贾湖遗址发现了已具备七声、八声音阶的骨笛，足见中华民族先民的高度智慧和艺术素养。[①]

家畜饲养和原始农业，都是人类迈向文明的重大进步。随着人们生产、生活经验的不断丰富，人们把猎获的猪、羊等动物圈养起来，以备食物缺乏之时，由此慢慢产生了饲养业。

从考古发现看，贾湖人驯养的家畜主要是狗、猪、黄牛和水牛。但所发现的狗骨与猪骨埋藏方式很不相同，猪骨是零散的，狗则有完整的骨架，显然是完整埋葬的。狗坑基本位于墓地的边沿地带，或房基旁边，表明当时狗已成为人类的朋友，为主人看家护院和打猎。研究结果表明，

---

① 李春等:《八千年回望访舞阳》,《河南日报》, 2006年8月11日。

贾湖一期（即 8600 年以前）就有家猪。由此判断，贾湖是中国家猪饲养的起源地之一。

图 2-27　大地湾遗址出土的人头型彩陶瓶

2016 年岁末，贾湖遗址又有一个惊世发现。在贾湖遗址两处墓葬者的遗骸腹部位置土壤样品中，检测到了蚕丝蛋白的残留物。根据遗址中发现的编织工具和骨针综合分析，8000 多年前的贾湖人，可能已经掌握了基本的编织和缝纫技艺，并有意识地使用蚕丝纤维制作丝绸。研究成果以《8500 年前丝织品的分子生物学证据》为题，发表在国际学术期刊《公共科学图书馆》上。这一发现，将中国丝绸的考古学证据提前了 4000 年，确凿无疑地证明中国是世界上首个发现蚕丝和利用蚕丝的国家，对于丝绸发展史的研究具有深远的意义。

大地湾文化，主要分布于甘肃天水市，是华夏先民在黄河流域创造的古老文化，是华夏文明的来源之一。典型遗址位于天水市秦安县东北 45 公里处的五营乡邵店村，是黄河中游已知最早也是延续时间最长的史前文化，主要遗存距今 8000—4800 年。

1958 年，甘肃省文物工作者组织的泾渭流域普查小组首次发现大地湾遗址，经 1978 年、1982 年、1995 年 3 次大规模发掘，共清理发掘面积 14752 平方米，出土陶、石、玉、骨、角、蚌器等文物近万件，发掘 240 余座房屋遗址、357 座灰坑和窑穴、79 座墓葬、38 座窑址、106 座灶台、8 条防护和排水用的壕沟。

2006 年，发掘工作的最新研究成果显示，大地湾遗址人类活动历史可由距今 8000 年推前至距今 6 万年，共有 6 个文化层。第一至第三文化层形成于距今 60000—20000 年，地层中仅发现石英砸击技术产品，如石英石片、碎片等；第四文化层距今20000—13000年，细石器技术产品和大地湾一期陶片开始出现，但在遗物总体数量上处于从属地位；第五文化层距今13000—7000年，以细石器和大地湾一期陶片为主；第六文化层距今7000—约5000年，主要文化遗物为半坡和仰韶晚期陶片。大地湾遗址依次经历了原始狩猎采集、发达狩猎采集、大地湾一期原始农业和仰韶早晚期成熟农业4个经济发展阶段。①

大地湾文化在农业、制陶、建筑、文字等多方面，均有突破性的发展，是史前时期黄河流域文明的典型代表。

在大地湾一期灰坑中，发现了已炭化的禾本科的黍和十字花科的油菜籽，其中黍的碳测年代距今7500年前后，是中国同类作物中时代最早的标本之一，说明陇原大地最早的垦荒者至少在7000多年以前就成功地将野生黍培养成了栽培黍，否定了国际农史界通行多年的中国黍源于国外的理论，证明了以大地湾遗址为中心的清水河谷是中国最早的粮食和油料作物种植地之一。

彩陶则是大地湾文化的最显著特征。大地湾一期文化出土的三足钵等200多件彩陶，是我国北方地区迄今为止发现时间最早的一批彩陶。图案虽不太完整，却将中国北方彩陶制造的时间确定在了8000年前。

大地湾遗址出土的陶器上发现的10多种刻画符号，有类似水波纹状的，有类似植物生长的。这些介于图画和文字之间的朱彩符号，在年代上早于半坡文化的刻画符号千年以上，又与仰韶时代种类逐渐增多的刻画符号有着非常密切的联系，甚至有些刻画符号与半坡文化的完全一致，可以认为是中国文字的源头之一。

距今5000多年前的仰韶文化晚期，大地湾出现了大型宫殿式建筑，目前已发掘的有3座：F901、F405、F400。

---

① 张东菊等：《甘肃大地湾遗址距今6万年来的考古记录与旱作农业起源》，《科学通报》，2010年第10期。

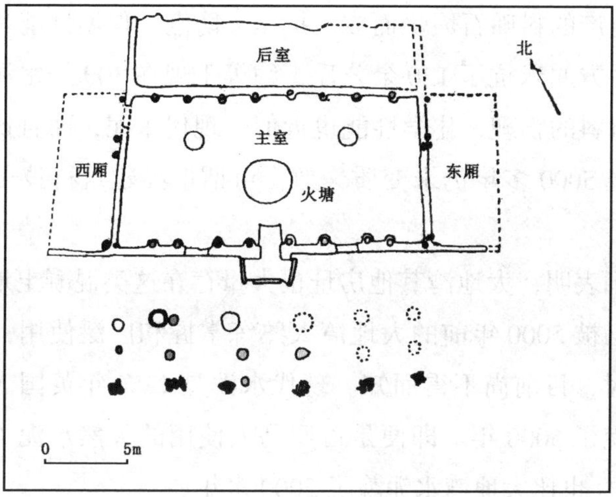

图 2-28　大地湾遗址 F901 大型宫殿式建筑基址图①

其中，最宏伟的 F901 建筑是我国目前出土的史前时期面积最大、工艺水平最高的房屋建筑。这座多间复合式建筑，布局规整，中轴对称，前后呼应，主次分明，开创了后世宫殿式建筑的先河，是我国古代建筑技术中木构建筑的最早实例。

F901 建筑基址坐北朝南，以长方形主室为中心，有左右侧室与主室相通，后面还有后室，门前有檐廊。整座建筑总面积 420 平方米，仅主室面积就达 130 平方米。建筑前面有土路面和 1000 多平方米的广场。

F901 建筑主室由 8 根附墙大柱将室内空间一分为九，正面开有 3 个门，两侧墙各开 1 个门通向侧室，主室正中有一直径达 2.6 米的大型火塘。建筑四周共有 142 根木柱，外敷草泥和料礓石，柱底以青石垫基。室中间有两根对称的顶梁柱，柱径约 90 厘米，建筑总高 6—7 米，相当于今天的两层楼。目前四面墙体残存最高 0.95 米。

这座宫殿建筑的主室，全部为料礓石和沙石混凝而成类似现代水泥的地面，坚硬平整，色泽光亮，青黑色，就像今天的水泥地坪。地面表层之下是 15—20 厘米的由沙粒、小石子和人工制造的轻骨料组成的混合层，就像今天的混凝土层。经科学测定，上述表层的胶结材料和下层的轻骨料

① 张忠培、严文明：《中国远古时代》，上海：上海人民出版社，2014 年，第 173 页。

都是用当地生产的料礓石煅烧而成，抗压、防潮、保温性能都比较好，平均强度为每平方厘米抗压120余公斤，约等于现在100号水泥砂浆地面的强度。胶结材料的物理、化学性能也近似于现代水泥，而且比现代水泥牢固耐用，历经5000多年仍未变质失效，可谓世界建筑科技史和材料科学史上的奇迹。

考古发掘表明，大地湾其他房址也大量存在这类混凝土地面。这说明混凝土技术已被5000年前的大地湾人熟练掌握和广泛使用，至于混凝土技术始于何时，目前尚不得而知。现代水泥是1756年英国人发明的，比大地湾水泥晚了5000年。即便是古罗马人使用的天然水泥（石灰和火山灰的混合物），也比大地湾水泥晚了2000多年。

F901建筑大量采用木骨泥墙和草泥包柱的建筑方法，是目前我国发现年代最早的建筑防火技术。屋顶以木柱、椽、梁为基础，上部敷以草泥土。这种构筑方式，增强了建筑自身的采光、稳固、密闭和保温性能，又增加了建筑物的耐火强度。木质门框上面还发现类似现代水泥性质的胶结材料形成的硬质光面。这层胶结材料的主要功能应是防火，可能是人类建筑史上最早使用的防火涂料。①

在建筑内还出土了中国最早的陶量具，一组4件，十进位制，把我国度量衡实物史提前了3000多年。

大地湾晚期房屋中发现的大型地画，图案由人与动物构成，像是狩猎的图景，大部分保存完好，用黑色颜料绘制，距今5000年，是国内迄今最早且保存完整的绘画作品，对研究中国绘画的起源和史前社会的绘画艺术有重要的学术价值。

多座成中轴线排列的宫殿式建筑的出现，表明大地湾已成为当时西北地区的一个政治、经济和文化中心。

仰韶文化，分布在黄河中游从今天的甘肃省到河南省之间，以陕西大部、河南西部和山西西南的狭长地带为中心，东至河北中部，南达汉水中上游，西及甘肃洮河流域，北抵内蒙古河套地区，是黄河中游地区重要的史前文化。目前已发现的仰韶文化遗址有几千处，其中以陕西省最多，共

① 李金生等：《大地湾遗址见证8000年消防文明》，《消防与生活》，2007年第12期。

图 2–29　陕西西安半坡遗址出土的仰韶文化人面鱼纹彩陶盆

计 2040 处，占全国仰韶文化遗址数量的 40%。仰韶文化距今 7000—5000 年，1921 年首次发现于河南省三门峡市渑池县仰韶村。

仰韶文化是一个以农业为主的文化，人们过着定居的生活，其村落或大或小。比较大的村落房屋有一定的布局，以一座大房子为公共活动场所，其他几十座中小型房子围着大房子。居住区周围通常有一条围沟，围沟外是墓地和窑场。房屋形状分圆形、方形和长方形，早期的房屋以圆形单间为多，后期以方形多间为多，有半地穴式的，也有平地起建的。房子中间有圆形或瓢形灶坑，周围有数量不等的柱洞。居住面和墙壁都用草拌泥涂抹，并经火烤以加强其坚固度和耐水性。半坡遗址中期的方形房屋用 12 根木柱支撑，木柱排列 3 行，每行 4 根，形成规整的柱网，初具中国独特的以木构架为支撑“墙倒屋不塌”框架式建筑的雏形。

村落选址一般在河流两岸经长期侵蚀而形成的阶地上，或在两河汇流处较高而平坦的地方，这些地方土地肥美，有利于农业、畜牧，取水和交通也很方便。

仰韶文化有一定的葬俗，多长方形土坑墓，墓中有陶器等随葬品。小孩通常埋在居住区房屋近旁，成人则埋在部落居址之外。盛行单人仰身的直肢葬，合葬墓也占一定比例。合葬的人数不等，多的达 80 人。葬制中实行女性厚葬和母子合葬，反映了以女性为中心的特点，各墓规模和随葬品差别很小。

仰韶文化各个部落继承了前仰韶时期各种文化的传统生产方式，农业生产仍以种植粟类作物为主。粟的遗存在各重要遗址中经常发现，如西安半坡遗址一座房子内的罐、瓮中都盛放着粟，另一座房子的小窖穴中也发现了粟壳遗存，特别是有一个窖穴中粟壳堆积达数斗之多。临潼的姜寨遗址，还发现了另一种耐旱作物黍。靠近长江北岸的河南淅川下王岗遗址，则发现了稻谷痕迹。这些都表明仰韶文化的农业生产比较发达，粮食作物品种不限于粟一种。同时，仰韶先民还掌握了蔬菜种植技术，半坡遗址的一处居址内发现一个陶罐，里面装满了已经炭化的白菜或芥菜之类的菜籽。

已发掘的近百处半坡文化遗址，出土文物均反映出较同一的文化特征。生产工具以较发达的磨制石器为主，常见的有刀、斧、锛、凿、箭头、纺织用的石纺轮等。骨器也相当精致。

饲养的家畜有猪、狗和羊，马的骨头也有少量发现，鸡骨发现较多，可能已经驯化为家禽，其中猪骨最多。猪的大量饲养，说明当时居住地已相当安定。

仰韶文化是史前文化中彩陶最丰盛的文化，代表当时手工业经济发展的水平。前期的陶器多手制，中期开始出现轮制。以红陶为主，灰陶、黑陶次之，红陶分细泥红陶和夹砂红陶两种。主要原料是黏土，有的也掺杂少量沙粒。一些陶器上留有布和编织物印下的纹路，由此可见，仰韶文化有编织和织布的手工业。

仰韶先民已较好地掌握了选用陶土、塑坯造型、烧制火候等一系列技术和绘画、贴塑装饰的工艺。多采用泥条盘筑法成型，用慢轮修整口沿，在器表装饰各种精美的纹饰。陶器种类有钵、盆、碗、细颈壶、小口尖底瓶、罐与粗陶瓮等。其中，以尖底瓶、细颈壶、彩陶盆等为其典型器形。

尖底瓶是一种汲水器，空瓶平卧于水中汲水，注满水后能自动竖立，符合力学原理。

图 2–30　河南临汝出土的仰韶文化鹳衔鱼纹彩绘陶缸，为目前所见中国陶器时代最大的一幅陶器彩绘

仰韶文化彩陶器造型优美，表面用红彩或黑彩画出绚丽多彩的几何形图案和动物形花纹。其中，人面形纹、鱼纹、鹿纹、蛙纹与鸟纹等形象逼真生动。不少出土的彩陶器为艺术珍品，如水鸟啄鱼纹船形壶、人面鱼纹彩陶盆、鱼蛙纹彩陶盆、鹳衔鱼纹彩陶缸等。

绘画所用的颜料、磨砚、研磨锤等工具，在西安半坡、临潼姜寨、宝鸡北首岭等遗址中都有发现。从彩陶图案纹饰的痕迹分析，当时绘画已经使用毛笔一类较软的工具。

陶塑艺术品也很精彩，有附饰在陶器上的各种动物塑像，如隼形饰、羊头器钮、鸟形盖把、人面头像、壁虎及鹰等，皆栩栩如生。在半坡等地的彩陶钵口沿黑宽带纹上，还发现有 50 多种刻画符号，可能具有原始文字的性质。在濮阳西水坡发现有用蚌壳摆塑的龙虎图案。①

2020 年 5 月，在河南巩义发现一处距今 5300 年左右的仰韶文化中晚期巨型聚落遗址——双槐树遗址。遗址残存面积达 117 万平方米，拥有三重大型环壕，发现面积达 1.8 万平方米封闭式排状布局的大型中心居址，最早瓮城结构的围墙，3 处共 1700 余座经过严格规划的大型公共墓地及 3

① 孟祥柱：《浅谈仰韶文化》，《大众文艺（理论）》，2009 年第 4 期。

图 2–31　陕西华县出土的仰韶文化鹰形陶鼎

处夯土祭祀台遗迹。更为重要的是，在此后进一步的发掘过程中发现了中国最早的宫殿。

宫殿建筑位于一处面积达 4300 平方米的大型夯土高台上，高台上建筑基址密布，目前一、二号院落布局揭露得比较清晰。一号院平面呈长方形，面积 1300 余平方米，院落南墙外发现近 880 平方米的大型广场，呈现出前朝后寝式的宫城布局。二号院落面积 1500 余平方米，发现门道 3 处，其中一号门在南墙偏东位置，为一门三道结构。

这种大型院落的空间组织形式、前朝后寝式的宫城布局、一门三道的门道结构，开创了中国宫室制度的先河，直接影响了此后夏商都城的规划。

图 2-32　双槐树遗址（李安　摄）

至此，公元前 3000 年前后，东亚大陆主要流域文明都已先后进入了早期国家时代。

继仰韶文化之后，黄河中下游地区出现的是龙山文化。龙山文化因首次发现于山东历城龙山镇（今属章丘）而得名，是黄河中下游地区国家时代初期的一类文化遗存，距今 4600—4000 年，分布于黄河中下游的山东、河南、山西、陕西等地。1928 年春，考古学家吴金鼎在山东省历城县龙山镇发现了举世闻名的城子崖遗址。在此之后，考古学家们先后对城子崖遗址进行多次发掘，确认了一个以精美的磨光黑陶为显著特征的文化遗存。考古学家把这一以黑陶为主要特征的文化遗存命名为龙山文化。

龙山遗址发现以后，考古工作者分别在山西、河南、陕西等地发现了这一类型的文化遗存。但因其文化面貌不尽相同，所以又分别命名为河南龙山文化、陕西龙山文化、山西陶寺龙山文化，通称为龙山时代文化。

这一时期文化最显著特征便是城址的大量出现，如在山东地区，除城子崖城址之外，还有日照尧王城城址、寿光边线王城址、临淄田旺村城址等；在河南则发现有淮阳平粮台城址、登封王城岗城址、郾城郝家台城址、辉县孟庄城址等；山西则有著名的陶寺遗址。

龙山文化以薄、硬、光、黑的陶器，尤其是蛋壳黑陶（分布于日照、济南等地）最具特色，所以也被称作黑陶文化。

图 2–33　山东胶县出土的龙山文化蛋壳黑陶高柄杯

中原地区早期龙山文化的陶器以灰色为主，多为手制，口沿部分一般都经过慢轮修整，部分器物如罐类还采用器身、器底分别制成后再接合的接底法成型新工艺。陶器纹饰以篮纹为主，有些陶器在篮纹上面饰以数道甚至通身饰以若干道附加堆纹，用来加固器身，器形保留、继承了仰韶文化的传统。

中原地区晚期龙山文化陶器以灰陶器为主，红陶也占有一定的比例，黑陶器数量有所增加。陶器的烧成温度将近 1000 摄氏度，仍以手制为主，但轮制技术得到了一定的发展，部分陶器已采用模制成型。纹饰以绳纹、篮纹为最普遍，器形中新出现了鬲。

山东龙山文化是继承大汶口文化发展起来的，主要分布在山东、江苏北部和辽东半岛等地。山东龙山文化的陶器在制法上有了很大的进步，普遍使用轮制技术。因而器型相当规整，器壁厚薄十分均匀，产量和质量都有很大提高。以黑陶为主，灰陶不多，还有少量红陶、黄陶和白陶。

黑陶是一种陶胎较薄、胎骨紧密、漆黑光亮的黑色陶器，按质地可分为三种：泥质黑陶、夹砂黑陶、细泥黑陶。在龙山文化陶器中制作最为精美，有黑如漆、声如磬、薄如纸、亮如镜、硬如瓷之美誉。

黑陶是在器物烧成的最后一个阶段，从窑顶徐徐加水，使木炭熄灭产生浓烟，并有意让烟熏黑而形成，器表呈现出深黑色光泽。以素面或磨光的最多，纹饰较少，主要有弦纹、划纹和镂孔等几种。器形较多，主要有碗、盆、罐、瓮、豆、单耳杯、高柄杯、鼎等。

其中的一种薄胎黑陶，漆黑乌亮，薄如蛋壳，称蛋壳黑陶。这种黑陶选用的泥土来自黄河下游冲积平原，土质特别细腻，无沙且黏性大，富含多种矿物元素。经过淘洗、轮制，胎壁厚仅 0.5—1 毫米，再经打磨、烧制而成，表现出惊人的技巧。蛋壳黑陶是山东龙山文化最有代表性的陶器，反映了当时高度发展的制陶工艺和技术。

黑陶是继彩陶之后，中国上古时代制陶工艺的又一个高峰。

山东、河南、陕西等地龙山文化遗址中都发现了玉器。其中，山东龙山文化出土的玉器较多，种类有玉璋、玉锛、玉钺、玉璇玑等，玉器颜色有墨绿色、褐色等，玉锛上的饕餮纹，为商代铜器饕餮纹的祖型；河南龙山文化出土的玉器数量较少，种类有玉璧、玉璜、玉环、玉饰等；陕西龙山文化发现的玉器种类有玉璜、玉璇玑、玉钺等。

龙山文化除陶器、玉器外，还有大量的石器、骨器和蚌器等。其以农业为主而兼营狩猎、打鱼、蓄养牲畜，人们已有骨卜的习惯。

陶寺文化，其年代在公元前2450年—前1900年，属龙山文化陶寺类型。代表遗址陶寺遗址位于山西省襄汾县陶寺村南，是中原地区龙山文化遗址中规模最大的一处。同类遗址在晋西南汾河下游和浍河流域已发现 70 余处。

遗址分布在陶寺、李庄、中梁、东坡沟四村之间，发现了规模宏大的城址、与之相匹配的王墓、世界最早的观象台、气势恢宏的宫殿、独立的仓储区、官方管理下的手工业区等。

陶寺早期城址（前2300—前2100），南北长约1000米，东西宽约560米，面积约56万平方米。早期城址外东南、中期城址内东部有一片相对独立的窖穴区。窖穴区长约100米，宽约10余米，面积近1000平方米，该范围内窖穴密集，以竖穴圆角方形大坑或长方形大坑为主。

陶寺中期城址北、东、南三面城墙，城址平面为圆角长方形，北墙与内道南墙之间长约1800米，城内宽约1500米，城内面积约270万平方米，另加上两道南墙之间的中期小城面积约10万平方米，陶寺中期城址总面积约280万平方米。陶寺城址的宫殿区位于城址的东北部，面积约13万平方米。

发掘有墓葬1000余座，以及灰坑、陶窑、房屋等遗迹，出土了大量的陶、石、骨、玉等生产、生活用具和装饰品。陶寺墓地各类墓金字塔式的比例关系，反映了当时的社会结构。早期大、中、小型墓在规模和随葬品有无、多寡、品类、优劣等方面，差别十分显著，贵贱有别、高下依序的等级制度已经形成。

处在塔尖位置的大型墓随葬品丰富、精致，只发现9座，不及墓葬总数的1.3%。大型墓一般长3.2米，宽2.5米，使用朱绘木棺。随葬品达百件以上，最多的达200余件，有陶、玉、石、（漆）木质料的成套炊器、食器、酒器、乐器、家具、工具、武器、饰物及肢解后的猪。特别值得注意的是蟠龙纹陶盘和鼍鼓、特磬等重要礼器。大型墓的左右两侧，往往对称分布着2座中型墓，埋葬着装饰华贵的女性死者。①

彩绘蟠龙图形的陶盘，是中原地区所见蟠龙图像的早期实物。在陶寺遗址的5座大墓中，各出土了1件。从出土情况判断，龙盘应是一种礼器，龙纹则是王权的象征、国家的标志。一些彩绘纹样与商周青铜器花纹颇为接近，为探讨中国古代青铜文化的渊源提供了重要线索。

彩绘木器，已知有案、俎、几、匣、盘、斗（勺）、豆、鼓等多种器形。木鼓均成对，鼓腔直筒形，高1米，直径0.4—0.5米，系树干挖制而成，外着红彩或以红色为地，用黄、白、黑、蓝诸色描绘出繁缛的纹饰。

① 高炜等：《关于陶寺墓地的几个问题》，《考古》，1983年第6期。

图 2–34　陶寺遗址出土的彩绘蟠龙陶盘

由散落在鼓腔内的鳄鱼骨板可知，当初是以鳄鱼皮蒙鼓，即古文献中所称的鼍鼓，同时出土的还有大型石磬（特磬）。鼍鼓、特磬并非一般之物，地下发掘材料和文献记载都证明其乃王室重器，安阳殷墟王陵彩绘鼍鼓与石磬并存。鼍鼓与石磬并存表明墓主身份特殊，应是掌握祭祀和军事大权的首领人物。

观象台位于陶寺中期大城东南的一个小城内，大致呈半圆形，面积约 1400 平方米。它有 3 道夯土挡土墙，原来可能有 3 层台基。在第三道挡土墙的内侧，从圆心向外看，有 11 个夯土凸起排成一道弧形，凸起与凸起之间的间距为 15—20 厘米，形成了 10 道缝隙，应是进行天文观测用的。

图 2–35　陶寺遗址出土的铜齿轮形器

图 2–36　陶寺遗址出土的铜铃

陶寺遗址在过去历次发掘中已出土铜器 4 件，分别是铜铃、铜齿轮形器、铜环和铜容器残片，经金相分析，属于砷铜和红铜，为目前中原地区所见最早的铜器。[①] 在 2021 年度的发掘中，又有了新的发现，出土铜璧形

① 高江涛等：《陶寺遗址出土铜器初探》，《南方文物》，2014 年第 1 期。

图 2–37　陶寺遗址出土的陶扁壶及其上的朱书文字

器及铜器残片。铜壁形器形制极为特殊，史前罕见。

在陶寺遗址的一个灰坑中，发现了一只残破的泥质灰陶扁壶，壶身上有竖条立体花纹，在壶的正反面，分别有两个朱红字符。其中，正面的很像甲骨文中的“文”字，后面的则较难辨认，是目前所见最早书写形式的文字。

陶寺遗址的出现是中国乃至世界史上一个重大的标志性事件，表明处于黄河中游的华夏民族在世界东方强势崛起，开始了最初的统一东亚大陆的努力。

创造黄河流域文明的中华先民，其主要部分形成华夏民族的主体，甘青地区的部分先民南下青藏高原、西出河西走廊，逐步演变成为藏、羌民族和新疆地区的民族分支。

统一王朝时代的到来

统一王朝时代的到来以二里头文化的出现为标志。

二里头文化是以洛阳偃师二里头遗址 1—4 期为代表的文化遗存，主要分布在河南中西部的洛阳和伊、洛、颍、汝诸水流域，以及山西南部的汾水下游一带。已发现的遗址有近百处，除二里头外，尚有临汝煤山、禹州瓦店、新密新砦、登封王城岗等，时间跨度公元前 2100—前 1500 年。一般认为其与夏文化有密切的关系。

二里头文化是黄河中下游地区不同民族集团交融的产物，在这广阔的地域内，各地的二里头文化不尽相同，大致可分为豫西地区的二里头类型、晋南地区的东下冯类型、豫北冀南地区的下七垣类型、豫南地区的下王岗类型。这些不同类型，是不同渊源的龙山时期族群文化承袭发展的结果。

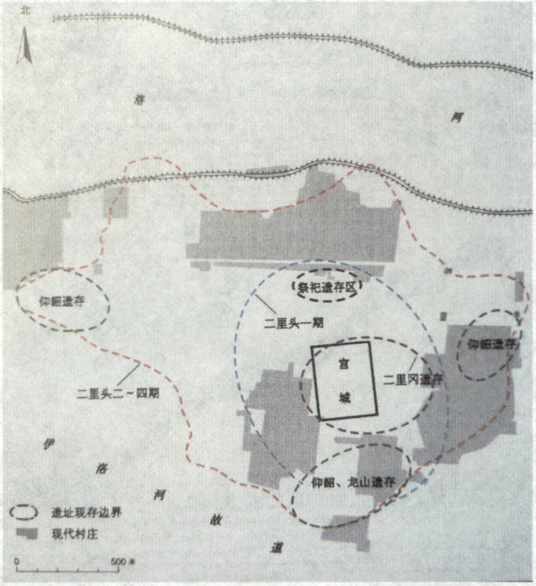

图 2-38　二里头遗址各期遗存分布范围示意图[①]

图 2-39　二里头遗址一号宫殿基址复原图

① 许宏：《最早的中国》，北京：科学出版社，2009 年，第 67 页。

图 2–40　二里头遗址夏代宫殿复原模型

图 2–41　二里头文化时期的管流爵。管流爵是一种特殊形制的爵，非常少见，爵与鼎、斝等组成礼器群，经过商周的继承和发展，成为中国青铜文化的核心

二里头遗址是二里头文化的命名地，遗址位于河南偃师二里头村附近。坐落于古伊洛河北岸的微高地上，北依邙山，南望嵩岳，面积不少于 3 平方公里，年代为公元前 1800—前 1500 年。一般认为是夏中晚期都城遗址，也有人认为部分是商早期都城遗址，但这并不重要，不管是夏还是商，都无法改变一个基本的事实。这是一个都城遗址，是中国最早的中央王朝的都城遗址。

自 1959 年发现并开始发掘以来，50 多年的考古发掘表明：二里头是一个经缜密规划、布局严整的大型都邑。遗址内有纵横交错的中心区道路网，既是交通孔道，也起着划分城市功能区的作用。“井”字形道路网将城市划分为宫殿区、手工作坊区、祭祀墓葬区、贵族聚居区和一般居住区。

其中，宫殿区的面积超过 10 万平方米，内有方正规矩的宫城和具有中轴线规划的宫殿建筑基址群，最大的 2 座已正式发掘。宏伟的一号宫殿建筑基址平面略呈正方形，东西长 108 米，南北宽 100 米，高 0.8 米，面积达 1 万多平方米。根据出土的遗迹现象，可以将一号宫殿建筑基址的主殿复原成一个四阿重屋式殿堂，殿前有数千平方米的宽阔庭院。基址四周有回廊，大门位于南墙的中部，其间有 3 条通道。

二里头遗址的宫殿建筑，其形制和结构都已基本完善，在建筑布局上直接继承了巩义双槐树遗址的思想理念，同时也为以后的历代王朝所一直沿用，影响了中国近4000年的宫室建筑。

城市主干道网，道路最宽处20米左右，相当于现代的4车道公路。道路上发现有双轮车车辙，两道大体平行的辙痕长5米多，且继续向东西延伸。车辙辙沟呈凹槽状，其内可见下凹而呈现出层状堆积的路土和灰土，两辙间的距离约为1米，表明在殷墟使用马车前的数百年，中原地区已在使用双轮车。

图 2-42　二里头遗址出土的嵌绿松石兽面纹铜牌饰

遗址清理的手工业作坊，包括制陶、制玉、铸铜、制石等。出土的器物有铜器、陶器、玉器、象牙器、骨器、漆器、石器、蚌器等，发现了成组的玉器和青铜礼器。玉器数量丰富，风格独具，器形有圭、璋、琮、钺、刀和柄形饰等，多为礼器。铜器有爵、斝、盉等青铜容器，刀、锛、凿、戈、戚、镞等生产工具和武器，总计出土青铜器约200件。其中，青铜容器用泥质复合范铸造而成，是目前所见最早的成组青铜礼器。这些青铜器的铸造，标志着中国青铜器铸造进入了新纪元。此前由于中华先民所处自然环境的限制，铜器或青铜器在东亚大陆只有少量的发现。

同时，还出土了数件镶嵌绿松石兽面纹铜牌饰，制作精美，表现出了极其熟练的镶嵌技术，是中国最早的铜镶玉制品，为贵族墓随葬品。这类器物一般出土于墓主的胸腹部附近，两侧各有两个穿孔的钮，或许是缝于衣服上的。这样的兽面纹与商代青铜器上的龙纹十分相似，应当是龙头部的简化或抽象表现。

出土于二里头遗址的大型绿松石龙形器，被命名为中国龙。绿松石龙形体长大，总长70.2厘米，由2000余片各种形状的绿松石片组成，每片绿松石的大小仅0.2—0.9厘米，厚仅0.1厘米左右，色彩艳丽，对比强烈，

图 2-43　二里头遗址发现的绿松石龙形器

富有冲击效果，应是在宗庙祭祀典礼中使用的仪仗类器具。用工之巨、制作之精、体量之大，在中国早期龙形文物中十分罕见；发现于二里头宫殿区一座高等级贵族墓葬中，被置于墓主由肩部至髋骨处的骨架之上。

以往的考古发现中，有多个比二里头还早的大型龙的形象，如1994年，辽宁查海遗址发现的兴隆洼文化石块堆塑龙；1987年，濮阳市西水坡遗址发现的蚌壳摆塑的龙虎图案。它们与二里头遗址的龙一样，都是由石块、蚌壳等堆塑而成，有一定的继承关系，但作为中央王朝时代的大型堆塑龙，则以二里头最早。

除了绿松石龙，二里头遗址还发现有其他与龙有关的文物，如陶器、铜牌饰上的龙图像，有的似蛇，有的脱离了原始形态的蛇形象，有爪有鳍。据目前所知，在全国现有250处二里头文化遗址中，集中出土龙文物的只有作为都城的二里头遗址，且都是出土在宫殿区或其附近重要地点，如铸铜遗址或祭祀区。

这表明二里头文化时期，与龙相关的物品地位已经显赫尊贵，是与王和贵族密切相关的，是身份、地位的象征，代表了王权，这种观念以后代代相传。[①] 闻一多在《龙凤》一文中曾说，龙凤代表着我国民族文化中最基本的两个单元，是我国民族发祥和文化肇端的象征。

二里头文化的出现是中国历史最大的分水岭，东亚大陆各流域文明群雄竞起的局面从此不复存在，位于大陆中部黄河中游华夏民族创建的中国历史上第一个中央王朝从此诞生，东亚大陆从此进入中国时代，再也不曾

① 桂娟：《二里头：触摸夏王朝的脉动》，《瞭望新闻周刊》，2005 年第 46 期。

改变。

自此以后，东亚大陆跨流域的民族融合开始出现，广大地域上更为强大统一的华夏民族开始形成，以礼乐文化为根本的华夏文明正式确立。

二里头时代奠定了4000年中国的基础。

夏商时期的疆域

中国历史上第一个中央王朝，我们将它称作夏，其影响范围有多大呢？

从夏王朝的陶，玉礼器盉、爵、璋及兽面纹铜牌饰的分布范围，我们可以窥见一个大概。

盉（鬶）、爵等二里头风格的陶礼器向北见于燕山南北的夏家店下层文化，南及从浙江到四川的长江流域一带，西达黄河上游的甘肃、青海地区。在夏家店下层文化贵族墓葬中，二里头式的各类酒器齐备，形制和尺寸也相当接近。彩绘陶器上的兽面纹，与二里头文化的兽面纹十分相似。

玉璋最早出现于大汶口文化晚期，以后向外扩散进入中原地区，至二里头文化时期已成为一种重要的玉礼器，功能上与钺接近，装柄使用。玉璋柄部两侧突出的部分被称为张嘴的兽头形饰。张嘴的兽头形饰应是龙的抽象表现，大部分玉璋因此也被称为龙牙璋。在二里头文化时期，玉璋又从中原地区进一步向西、向南传播。

目前考古发现，向西可见于长江上游的四川三星堆文化及甘肃部分地区，向南越过五岭，在广东、香港等地都有出土，最南见于越南北部的红河流域。越北红河流域20世纪80年代初首次发现牙璋，近年来不断有新的出土，迄今发掘和采集玉璋有10件之多，形制和中原玉璋几乎一模一样。①

兽面纹铜牌饰仅见于二里头遗址的几座贵族墓，应是身份象征之物，

① 刘国祥主编：《名家论玉：中越牙璋竖向刻纹辨识》，北京：科学出版社，2009年。

图 2-44　二里头遗址出土的石璋

图 2-45　三星堆遗址出土的玉璋

在四川三星堆、甘肃天水也都有发现。

这就是说夏代，最晚至商中期，中央王朝除直接控制黄河流域、长江流域外，其势力范围通过政治联盟的方式向北已进入辽河流域，向南则到达今越南北部，为千余年后大一统中央王朝的建立打下了初步的基础。

《淮南子·泰族训》所载，商人疆土“左东海，右流沙，前交趾，后幽都”，实非妄语。

陕西黄帝陵、湖南舜帝陵、浙江大禹陵恐怕不是穿凿附会，捕风捉影。地处边陲的帝王陵寝体现出的是中华民族伟大祖先的勃勃雄心和旺盛斗志。生为国家民族开疆拓土，死为国家民族保疆守边。黄帝平定了黄河中游地区，舜帝平定了长江中游地区，禹帝平定了长江下游地区。

正是仰赖伟大祖先的勃勃雄心和旺盛斗志，华夏民族才有可能在不太长的时间里从一个并不占优势的族群迅速发展成为东亚大陆的领导民族。

中华文明的正源：黄河流域早期文明

在长江、黄河、辽河三大流域早期文明中，为什么黄河流域的仰韶、龙山及大地湾这几个类型的文化才是华夏族先民的文化遗存，主要不是因为其和夏商周三朝核心区域位置上的一致，也不是简单来源于中国早期历史文献的相关记载，而是因为这几个类型的文化与夏商周三代开创的华夏文明在文化性质上的高度一致。

众所周知，中华文明是与西方文明有本质不同的文明，这种不同不仅仅是人种上的不同，同时也是文化性质上的不同，主要体现在三个方面：其一，中华文明是世俗文明，中华民族自古以来宗教观念淡薄；西方文明则是宗教文明，从古至今宗教在社会生活的各个方面都发挥着巨大的作用。其二，中华文明是玉文明，中华民族崇玉，所谓黄金有价玉无价；西方文明则是金文明，从远古时代就有着对金器的崇拜。其三，中华文明是土木文明，一以贯之的以木和土作为主要的建筑材料；西方文明则是石文明，一直以来以石材作为主要的建筑材料。

世俗文明、玉文明、土木文明勾勒出了中华文明的基本特征。从这三个方面来比较东亚大陆三大流域的早期文明，我们可以发现这三大流域文明都是世俗文明，也都是玉文明，但在以什么作为主要建筑材料、采用什么建筑技术上却有着很大的不同。

辽河流域文明最晚自红山时代起，就开始使用石材作为主要的建筑材料，盛行石棺墓、积石冢，喜欢用石材砌筑墙体，以后更是出现了大量的石城、石屋。由此可见，创造了辽河流域文明的族群不可能是华夏民族的先民，辽河流域文明不是中华文明的正源，中华文明的正源应该在长城以南。

长城以南的长江文明和黄河文明都以土和木作为主要的建筑材料，但在建筑技术上也有着非常大的区别。

长江中游地区早在距今5000前后的屈家岭文化时期就存在两种建筑

图 2-46　门板湾遗址发现的 5000 年前大型土坯房屋建筑

技术：一种是木骨泥墙的墙体建造技术，一种是土坯垒砌的墙体建造技术。出现了中国最早的土坯房屋，而且还是等级非常高的房屋。

1998 年底，在湖北应城门板湾遗址发现了一处大型房屋建筑，保存相当完好。房屋面宽 16.5 米，进深 7 米，建筑总面积 115.5 平方米，用土坯砖砌成，墙体保存高度平均约 1.5 米，最高处达 2.2 米。大型房屋内分四室，外有走廊，门窗结构、火膛等皆保存较好，房子周围还有用围墙围成的面积达 450 平方米的大型院落，等级非常之高。[①] 以后的石家河时期，在石家河古城的核心区谭家岭遗址发现的房屋基本上也都为土坯垒砌。

黄河流域诸早期文化的建筑技术则非常单一，普遍采用木骨泥墙的建造方式。先挖基槽，然后立柱，再以草泥填充，最后抹平墙面而成墙体。

从以后夏、商、周、秦四代的建筑技术看，主要是木骨泥墙建筑技术的继承和发展。夏中小型房屋基本采用木骨泥墙的建造方式，大型房屋则开始采用木骨夯土墙，在夯土墙中竖立木柱，既增加墙体的稳固性，又支撑屋顶的重量。商代大型房屋继续使用木骨夯土墙，同时广泛采用竖立双排木柱的方式，向以后的木架构发展。同时，在一些中型房屋中发现了

① 朱玲：《门板湾遗址展现“三室一厅”，石器时代有落地窗》，《楚天都市报》，2008 年 11 月 8 日。

图 2-47　庙底沟出土的共享花瓣纹彩陶盆，每一朵花的花瓣都与周边的花朵共有。这是一种独特的、非常不寻常的思想

黄河流域最早的比较规则的土坯垒砌现象，河北藁城台西商代遗址二号房，是一座南北向30多平方米的双间建筑。南北全长10.35米，东西宽3.8米，中间隔墙将一房分为两室。下半部夯土筑起，上半部用土坯垒砌。土坯垒砌和夯筑结合使用，夯筑不易处用土坯补充。

西周和秦依然是以木骨夯土墙为主，土坯垒砌做适当的补充。[①] 西周早期出现了土坯砖的升级产品烧制砖，但使用不普遍。南北朝以前除地下砖墓室外，很少发现地面砖结构遗物。自南北朝开始，随着北方少数民族入主中原，地上砖结构方逐渐增多。[②]

由此可见，无论是夏商周三代还是秦，都渊源于黄河流域早期文明。文化性质上的高度一致，表明黄河流域文明才是中华文明的正源。

仰韶文化中后期庙底沟类型的彩陶，多以非常美丽的共享花瓣纹装饰陶器的外表面。创造了这一文化类型，生活于现河南陕县一带的部族，热爱光明，追求美丽，以“五采皆备”的鲜花为崇拜物，可以称为花族，“华”“花”二字通假，也就是华族，应该是华夏民族最直接的源头，也正是他们非凡的共享思想奠定了中华民族的基本民族精神：平等共享。

印欧人大迁徙的假说

新疆一带早至万年前遗址的细石器已表现出与中国北方地区同样的特

① 杨鸿勋：《宫殿考古通论》，北京：紫禁城出版社，2009年，第95—103页。
② 贾亭立：《中国古代城墙包砖》，《南方建筑》，2010年第6期。

征，这一考古现象表明，万年前中华民族先民的影响已经越出河西走廊，进入南疆地区，随后的年代又越过帕米尔高原、天山山脉以及蒙古高原，进入中亚和西伯利亚。

1981 年 9 月，在新疆阿图什阿湖乡阿其克村布谷孜河东岸的高坡上，一位女学生偶然发现了人头骨化石，最初发现的人头骨化石共 4 块——前额骨、头颅骨和 2 块蝶骨。1983 年 7 月 7 日，由北京自然博物馆、新疆博物馆等单位组成的一个相当规模的考察队，对人头骨化石出土现场又实施了一次全面的考察和发掘，进一步发现了另外 3 块人头骨化石，与先期出土的组合后，复原出一个人头骨上半部外形。同时，还发现了一块至今不知名的古代动物甲骨化石。

考古学、人类学、地质学专家对人头骨化石的特点、级别和地层、地理环境进行了详尽的研究和分析，运用碳十四检测手段进行了测试，鉴定这一人头骨化石至少有 1.7 万年的历史。[①] 从头骨发育程度看，可能是一位 18 岁左右的男性。颅骨沉硕，壁比现代人头骨要厚，眼眶上缘圆钝、厚实，眉弓较发达，体质特征属现代人类欧罗巴人种类型。[②]

位于塔城地区和布克赛尔蒙古自治县和什托洛盖镇以北 15 公里处的骆驼石高台，是新疆历史的起笔之处，也是新疆迄今发现的最古老的人类活动地点之一。2004 年，中外考古工作者在和什托洛盖骆驼石高台两侧发现一大片地表散布着打制石器的区域，其分布面积达 20 平方公里，地面采集的石器制品有砍砸器、刮削器、薄刃斧和手镐。其中，一种在欧洲流行的名为勒瓦娄哇风格的石片和长而规范的石叶，具有石器时代中晚期的鲜明技术特征，尤其引人关注。

1995 年，在吐鲁番交河故城沟西台地旧石器遗存点也曾采集石器 612 件，属于石器时代中晚期的打制石器有 580 件，多见同样风格的用勒瓦娄

① 李正元等：《新疆多元民族文化特征分析》，《兰州大学学报（社会科学版）》，2011 年第 1 期。

② 曲媛媛：《丝路宝贝：西域石器时代穿越》，亚心网，2014 年 5 月 22 日。

哇技术[①]打制的石核和石叶。[②]

2016年，新疆考古人员又在吉木乃县通天洞遗址发现了两三万年前人类的洞穴居住址，同样发现了勒瓦娄哇石核与石片等石制品。[③]通天洞遗址地处准噶尔盆地北缘、额尔齐斯河南岸、萨吾尔山北麓，现在是放牧的优良牧场，古代也是适宜人类生存繁衍的重要地区。

新疆阿图什发现的1.7万年前的欧罗巴人头骨化石，以及吐鲁番交河故城沟西台地、吉木乃县通天洞等石器遗址屡屡出现的最早可至四五万年前的勒瓦娄哇技术打制的石核和石叶，表明现代欧洲人的祖先无论是尼安德人还是克罗马农人，在上古时代都曾生活在中国的西部地区。

现代欧洲人的祖先十几万年和5万年前走出非洲后，首先应该生活在西亚和中亚地区，随后才慢慢地向周边地区扩散，欧洲和东亚、中亚交界地区则是他们扩散最后到达的地区。

同时期，通常被称为蒙古人种，实际应称为华夏人种的中国人则从起源地长江以南出发，逐渐向北方扩散，进入蒙古高原及西伯利亚，随后又通过白令海峡进入美洲大陆。

两三万年前就已居住生活在新疆等地的欧罗巴人，以后又去向哪里了呢？

只有三种可能：一种是继续居住在新疆等地，一种是被华夏人种赶向亚欧草原中西部地区，还有一种是被华夏人种消灭。不管是赶走还是消灭，都表明距今1万年前后，应该存在华夏人种横跨亚欧草原的西进。按照西方学者的传播理论，西亚的农业技术以及陶器制作技术应该都是东方传播过去的，因为东方出现的比西方早。两河流域的早期文明也极有可能是东方人创造的，因为苏美尔人有东方人的特征。

这样一种观点显然不是西方学者以及一些东方学者所愿意接受的，他

① 勒瓦娄哇技术（Levallois technique），旧石器时代的一种石器制作技术，主要是在打下石片之前对用来打石片的石核进行精心修理，所以也称为修理石核技术。

② 刘学堂：《东西方世界的第一次对话》，《光明日报》，2012年7月30日。

③ 赵梅：《新疆首次发现上万年前人类活动遗存》，《都市消费晨报》，2016年12月19日。

们会说没有考古依据，缺乏明确的传播路线。

所以唯一比较能接受的解释应该是：两三万年前就已居住生活在新疆等地的欧罗巴人一直留居在新疆等地，而且和北上、西去的华夏人种通婚了。

1 万年前，大致以新疆、中西伯利亚为界，向东以华夏人种为主体，同时还有亚欧混血人种及部分欧罗巴人种；向西以欧罗巴人种为主体，也有亚欧混血人种及部分华夏人种。

18 世纪末，一个英国的印度殖民官提出了一个著名的假说：梵语、希腊语和拉丁语同宗同源。[①] 因为欧洲的语言虽然和阿拉伯语和希伯来语呈现明显的区别，却和印度的语言有一定的相近，因此可以大胆假设印度和欧洲的语言源于同一种原始语。这种原始语随着时代的变迁，演变成古典拉丁文、希腊文、梵文和现代欧洲的许多种语言。西方学者将这种语言称作原始印欧语，说这种原始印欧语的人群则被称作印欧人。

为了解释说原始印欧语的人群为何会在全球范围内有如此广的分布，20 世纪 50 年代，生活在美国的德国女学者金布塔斯在著名假说的基础上又提出了一个同样著名的假说——印欧人大迁徙说。该假说认为说原始印欧语的欧罗巴人族群公元前 3600 年前生活在里海—黑海北岸的南俄草原上。这个族群被认为是一个实行父系家长制统治的好战、尚武的族群，过着游牧半游牧的生活。因为取得了两项革命性的技术成果，为他们日后的大迁徙提供了技术上的保障，这两项技术成果是轮式车的发明和马的驯化。

开始迁徙的时间则大约在公元前 3200 年。为什么确定在这一时间段？因为这一时期印欧人估计学会了造车，而在印欧语系各语言中“车”的读音又有一些相似。所以西方学者认为刚学会造车的时候，印欧人应该还生活在一起；有了车以后好似如虎添翼，便开始长距离迁徙了。事实上，虽

① “随着英国人 18 世纪的成功……对印度文明慢慢熟悉起来。他们吃惊地发现，他们同梵语之间存在着巨大的相似性。印度的最高司法官威廉·琼斯先生在 1786 年做出了一个大胆的揣测，他认为：梵语、希腊语和拉丁语同宗同源，但这一源头也许已经不存在了。”［英］尼古拉斯·奥斯特勒：《语言帝国：世界语言史》，章璐、梵非、蒋哲杰等译，上海：上海人民出版社，2011 年，第 200 页。

有车但如果仅仅只是牛车和羊车，同样也是无法在亚欧草原上长距离迁徙的。

拥有了轮式车和马作为交通工具后，一场影响了整个人类历史的大迁徙——印欧人大迁徙便从此开始。从印度河流域直到不列颠岛，充满侵略性的印欧人举着刀、驾着车席卷东西上万公里的土地，创造了吠陀文明、古波斯文明、安纳托利亚文明、古希腊文明、古意大利文明、古日耳曼文明和凯尔特文明，同时也进入了中国新疆。整个欧亚大陆包括中国，从此真正意义上走出了蒙昧时代。①

亚欧草原的考古发现表明，目前可以确认年代最早的马拉轻型战车出现在南乌拉尔地区辛塔什塔遗址的大型墓葬中，年代为公元前 2000 年左右。但是辛塔什塔人并不过着游牧和半游牧的生活，而是生活在带城防设施的聚落中。城防聚落的面积 600—30000 平方米不等，房屋为方形和等边形，并有礼仪性建筑，经济生活以种植谷物和畜养牛为主。在大约南北长 400 公里的乌拉尔山东麓，像辛塔什塔这样的城防聚落共分布有 19 座。辛塔什塔文化衰落后，公元前 1500 年左右，亚欧草原才开始向着普遍的游牧化转变。②

新疆伊犁地区尼勒克吉仁台沟口遗址距今 3600—3000 年，可分为三期：第一期年代在公元前 1600—前 1400 年，流行居中有长方形火塘的大型半地穴式木结构房屋，大型房址结构统一，建筑复杂，内部遗迹丰富。第二期在公元前 1400—前 1200 年，房址规模缩小，形制趋于简陋，火塘平面形状多为圆形或多边形。第三期年代在公元前 1200—前 1000 年，已无典型的房址，只有火塘、石堆和煤堆。

3 期房屋从大到小，从规整到简陋，很好地揭示了西天山地区从较为稳定的畜牧经济向游牧经济转变的过程和时间。

公元前 2000 年前，亚欧草原并不存在游牧部落，更不存在被西方称为驾着战车的印欧人游牧部落。

① [美] 杰里·本特利等：《新全球史》，魏凤莲译，北京：北京大学出版社，2014 年，第 62—68 页。

② 杨建华：《辛塔什塔：欧亚草原早期城市化过程的终结》，《边疆考古研究》，2006 年第 2 期。

既无马拉战车，不知印欧人是如何举族迁徙的；既非游牧部落，为何要长途迁徙，难道4000年前的西方人就已对东方产生强烈向往？不知那时的印欧人处于什么时代，是已经进入了国家时代，还是只是个小小的原始部落？

近30年来，在新疆发现了许多干尸，其外貌有比较明显的欧罗巴人特征，生活的年代在公元前2000年之后，最著名的是生活在罗布泊沙漠地区的小河人。不少东西方学者因此欣喜若狂，如获至宝，认定这是印欧人长途迁徙而来的铁证。

科学研究结果表明，小河人不是欧罗巴人，更不可能是印欧人。DNA采样分析表明，小河人是东西方混血人群，而且是东方谱系占优势的混血人群。众所周知，被认为属于印欧人的印度雅利安人具有强烈的种族歧视思想，他们根据肤色的不同建立了世界上独有的种姓制度，将人划分为四个等级，各等级实行严格的内婚制，至今还在影响印度社会。同为印欧人，来到新疆和中亚地区怎么可能马上就出现大规模混血呢？

图2-48　小河人墓地。小河人盛行生殖崇拜，不少考古学者认为，柱体和桨形木两种立木分别象征男女两性

同时考古发掘表明，小河族群是一个以女性为中心，而且是来自东方女性为中心的族群，子女以母亲为中心与母亲葬在一起，尚处在只知其母不知其父的母系氏族社会。[①] 而按照印欧人迁徙说，印欧人为何如此具有侵略性，会做如此大范围、长距离的迁徙，是因为他们实行的是父系家长制统治，所以好战、尚武。

而且小河人的墓葬方式极其独特，盛行生殖崇拜，每个墓前皆立象征男根和女阴的木柱，完全不见于世界其他地区。[②] 这种墓葬形式除发现于小河墓地外，近年来又发现于与之相距600公里的塔克拉玛干沙漠深处，现已干涸的克里雅河下游。从时间上看，克里雅北方墓地还要早于小河墓地。[③]

小河人根本不是从北方、西方迁徙而来的印欧人，而是上万年来一直生活在塔里木盆地的土著混血民族。他们以船为交通工具漂泊河网间，而不是以马为交通工具驰骋大草原。

印欧人大迁徙，没有考古依据，纯粹是西方学者的假说。

既然印欧人迁徙是一假说，印欧语现象又该如何解释呢？

其实很简单，如果真有印欧语存在，那么其出现的时间也不是在公元前4000—前3000年，起源地也不是在黑海—里海北岸，或者安纳托利亚，最初的源头应该在非洲。5万年前，欧罗巴人走出非洲，那时的欧罗巴人已具备了一定的语言能力，但词汇量不大。这不多的词汇量就构成了欧罗巴各语系的基础，按照西方语言学的说法称为词根，是欧罗巴人种各语言某些词汇基本相同发音的源头。欧罗巴人种尽管有四大语系、近千个语种，事实都存在这样或那样的相似性。

事实上，这个世界只存在两大语系：华夏语系和欧罗巴语系。因为华夏人种和欧罗巴人种各自的直接祖先是不同的。华夏人种诞生在中国的南方，欧罗巴人种则诞生在非洲，不具有共同的语言基础。

---

① 窦仲：《小河墓地改写历史东西文化交融前推1500年》，《新文化报》，2010年5月5日。

② 伊弟利斯·阿不都热苏勒等：《2002年小河墓地考古调查与发掘报告》，《边疆考古研究》，2004年第1期。

③ 陈一鸣等：《北方墓地惊现记》，《南方周末》，2008年6月12日。

据1984年3月法国《巴黎竞赛画报》报道，法国人类学家在20世纪80年代初，在喜马拉雅山南麓克什米尔印巴停火线附近的赞斯卡谷地发现了一个米纳罗人的原始部落。这个部落生活在海拔3000米以上的地区，山高谷深，交通极其不便，几乎与世隔绝。米纳罗人尚处于母系社会，实行一妻多夫制，妻子在家中具有绝对的权威。令人吃惊的是米纳罗人具有非常明显的欧罗巴人特征，高鼻蓝眼；更让人不可思议的是他们的语言是原始印欧语，“你”的发音同法语完全相同，可以辨别的单音有600个，没有文字。

这表明欧罗巴人早在母系社会时期就已在印度生活了。

印地语、波斯语与欧洲主要国家语言，“车”字的读音有些相似，也不表示他们5000年前是一家，只是表明在欧罗巴人生活地区车是单一起源的。车应该起源于两河流域，车发明后很快就经安纳托利亚传到了巴尔干，同时经伊朗高原传到了土库曼斯坦地区，发音都与两河流域有些相似。因为那时候两河流域才是西方世界的中心，其周边都属于两河流域的文化辐射地区。

考古发现表明，最晚在1万年前，紧邻伊朗高原、印度河流域的土库曼斯坦地区，就定居着欧罗巴人，他们创造了传承有绪的文化：哲通文化、安诺文化、纳马兹加文化。

研究语言学问题，需要明白词汇的一致性，既可能是内生的，也可能是外来的。外来语也会造成一致性，甚至是高度一致性。而任何一种语言在其几万年的演变过程中，究竟吸收了多少外来语谁也统计不清。

公元前2000年前后不存在大迁徙的印欧人，只存在迅速崛起，向四方扩张的中原王朝。

距今4000年前后，中原王朝强势崛起。中原王朝的崛起使周边以石峁文化、齐家文化为代表的先民被迫向天山山脉以北以及蒙古高原退却，引起当地部族的巨大恐慌。在先民北上、西进的压力下，被迫纷纷西迁，退往亚欧大草原。从此，产生一系列连锁反应，掀起了人类文明史上最早的自东向西、自北向南的民族大迁徙。

证之以考古发现，便是公元前2000年后，被称作塞伊玛—图宾诺现象的原居东西萨彦岭和阿尔泰地区的部族从东向西直至伏尔加河流域的长途迁徙。[①] 公元前1800年左右，乌拉尔山东部辛塔什塔文化的瓦解，以及喜克索斯人、加喜特人从哈萨克草原南下侵入埃及和两河流域。

公元前1500年左右，起源于西天山地区的被称为安德罗诺沃文化的混血人种族群南下进入中亚南部地区，导致当地欧罗巴人的纳马兹加文化瓦解，被迫南走伊朗高原和印度河流域，形成印度历史上的雅利安人入侵。

中原王朝强盛，北方民族或西迁或北走；中原王朝衰落，北方民族或东进或南下。这样的反复争斗延续了近4000年，其间总是以北方民族的大退却阶段性结束。亚欧大陆自东向西、自北向南的民族大迁徙在以后的人类历史上多次出现，居住在现中国境内的欧罗巴人因此也基本绝迹。

印欧语系之所以会分布在这么广大的地域，不是主动迁徙而是被逼逃遁。东方族群西进中心开花，巨大压力下印欧人只能各奔东西，一部分西遁，一部分南逃，少部分留居原地。

文明西来的观点

伴随迁徙说而来的是文化传播说。西方学者认为中国的青铜技术、小麦，甚至连牛、羊、土坯房屋等都是由印欧人从西方带来的，但考古事实表明，中国的青铜技术、小麦应该都是本土独立起源的。

目前在中国最东端的山东省多地的龙山文化遗址中都发现了小麦遗存，最早可至公元前2600年，而在中国西部和北部的边境省份没有更早的小麦遗存[②]，缺乏印欧人自境外传入必不可少的证据。

西方学者一直强调青铜冶炼技术是一种高级技术、复杂技术，不可能

① [俄] E.H. 切尔内赫等：《欧亚大陆北部的古代冶金：塞伊玛—图尔宾诺现象》，北京：中华书局，2010年，第4页。

② 靳桂云：《中国早期小麦的考古发现与研究》，《农业考古》，2007年第4期。

多地起源，只可能一地起源，然后向四方传播，但这一地究竟是何地，安纳托利亚、伊朗高原还是巴尔干半岛，至今也没有定论。事实上，同为人类，只要有基本相同的环境，就应该会做出基本相同的事情。

由于青铜冶炼技术在中国出现的时间要比西方晚，自然不能完全排除传入的可能，但将可能确定为事实，就必须有相关证据，必须有明确的传播路线。如果以西亚为传播点，以中原为最终到达点，应该是离西亚越近出现得越早，越远出现得越晚，最晚出现的应该是中原。

下面我们就根据近年来的考古发现，看一下中国各地早期铜器的出现地点和出现时间：中国最早的青铜器出现在甘肃东乡县的林家遗址，是一把青铜小刀。同遗址 54 号灰坑出土了两块铜渣，是经冶炼后分化成碎块的含铜铁金属经长期锈蚀的遗物，同样的铜渣在林家遗址中还发现了两块，都因为分化而成为碎块。铜渣的出土表明该遗址存在冶金活动，时间在公元前 2800 年前后。东乡地近甘肃兰州，处东亚腹地，应该不存在外来直接传播的可能。

公元前2200年前后，在甘肃永登、青海同德宗日发现铜器。永登是一把青铜制作的残铜刀，同德宗日发现的铜器总数在 10 件以上，其中存在砷铜器。[①] 在河南杞县鹿台岗和淮阳平粮台遗址则出土了刀型残铜器及铜渣。

公元前 2100 年前后，在以下三个地点发现铜器：

甘肃酒泉照壁滩遗址发现铜器，张掖西城驿遗址发现冶金遗物，[②] 山西陶寺遗址发现铜器，形制特殊，多不见于其他地区。

公元前 2000 年后，新疆东部和南部地区发现铜器。

公元前 1800 年前后，内蒙古朱开沟遗址发现铜器。

很显然，如果说在中国境内确实存在冶金技术的传播，那么传播源应在兰州周边地区，而不是在中国的边境省份新疆或内蒙古。

今人多有热衷传播说的，但大都没弄明白传播其实分两个不同层面：物品的传播及物品制造技术的传播。物品的传播在先，物品制造技术的传

① 徐建炜等：《青海同德宗日遗址出土铜器的初步科学分析》，《西域研究》，2010 年第 2 期。

② 陈国科等：《张掖西城驿遗址出土铜器的初步研究》，《考古与文物》，2015年第2期。

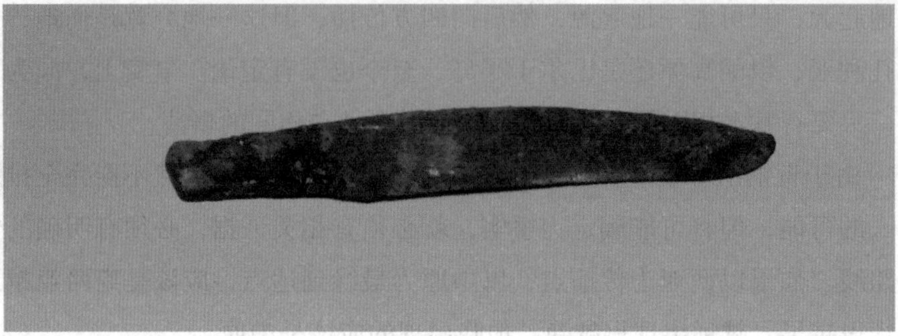

图 2-49　林家遗址出土的铜刀，刀长 12.5 厘米，宽 2.4 厘米，呈扁体长条形，柄部短而刃部长，刀背与柄背连为一体，有明显的弧度

播在后，如果存在物品制造技术传播的话。证之以历史，特殊物品制造技术的主动传播事实是不存在的。赫梯人发明了冶铁术有向周边国家主动传播技术吗？没有。中国历史上通过陆上、海上丝绸之路出口丝绸、瓷器几百上千年有向境外主动传播技术吗？没有。

丝绸之路是商品交易之路，并非技术传播之路。

甘肃、河南、山西在出现早期铜器的同时，就存在铜器的冶铸活动，有传播的可能吗？更何况，铜器冶铸不仅仅是个技术问题，同时还存在着资源发现问题。

事实上，中国地域辽阔，境内的冶金活动也未必是单一起源的，长江中游的石家河遗址就极有可能存在公元前 2500 年前后的冶金行为。

有些专家喜欢做器形对比，器形与亚欧草原有相似之处，便断定是西方文化的传播。殊不知，公元前 2000 年前后是东亚大陆一个极其特殊的时期，中原王朝强势崛起，周边势力无法容忍，斗争异常尖锐。这是一个充满冲突和暴力的时代，在武器的外形上彼此相互借鉴，有所趋同，实在是太正常不过的事情了。何况时间也在公元前 2000 年之后，与青铜冶炼技术起源没有关系。

领导精神从何而来

夏商之际，中国已是世界上最大的国家。4000年光阴，中国依然是世界上最大的国家之一。

过去人们一直认为，中国之所以能发展成为一个大国，主要是由于特殊的地理位置和自然环境。偏处亚欧大陆东部，东、南两面是海，北方是高寒地带，西及西南是沙漠和高原，相对的封闭阻碍了西方民族的进入。华夏民族一枝独秀，既少内部竞争，又无外在压力，因此可以从容地发展为一个世界性的大国。

而地中海东岸地区，位于亚欧大陆的中部，是所谓的“四战之地”，有太多的部族、各样的文明，彼此争斗，相互残杀，谁也征服不了谁。一时所建立的广大地域的统治，终究还是昙花一现，难以维持长久。

事实上，在上古时代，东亚大陆同样也是“四战之地”，同样也有不少高度发达的文明，有太多的部族，有农耕部族也有游牧部族，甚至还有不同人种的西方民族，同样有激烈的争斗、频繁的战争。

唯一不同的是，华夏民族在历史的早期就成功地统一了这片辽阔的土地，并依靠强大的领导能力造就了一个统一的民族。这在人类历史上绝无仅有。

为什么其他民族无法做到，唯独中华民族做到了？这其中蕴含的深意，值得每一个中国人深思。

华夏民族自在地球上出现的那一天，就有着决然不同于世界其他民族的世界观、历史观、民族观，决然不同的观念铸就了华夏民族特殊的品质：彻底的平等精神、天然的人权观念和独特的德治思想。

《尚书·五子之歌》有言：“皇祖有训，民可近，不可下。民惟邦本，本固邦宁。予视天下，愚夫愚妇，一能胜予。”中华民族的先祖从立国之日起就强调人人平等、族群平等，强调以德治国，强调领导者、领导民族要懂得自我约束，要推己及人。“己所不欲，勿施于人”，能立人方能立己。没有狭隘的地域观、族群观，“溥天之下，莫非王土；率土之滨，莫非王臣”。没有征服、被征服之分，也没有归顺先后之别；没有民族偏见，也没有民族歧视，更没有民族压迫。

在中华民族先祖看来，人生而平等实属天经地义之事。

武王伐纣，将商王畿之地三分，以鄘封弟管叔，以卫封弟蔡叔。同时，以邶封纣王子武庚，与诸侯同等地位，继续奉祀殷商先公先王。

武王崩，周公摄政，管叔有意争权，散布流言，“周公将不利于孺子（成王）”，并与蔡叔鼓动武庚一起叛周，起来响应的有东方的徐、奄、淮夷等几十个原来同殷商关系密切的大小方国。周公团结召公奭，采取果断措施，亲率大军东征，杀武庚，诛管叔，放逐蔡叔，平三监之乱。再封纣王庶兄微子于宋（今河南商丘），继承殷商，奉祀殷的先公先王。春秋时期，宋发展成为有名的大国。

始终坚持教化为上，杀伐为下。

与此同时，改封周武王幼弟康叔为卫君，统治地域横跨豫、冀、兖三州，为原来殷商的王畿之地和殷商遗民七族居住地区，以黄河和淇水之间的殷商故都朝歌（今河南淇县）为卫国国都。康叔受封时，周公特地召集群臣为他举行盛大的授土授民仪式，并精心制作《康诰》《酒诰》《梓材》，作为治国理政的准则。以“敬天保民”“明德慎罚”为根本方针，对殷商遗民七族，不歧视、不虐待，妥善安置，使殷民在连续两次大动荡后很快安定了下来，开始了正常的农业生产和商业活动。让殷民“作新民”，而不是沦落为奴。

以德政征服人心，以德政巩固统治。

公元前 221 年，秦始皇吞并六国，统一中国，号始皇帝，“分天下以为三十六郡，郡置守、尉、监。更名民曰黔首”[①]。公元前 216 年颁布法令，“使黔首自实田”，在整个国家范围内以法律形式承认土地私有。甫平定天下，就一视同仁，统一各地民众的身份、地位，更以法律形式确认其对原有土地的占有。

中华民族自诞生之日起，就有着世界其他民族所不具有的混一海内、

① 司马迁：《史记》，长沙：岳麓书社，1988 年，第 57 页。

一统兆民的“天下意识”。

正是中华民族先祖这种“天下意识”，方使东亚大陆这么多桀骜不驯的部族最终成功融合为一个统一的更为强大的民族。

中国历史上有奴隶存在，但从无大规模的奴隶群体存在，没有通常意义上的奴隶社会。

历史的比较：古希腊、古罗马帝国因何衰亡

古希腊、古罗马帝国因何衰亡，西方学者长期以来做了大量的研究，有各种各样的解答，但都似是而非，因为他们都是从单一文化或者说自身文化的角度给出答案，没有与其他文化的比较。如果我们从文化比较的角度去探究，答案可能就会明确些。

古希腊城邦自有历史记载起，就有奴隶存在，且数量可观。公元前449年，希腊联军取得希波战争的胜利。希腊主要工商业城邦的社会经济进入繁荣时期，希腊奴隶制度也逐渐发展到了全盛阶段。据统计，公元前431年，雅典有自由民16.8万，奴隶则有20万，奴隶的数量远超自由民。社会上奴隶买卖很普遍，著名的奴隶市场有萨摩斯岛、提洛岛和雅典城等。奴隶的主要来源则是战争中的俘虏，也就是战败的外族人。奴隶的地位极其低下，没有任何权利，被认为是“有生命的财产”“会说话的工具”，奴隶主可以任意虐待和惩罚奴隶。

亚里士多德是一位在西方世界有重大影响，被西方社会称为伟大的古希腊思想家，是公认的西方文化的奠基人。其所撰写的《政治学》一书，是古希腊城邦政治学说的主要论著，其中专门辟有章节，阐述了奴隶制度的自然合理。

在他看来，人类确实存在自然奴隶和自然自由人，他们各随自己的天赋本分成为从属者和统治者，这是有益且合乎正义的。“非常明显，世上有些人天赋有自由的本性，另一些人则自然地成为奴隶，对于后者，奴役

既属有益，而且也是正当的。”[①] 考虑到灵魂上的理智差异，加上体格的差异和优劣，“大家应该承认体格比较卑劣的人要从属于较高的人而做他的奴隶了”。

而那些被征服的外族，很显然都是些精神和体格都比较卑劣的下等种族，生来就比希腊人低贱。他们没有理性，也不懂得自己管理自己，是天生的奴隶，必须由胜利者也就是他们的主人希腊人来统治。就像灵魂支配肉体一样，主人统治奴隶，奴隶服从主人，是天然合理、合乎正义的。奴隶像牲畜一样替主人劳动，为主人创造财富，乃是奴隶的天定使命。有些人生来就是统治者，另一些人生来就该是服从者。

理直气壮地提出，人生而不平等。

他自认为希腊各种姓热忱而理智且精神健旺，具备理想城邦所要求的公民品质，所以能够永保自由，其政治也能得到高度发展，亚细亚民族虽擅长机巧但精神卑弱，常常屈为臣民甚至为奴，唯有希腊各种姓“能够治理世上所有其他民族”。

亚里士多德首开西方优越论先河，但历史的发展和他的预想恰恰背道而驰。他死后没多久，希腊各种姓就开始了近2000年的亡国生涯，沦为下等种族，大量人口被没为奴。

以强力决胜负、定优劣、分高下的思想在西方由来已久。人生而不平等的观念，在西方社会形成的初期就已经广泛存在。

212年，罗马皇帝卡拉卡拉颁布敕令，规定除降人和奴隶外，所有罗马帝国出身的自由民将被给予完整的罗马公民权，埃及人可能也包括在内。其时罗马建立城邦已有六七百年，罗马帝国建立也有200多年。在此之前，执行的是奴隶制和分等级的自由民制度。不仅有奴隶和自由民之分，自由民也被分成不同等级，有公民和平民之别。

在罗马共和国时期和罗马帝国初期，有15%—20%的人口为奴隶，主人可以合法地杀死他们，一直到2世纪有关保护奴隶的法律才被设立。奴隶的来源主要是战俘及新占领地区的原住民。此外，在各行省，也有贫苦

① [古希腊] 亚里士多德:《政治学》，吴寿彭译，北京：商务印书馆，1981年，第16页。

的人民沦为债务奴隶。奴隶贸易相当发达，罗马共和国范围内，到处都有这种罪恶的买卖。在罗马城，平均每天有2000多奴隶成交，爱琴海上的提洛岛就是著名的奴隶贸易中心。

奴隶在罗马被广泛使用，不但农场、矿山、作坊、牧场和各种建筑部门完全使用奴隶劳动，就是元老院、神庙、各级政府部门以及奴隶主的家庭，也都使用奴隶。在罗马豪门贵族的家庭里，通常都有家奴数百名，分工很细。罗马还把身强体壮的奴隶投入角斗学校，训练成角斗士，当作会说话的动物与猛兽搏斗，供奴隶主取乐，毫无人权可言。奴隶没有人身权、婚姻权、家庭权、财产权，可以随意被打骂、转卖、处死。

自由民则被分为罗马人、拉丁人、意大利人、外省人。地域不同、族群不同，地位和权利也不同，存在普遍的民族歧视和民族压迫。在罗马共和国早期就有罗马公民权存在，只给予居住在罗马城里的自由民。共和国后期，罗马已成为一个环地中海的大国，但公民权仍只属于罗马及周边地区的少数人，除特殊情况外，意大利人是没有公民权的，外省人更不可能有。

直至公元前91—前88年，通过同盟者战争，多数意大利人才获得了不同程度的罗马公民权。罗马对意大利的征服是通过公元前343—前290年的3次萨莫奈战争，以及公元前275年的贝尼温敦战役实现的。被罗马征服的意大利居民，其中少部分与罗马居民一样享受罗马公民权，绝大部分则没有罗马公民权。同盟者就是罗马对意大利没有罗马公民权的被征服地区的称呼。那里的人们无罗马公民权，分不到公有地，自己的土地也随时可能被没收，却要为罗马当兵，而且永远不会有成为军官的可能，备受歧视和压迫。

之后，作为一种恩赐和手段，罗马统治者又将罗马公民权给予了外省的部分城市和部分贵族。[①]

罗马帝国的统治者，从城邦走出，曾经统治过相当大的地域，但他们的思想始终是城邦人的思想，考虑问题的出发点也始终走不出城邦的狭隘

① ［美］马文·佩里主编：《西方文明史》（上卷），胡万里等译，北京：商务印书馆，1993年，第162页。

范围，最终日落西山，也就只能默默地退回他们最初走出的城邦。

从何处来重又回到何处去，因为他们具有的仅仅只是“城邦意识”。

卡拉卡拉虽然颁布了平权敕令，但为时已晚。人人都知道这是不得已而为之，是为了扩大纳税与服役的人口数量，是为了巩固帝国的统治基础，是为了挽救帝国衰败的经济和混乱的政局。罗马帝国离最后灭亡已为时不远。

近代以来，西方人终于举起了平等、人权的旗帜，但至今，种族偏见、种族歧视依然根深蒂固、随处可见。

第三章　历史的谎言：东方专制传统和西方民主传统

有一句话流传甚广，耳熟能详，“东方的专制传统，西方的民主传统”。

还有一句话同样流传甚广，耳熟能详，“谎言重复一千遍就会变成真理”。

东方专制传统

西方学者一直在不厌其烦地告诉世界：民主是我们西方人，具体说是古希腊人发明的，东方世界自古以来就是王权社会，没有民主，也没有民主思想。其理由似乎也说得过去，中国有文献记载的最早社会就已是王权社会，而古希腊、古罗马有文献记载的最早社会都是原始民主、共和社会。

但仔细推敲恐怕就不是那么回事了。在公元前人类历史上出现的国家当中，古希腊、古罗马是最晚的，正因为其晚，又经过后世的整理累积，因此便留下了丰富的历史资料，使后来的人们得以比较详细地了解其从原始民主向君主专制演变的整个过程。中国以及其他一些地区的社会进步相比欧洲大陆要快很多，5000 年前黄河流域就已出现了早期的国家，因为年代久远、缺乏文献传世，没有留下历史资料，我们无法确切地知道华夏族的国家究竟是什么时候诞生的，又是如何演化和进步的。

如果真有些科学精神的话，应该说华夏族生活的地区有文献记载的最早社会是王权社会，没有文献记载的社会究竟是怎样的社会无法确知，不能说一定就是王权社会。

所幸的是，在中华大地上并不只生活着华夏族或者说古汉族，还生活着许多其他的少数民族，而这些少数民族有相当一部分在以后的岁月里和汉民族完全融合，如匈奴、鲜卑、契丹等民族。在现代汉民族的血管中既流淌着古代汉民族的血液，也流淌着这些少数民族的血液。这些少数民族进入文明社会要比汉民族晚很多，其中一些民族留下了他们早期国家演进的历史资料，譬如契丹族。

契丹族在 10 世纪早期及随后几个世纪在中国的北方建立过辽王朝，其制度、典章对继之而起的金、蒙产生过重大影响，是中华民族历史上一个非常重要的北方少数民族。

契丹族源于东胡鲜卑系，历史文献最早记载见于《魏书》。自北魏起就生活在今内蒙古的西拉木伦河、老哈河流域，以聚族分部的方式过着游牧和渔猎的氏族社会生活，共分八大部落。在战乱动荡的年代，各部落逐渐走向联合，唐初形成永久性的部落联盟，进入早期国家时代，曾臣服于漠北的突厥汗国。628 年（贞观二年），契丹部背弃突厥，归附唐朝。在以后的 200 多年时间里，契丹与唐王朝之间，既有朝贡、入仕和贸易，也时常发生战争和掳掠。先后经历大贺氏和遥辇氏两个时期后，耶律阿保机于 916 年称帝建辽。由于契丹名声远扬，国外有些民族至今仍然把中国称作契丹。

国内一般将中国的早期社会划分为部落、部落联盟、国家三种形态，但西方世界的早期社会一般只有部落、城邦国家两种形态，无论是苏美尔还是古希腊，告别了平等的部落时代，便进入了城邦国家时代。其实如雅典这样的所谓城邦国家也就是一个由 4 个血缘部落组成的部落联盟，氏族组织在城邦生活的各个方面都发挥着重大作用。

契丹族从建立早期国家至耶律阿保机正式称帝，无论是各部落的首领，还是国家的汗王都是选举产生的“三年一代”。3 年改选一次，轮流做庄，没有终身制和世袭制，也没有像雅典那样可以连选连任的所谓特殊职位。《旧五代史·契丹传》载："契丹之先大贺氏有胜兵四万，分为八部，每部皆号大人，内推一人为主，建旗鼓以尊之，每三年第其名以代之。"

耶律阿保机天纵英才，能征善战，开疆拓土，战功赫赫，大大地拓展了国家的疆域范围，但3年汗王任期满后，人们依然要让其退位。

为了维护传统的选举制度，迫使耶律阿保机退位，先是本部落贵族起来抗争，先后共3次，史称"诸弟之乱"，皆被耶律阿保机镇压。"诸弟之乱"平定后，其他七部落也认为耶律阿保机在位久，不肯受代，破坏了传统的民主制度，坚持要求耶律阿保机接受罢免，"诸部以其久不代，共责诮之"，并以武力成功地迫使耶律阿保机让出了汗王的位置。

一年以后，耶律阿保机用计谋将各部落首领全部诛杀，方重新夺回汗王的位置。依靠暴力手段，耶律阿保机最终实现了契丹族由原始民主向王权专制的转化。

契丹族的早期历史非常清楚地表明：在中国大地上同样存在有文献记载的原始民主时代，民主并不是古希腊的发明创造。

早期国家时代的华夏族国家尽管没有留下大致同时代的文献资料，但也并非完全无迹可寻，尧、舜、禹禅让就是那个时代留给我们的历史记忆，而禅让就是原始民主，民主推举，有限任期，不搞世袭制，没有终身制。

近现代以来，西方人不断质疑中国历史。他们否定黄帝、尧、舜、禹的存在，认为禅让说纯属后代儒家的编造，中国北方少数民族原始民主时代的历史记载已经基本证明他们的谬误。

尽管没有直接的文献资料，但也并非毫无办法，我们可以通过分析那一时期的墓葬制度对当时的社会性质做出判断。近二三十年来中国各地的考古发现表明，中国大地从南至北在距今5000年左右，都已陆续进入了早期国家时代，像良渚、陶寺等古国都已不是小小的城邦国家，而是占有广大地域的区域性国家。无论良渚还是陶寺，尽管存在专门的贵族墓地，但墓葬的规模普遍不大，也没有发现大规模人殉现象存在。[①] 中国大规模殉葬现象的出现在将近1000年后的商代。

大体同时期的其他古文明，考古发现的文献表明，苏美尔城邦存在民

① 赵晔：《良渚文化人殉人祭现象试析》，《南方文物》，2001年第1期。

主议事制度与公民大会及长老会，但公元前2600年前后的乌尔城邦王室墓葬已经出现大规模的人殉现象。古埃及早王朝国王墓葬同样也存在大规模的人殉现象。

这表明相比其他古文明，中国的专制王权产生要晚许多，中华民族的早期国家应该存在一个相当长时间的原始民主时期。

西方民主传统

据说西方有着悠久的民主传统，源自古希腊。19世纪，有个欧洲人写了一部大作《希腊史》，论证出希腊是西方“民主政治”之源。在此之前，希腊文明在西方也不被认可，按柏拉图的话说就是“暴民政治”。

古希腊实际上只是个地理概念，并不存在这样一个国家，有的只是在这一地理范围内的大大小小的城邦，总计两三百个之多。任何一个城邦都代表不了古希腊，其中较大也较出名的有两个：雅典和斯巴达，是城邦霸主的主要竞争者。

雅典是古希腊最大的城邦，位于巴尔干半岛南端，三面环山，一面傍海。公元前8世纪初，形成城邦，后逐渐成为古希腊的重要城邦。公元前492年，希波战争爆发，以雅典为首的希腊联军多次挫败波斯军队的进攻。公元前449年，希波双方缔结和约，战争宣告结束。战后雅典势力大增，试图建立在古希腊世界的优势和霸权。公元前431年，雅典和斯巴达之间爆发了争夺古希腊世界霸权的伯罗奔尼撒战争，历时20余年，以雅典的失败而告终。

斯巴达是古代希腊仅次于雅典的城邦，位于伯罗奔尼撒半岛南部的拉哥尼亚。公元前9世纪，由5个村落联合形成一个政治中心，多利亚人的斯巴达。斯巴达以其严酷的纪律和军国主义而闻名。在伯罗奔尼撒战争中，斯巴达及其同盟者战胜雅典军队并称霸整个希腊。以后又被新兴的底比斯打败，在北方的马其顿崛起后，斯巴达最终失去在希腊的影响力。

西方的民主传统一般指的是雅典的政治传统。

在西方学者的笔下，公元前 594 年的梭伦改革是一件具有世界性意义的伟大事件，奠定了雅典民主政治的基础，自然也奠定了西方民主政治的基础，因此也奠定了世界民主政治的基础。梭伦从此也就成了民主的发明者。

对这一目前世界流行的观点很有必要重新审视。

按照西方学者的说法，梭伦改革前的雅典政治是贵族政治。何谓贵族政治？贵族政治和民主政治又有什么本质的不同？

雅典城邦的民众，主要可分为两类：一谓公民，是统治阶层；一谓奴隶，是被统治阶层。所谓贵族政治，就是将公民按财产的多寡，再分为贵族、农民、手工业者 3 个等级。其中，只有贵族才能担任公职、掌管宗教仪式、解释法律，而农民、手工业者则是没有任何政治权利的一般平民。

国家管理机构主要是执政官、贵族会议和公民大会。执政官从贵族中选出，初为 1 人，不久增至 3 人，到公元前 7 世纪中叶，执政官又增至 9 人，其中包括新设的 6 名司法执政官。执政官开始可能为 10 年一任，到公元前 682 年，设置 9 人执政官的时候，变成了 1 年一任。执政官卸任后进入贵族会议。贵族会议有权推荐和制裁执政官，有权制定和维护法律，其成员都是终身任职。贵族会议实际上是雅典的最高权力机关，公民大会则没有什么实权。国家政权主要由执政官和贵族会议把持。

这一体制有两个基本特征：一是执政官是由一部分人选举产生的，实行的是任期制，不存在世袭，也不存在独裁；二是只有一部分人具有被选为执政官的资格，选择范围是有限的。很明显，与以后的民主政治没有本质的不同。

雅典的几次民主改革有的只是人数范围的变化。因为改革，有选举权的公民的范围扩大了，可以担任的公职也相应增加了，但有两点是始终不变的，即有权选举和能够被选择掌握最高权力的只是部分人。

怎么可以说梭伦改革以后才有民主呢？

如果说梭伦改革前的雅典政治是贵族政治的话，那么 20 世纪前的欧美政治又是什么政治呢，同理不也应该是贵族政治吗？

雅典的贵族政治又是从何时开始的呢？

公元前 776 年第一届奥林匹克运动会在希腊奥林匹亚举行，古希腊世界有碑铭可据的信史时代开始，就已经是这样一种原始民主体制了。而在这以前的三四百年里，考古发掘证明，没有豪华的建筑，没有精美的手工艺品，陶器的装饰也是朴素的几何图形，建立希腊城邦国家的族群尚处在前国家时代，还未迈过文明的门槛。《荷马史诗》中所谓英雄时代的英雄和建立城邦国家的人们不是一个族群。

民主自古即已存在，不是某个民族、某个人的发明创造。

东西方的历史资料足以表明，人类一切族群其所建立的国家都会经历这样的发展过程：原始民主阶段、君主专制阶段、现代民主阶段。不同的只是有些族群走过了整个过程，并继续向前走去，有些族群则因为种种原因没能走完整个过程。

人类从完全平等到出现阶级分化产生不平等，从原始部落到早期国家，是一个自然演变的过程。最初权力人物的产生，一靠自身威望，二靠民主推举，这就是权力产生的原始民主阶段。就希腊民族来说，大致就是古希腊阶段。在此期间，某些人物随着权力的增大，私欲膨胀，就慢慢地想搞个人独裁，想走世袭道路。在古希腊，就是不断出现僭主。以后，僭主建立了稳固的统治，就进入君主专制阶段。尽管希腊民族爱好自由，但依然服服帖帖做了其他民族2000年的顺民。这一阶段就没有正式出现，希腊人没有自己的国家。再以后，则是现代民主阶段。就希腊民族而言，大致就是20世纪后的希腊。

原始民主可再分为前期阶段、后期阶段，现代民主也可再分为前期阶段、后期阶段。当今世界，整个人类基本处于现代民主的前期阶段。

而事实表明，雅典从原始民主的前期阶段向原始民主的后期阶段转变的尝试和努力是不成功的。

公元前594年，梭伦当选为第一执政官，开始了雅典最早的民主改革。梭伦出身于贵族家庭，但他的家境中平，早年从事贸易与商旅为伍，曾游历海外，见多识广。也正因为他的早年经历，使他同情平民而抨击贵族。

梭伦改革涉及政治的主要举措有两项：一是取消之前的贵族、农民、手工业者的三级之分。按财产的多寡重新划分为4个等级，然后据此重新分配了政治权利。第一等级，可以任执政、司库及其他一切官职；第二等级，除不得任司库外，等同于第一等级；第三等级，可任低级官吏；第四等级，不得担任官职，但可以充当陪审法庭的陪审员。这一举措削弱了贵族的特权，同时给予平民一定的政治权利。二是改革政治机构，提高公民大会的权力。各等级都有权参加公民大会，决定战争与媾和等国家大事，并选举官职，扩大选举人范围，削弱贵族会议的权力。设立新的政权机构，最重要的是四百人会议，由雅典的 4 个血缘部落各选 100 人组成，除第四等级外，其他公民均可当选。四百人会议取得了原贵族会议的众多权利，如为公民大会拟定议程、提出议案，并成为公民大会的常设机构等，使贵族会议虽得以保存但已不复先前的权力。

梭伦的改革是温和的，却引起了贵族和下层平民的一致不满。平民和贵族的斗争因此愈演愈烈，出现了三大政治派别：平原派、海岸派和山地派。斗争的结果不是走向更加民主，而是建立僭主政治。

公元前 560 年，贵族出身的庇西特拉图在山地派的支持下，组织起一支部队，依靠武装力量，进军雅典，废掉了贵族共和制而自立为独裁者，建立了僭主政治。

公元前 527 年，庇西特拉图去世，其子希庇亚斯继承僭主之位。由于得不到平民的支持，最终于公元前 510 年被推翻，贵族政治复辟。

公元前 509 年，克里斯提尼联合平民再次推翻贵族统治，并当选为首席执政官。在梭伦改革的基础上又一次实行社会改革，克里斯提尼改革针对梭伦改革未深入触动的以血缘部落为基础的雅典选举体制做了较为彻底的改革。

其内容是废除传统的 4 个血缘部落而代之以 10 个新的地域部落，按新的部落体制进行选举。针对雅典历史上的平原、山地、海岸三派之分，新的部落选举组成有意糅合了三派，分散了氏族贵族的力量，削弱了氏族贵族的社会基础。

在组成新的选区之后，克里斯提尼从 10 个部落中各选出 50 人组成了新的五百人会议，代替梭伦创立的四百人会议。五百人会议的成员不分等级，所有公民皆可担任，而且权利较之以前也更为扩大，除了为公民大会准备议案，并执行公民大会的决议外，还在公民大会闭会期间负责处理国家日常事务。

图 3–1　陶片放逐法所用陶片遗存件，上面刻有“客蒙”和“地米斯托克利”等人的名字

但与此同时，克里斯提尼设立了一个特殊的独立于原有权力机构的机构：十将军委员会。由各部落选举一位将军，十位将军组成将军委员会，其中一位为首席将军。将军之职是自费服役，只有贵族才能担任，不通过抽签产生，而且此职位可以连选连任。这一职位很快便成了奴隶主上层控制政权的主要手段。

之所以设立十将军委员会，据说是将军这一职位需要特殊的才能，在战争频繁的时代，必须是最有能力的人才能担任。因为人才难得，为了国家的安全，只能允许连选连任。在东方的契丹族国家，同样战火纷飞，却没有这样的记载。

克里斯提尼改革的最后一项措施是陶片放逐法。由公民投票决定是否对某一公民实行政治放逐，因把定罪人的名字写在陶片上而得名。每年由五百人会议提请公民大会讨论是否应实行此法，若大会同意就全体公民集会进行投票，只要出席的人数达到 6000 人并且某人获得多数票，那这个人就要被流放国外，10 年内不准回国。用于放逐危害国家的分子，防止僭主政治再起，但很快这一措施就成了一些权势人物用于排除异己的重要手段，打击、放逐少数派从此名正言顺。

按照西方学者的观点，克里斯提尼改革在梭伦改革的基础上彻底肃清了原始的部落制度，使民主政治的运作机制更趋合理完善，是世界文明史上首次确立的民主体制，其实质却是以民主为幌子为走向终身执政、个人独裁铺平了道路。

很快地，独裁者就出现了，这个人就是伯里克利，连选连任 15 年。

伯里克利出身雅典名门，父亲克山提波斯是公元前 479 年米卡列海战雅典舰队的司令官，母亲阿加里斯特为改革家克里斯提尼的侄女，受过良好的教育。

伯里克利的青少年时代是在希腊同盟抗击波斯侵略的岁月中度过的。通过这场战争，雅典一跃而为希腊世界最强大的城邦国家。

公元前472年，伯里克利通过出资承办埃斯库罗斯的《波斯人》一剧，初露头角进入政坛。这也是其以后惯常的做法，以资助文化的方式为自己造势。

公元前466年后，伯里克利追随埃菲阿尔特斯，成为雅典民主派的代表。随着战争的胜利，以客蒙为代表的军功贵族势力抬头，没有什么军功的埃菲阿尔特斯和伯里克利为了夺权，不断揭发控告以客蒙为首的贵族贪污腐化，滥用权力。公元前463年，为了打击得胜归来的客蒙，伯里克利等民主派指责他在战争期间受贿不去进攻马其顿。客蒙尽管最终被宣布无罪，但其声望受到很大影响，军功派开始失势。

公元前462年，客蒙不顾民主派的反对，率军援助斯巴达镇压黑劳士起义。埃菲阿尔特斯和伯里克利趁机掌握政权，进行政治改革。公元前461年，通过陶片放逐法，客蒙遭到放逐10年的惩罚。不久，埃菲阿尔特斯遭暗杀，伯里克利遂成为雅典民主派和国家政权的重要领导人。

客蒙于公元前450年去世后，伯里克利进一步控制了政局。公元前443—前429年，伯里克利连选连任雅典最重要的官职——首席将军，完全掌控国家政权。公元前429年，在伯里克利再度当选为将军后不久，死于瘟疫。

也就是说，伯里克利“从公元前461年到公元前429年他去世的这段时间里”，一直是雅典政坛的活跃人物。[①] 他为了登上政坛的顶峰曾经采取了多方面的措施，问鼎权力后，又15年连选连任最重要的官职，终身执政，直至死去。

伯里克利究竟何方神圣，有何丰功伟绩，究竟采取了什么手段，能够在伟大的民主时代连选连任、终身执政？

近现代以来，凡属终身执政，不管采取什么手段，西方人是一律称之

① [美] 杰里·本特利等：《新全球史》，魏凤莲译，北京：北京大学出版社，2014年，第283页。

为专制独裁的。

探究西方民主政治之源，怎么会把古希腊这样一位连选连任、终身执政的无冕之王，视作为“伟大的民主政治家”。难道就因为他有那么一篇欺世盗名的演说？[①]

子曰：“巧言令色鲜矣仁！”“今吾于人也，听其言而观其行！”

明明是无耻的政客，却说是伟大的战士；明明是虚伪的独裁者，却说是杰出的民主政治家；明明是巧取豪夺，收买人心，却说是倡导文化，鼓励参政；明明是没有能力统一国家，却说是古希腊人民具有可贵的自由精神。

事实上，古希腊人早就对伯里克利的统治做出过评价，对其素怀敬仰之心的修昔底德在《伯罗奔尼撒战争史》中就说：“名义上是民主政治，实际上则是第一人的统治。”

西方民主传统言过其实。雅典推行原始民主制的时间不比其他民族更长，其所做的巩固民主政治的尝试和努力也是不成功的。

留下史上最完备、最可信历史记载的国家

由于中国在近代一时的落后，世界上对中国历史尤其是早期历史的质疑声始终不绝于耳。事实上，中国才是人类历史上留下最完备、最可信历史记载的国家。

中国第一部纪传体通史著作《史记》，记载了从上古黄帝时期，到汉武帝元狩元年（前122），长达3000多年的历史，是二十五史之首，公认为中国史书的典范。全书130篇，52.6万余字，包括十二本纪（记历代帝王政绩）、三十世家（记诸侯国和汉代诸侯、勋贵兴亡）、七十列传（记重要人物的言行事迹，其中最后一篇为自序）、十表（大事年表）、八书（记各种典章制度，礼、乐、音律、历法、天文、封禅、水利、财用），乃实录、信史。

作者司马迁，汉武帝时人，出身于史官世家，自唐虞至周，都是世代

① 即《伯罗奔尼撒战争史》所载在雅典阵亡将士国葬典礼上的演说。

相传的历史学家和天文学家。春秋战国时期一度改任他职，到了司马迁的父亲司马谈，又做汉武帝的太史令，恢复了祖传的史官恒业。

图 3–2　司马迁像

司马谈也是一位非常杰出的学者，流传下来的文章有《论六家要旨》。在这篇文章里，他第一次系统地总结了自春秋战国以来中国重要的学术流派，概括出阴阳、儒、墨、名、法、道六家，并对各家思想的利弊得失进行了具体论述。其六家之说，不仅为后来司马迁给先秦诸子作传以重要的启示和借鉴，也为西汉末期名儒刘向、刘歆父子为先秦诸子分类奠定了基础。

他看到自孔子之后400多年，诸侯兼并史记断绝，深感作为史官有责任收集整理天下的遗文古事，记载帝王圣贤的言论行止，更有责任通过叙事论人提供治世的借鉴。在任时即有志于整理中华民族数千年历史，撰写一部规模空前的史著。

但不幸积劳成疾，只能将希望寄托于儿子司马迁，希望他能子承父业，最终实现自己的著史宏愿。临终时，他叮嘱司马迁："余先周室之太史也。自上世尝显功名于虞夏，典天官事。后世中衰，绝于予乎？……余死，汝必为太史，为太史，无忘吾所欲论著矣。"司马迁接受了父亲的遗命，表示："小子不敏，请悉论先人所次旧闻，弗敢阙。"

父亲去世后3年，司马迁续任太史令。

司马迁自幼便喜读书，阅读了大量的文史著作。在读万卷书的同时，不忘行万里路，20岁开始漫游全国，他到过会稽，察看大禹安息的地方；到过曲阜，考察孔子讲学的遗址；到过沛县，听家乡的父老讲述高祖起事的故事。游历和考察，使司马迁获得了大量的第一手资料，对以后的著史提供了极大的帮助，保证了《史记》的真实性和科学性。

司马迁继承中国史学一贯的实录精神，穷毕生精力，以“究天人之际，通古今之变，成一家之言”的史识撰写了《史记》一书，被后世称为“史家之绝唱，无韵之离骚”。

《史记》是由史官撰写的非常严肃的史学著作，不是街头艺人的吹拉弹唱，也不是简单的资料汇集，其真实性也已被近现代以来的考古发现所不断证明。

《荷马史诗》相传由古希腊盲诗人荷马写成，但荷马是否真有其人，并无确证。《荷马史诗》实际上就是当时游荡于小亚细亚和希腊各地的民间行吟歌手的吹拉弹唱，由后人加工整理，到公元前6世纪写成文字，冠其名曰《荷马史诗》。西方人将其视作古希腊从氏族社会过渡到奴隶制社会的一部社会史、风俗史，具有历史、地理、考古和民俗等多方面的崇高价值，同时还体现了人文主义思想，肯定了人的尊严、价值和力量。

将二者相较，我们会发现，中国人对历史的态度则要严谨审慎得多。

第四章　中华文明引领西方走向近代崛起

近代西方的崛起，是人类历史发展进程中一个非常重大的事件，它改变了世界历史发展的原有轨迹。

文艺复兴运动通常被视为西方近代崛起的前奏，开启了西方崛起的大门。

文艺复兴是一场发生在14—16世纪西部欧洲的思想解放运动，起源于意大利北部城市，以后逐渐扩展，波及德国和西欧各国。其核心是鼓吹人文主义，提倡人性，反对神性；倡导个性解放，反对宗教禁锢；主张世俗主义、享乐主义，攻击禁欲主义、僧侣主义；主张人生的意义在于现世的幸福。随着运动的深入，在社会、政治和科技等各个方面都引发了一系列的连锁反应，最终促成了西方的近代崛起。

西欧的中世纪是个“黑暗的时代”。基督教教会是当时社会的支柱和中心，全面控制着西欧社会思想、生活的各个方面。用神学解释一切，树立上帝和教会的绝对权威，人人都得依照基督教的教义生活，谁都不可违背。教会告诉人们，你们今生是来赎罪的，来生才能享受快乐。大力鼓吹禁欲主义、蒙昧主义，阻碍了社会的发展和进步。

运动兴起的原因，西方学界一般这样论述：14世纪后半期信仰伊斯兰教的奥斯曼帝国在小亚细亚崛起，最终于1453年攻陷君士坦丁堡，灭亡拜占庭帝国，拜占庭帝国的许多学者，带着大批的古希腊、罗马的艺术珍品和文学、历史、哲学等书籍，纷纷逃往西欧避难。处于闭塞状态的西欧学者接触了这一古希腊、罗马的思想宝库，一下子豁然开朗，于是大力鼓吹恢复古希腊、罗马的文化和思想传统。这种思潮就像春风，慢慢吹遍整个西欧，始于早近一个世纪的1350年的文艺复兴运动由此兴起。

这是对文艺复兴运动兴起原因的正确论述吗？

在文艺复兴运动兴起前的近一个半世纪时间里，世界上发生的最重大的事情，应属蒙古人的兴起及其随后对世界的征服。

1219年，蒙古人的领袖成吉思汗发动第一次西征，挥师西攻花剌子模，随后又扫荡了俄罗斯各地。1235年、1253年其子孙又接连发动第二、第三次西征，横扫大半个欧洲，彻底灭亡阿拉伯帝国。1276年攻灭南宋，建立起一个横跨亚欧大陆的庞大帝国：元王朝和金帐、察合台、窝阔台、伊儿四大汗国。在被征服的广阔疆域上，蒙古帝国为了政治、军事、经济的需要，开拓海陆交通，建立往来驿站，使中国与中亚、西亚、欧洲地区的联系和来往变得相当密切。

发达的海陆交通、完备而高效的邮驿制度大大推动了亚欧之间经济和文化的交流，不少欧洲人因此来到中国，其中尤以意大利人为多。中世纪的欧洲，东西方贸易的中心集中在地中海沿岸，威尼斯、热那亚、佛罗伦萨等城市的商人在其中扮演着重要的角色。

图4–1　存世最早的成吉思汗像

对于中世纪的欧洲来说，东方贸易在经济和社会生活中占据着十分重要的位置，因为那里盛产日常生活中不可或缺的香料以及丝绸等物品。民以食为天，在无制冷设备的年代，香料不仅可以用作保存食物的防腐剂，还可以给腌制不佳的食品增添可口的香味。这些香料，包括胡椒、桂皮、丁香、姜、肉豆蔻，加上檀香木和染料等，都是欧洲不出产的，它们都是东方的专卖产品，主要由阿拉伯和意

图 4–2 《蒙古军攻打阿拔斯王朝都城报达（巴格达）》，14 世纪波斯细密画

大利的中间商输往西方。如果贸易因故中断，香料的价格就会暴涨，有时甚至可以代替白银或黄金充当支付手段。至于丝绸，自古罗马时代起，就是在西方社会，尤其是西方上流社会极受欢迎的东方物品。

西方人前来中国所走的路线，大致可分为陆路、海路两途。选择陆路者从意大利出发，渡过地中海，到君士坦丁堡，然后经小亚细亚进入中亚，入伊儿汗国，再穿过西域的大沙漠，到达上都，最后南下抵达大都。选择海路者从意大利出发，经君士坦丁堡到巴格达，再由波斯湾乘船经过印度、斯里兰卡、苏门答腊，最后抵达中国广州，以后走陆路到扬州，沿大运河北上到大都。十三四世纪，作为世界性的大都会，元大都交通四通八达，条条大路都可通达。由于陆上交通相对便捷，当时欧洲的旅行者们前往中国大多数走的是陆路，从欧洲由陆路来元大都，需6—8个月不等，而从海路来华，则需2年多的时间。

前来中国的西方人士主要分两类：一类是从事东西方贸易的商人，另一类是罗马教廷的传教士。沿着蒙古族人在亚洲的一端到另一端开辟的宽阔道路，东方和西方不仅在经济和技术上，更主要的是在思想和文化上，进行了广泛的交流。

来华西方商人及《马可·波罗游记》

13世纪中期—14世纪中期的100年间，前来中国从事商业活动的欧洲人“道路相望，不绝于途”。他们在中国内地自由地游历、居住、贸易，有的甚至终老中国。20世纪50年代在扬州曾出土有两方元代来华居住的意大利人墓碑。

14世纪上半叶的意大利人巴尔杜西·裴哥罗梯，曾长期充任佛罗伦萨巴尔底公司的经理，从事东方贸易，于1310—1340年专门写有《通商指南》一书。书中详细记载了通往中国的途程（塔纳—阿斯特拉罕—萨莱—玉龙杰赤—讹答剌—阿力麻里—甘州—杭州—大都）及各地交易的商品、价格等，可见元代欧洲商人来往中国者颇多。《通商指南》记载，当时从亚速海东岸的塔纳到中国，一路上无论昼夜都十分安全。

图 4–3　扬州出土的一方元代意大利人墓碑，系为意大利人维里奥尼的女儿立，逝年 1342 年 6 月。维里奥尼为意大利热那亚人，是个定居扬州的成功商人。碑正上方为一中国化的圣母圣婴像，也是目前所见中国最早的圣母圣婴像[①]

元人朱思本《贞一斋稿》卷一也有这样的记载：“西海（地中海）虽远在数万里外，而驿使贾胡时或至焉。”另据王恽《中堂事记》记载：“[中统二年（1261）五月] 发郎国遣人来献卉服诸物；其使自本土达上都已逾三年……途有二海，一则逾月，一则期月可渡，其舡艘大可载五十百人；其所献盏斝，盖海鸟大卵分而为之，酌以琼醑即温……上嘉其远来，回赐金帛甚渥。”

此事不见于欧洲史料，应该只是民间商人，表明早在 1261 年即有欧洲商人往来中国与欧洲诸国，只是没有留下旅行记录而已。

来华欧洲商人中最具代表性，且名声最显赫的当属马可 · 波罗，因为他留下了一本在人类历史上占有极其重要地位的著作《马可 · 波罗游记》。

马可 · 波罗，13 世纪意大利的旅行家和商人。1254 年生于意大利威

① 顾卫民：《基督宗教艺术在华发展史》，上海：上海书店出版社，2005 年，第 95 页。

图 4-4　马可·波罗像

尼斯的一个商人家庭。其父尼哥罗和叔叔马菲奥经营东方贸易，曾居钦察汗国都城萨莱（今俄罗斯伏尔加格勒附近）一年，又到不花剌居住了 3 年，之后随旭烈兀所遣入朝使者同往中国，大约在 1265 年到达上都。曾受到忽必烈汗的召见，后回威尼斯。1271 年，他们带着 17 岁的马可·波罗，父子叔侄 3 人由陆路东行再次前来中国。经两河流域、伊朗高原、帕米尔高原，历时 4 年，于 1275 年到达元大都。马可·波罗在中国游历 17 年，并曾担任元朝官职，访问过当时中国的许多地方，到过云南和东南沿海地区。

1289 年，伊儿汗国君王阿鲁浑的元妃去世，阿鲁浑派出 3 位专使来元廷选妃。忽必烈选定阔阔真公主为新王妃，马可·波罗趁机向忽必烈大汗请求参与护送任务，以便完成使命后顺路归国。1291 年春，马可·波罗一家随 3 位使者护送阔阔真公主从泉州起航出海到波斯成婚。1295 年，马可·波罗与父亲、叔叔回到意大利。

回意大利后，马可·波罗在一次海战中被俘，在狱中结识了一位名叫鲁思梯谦的比萨战俘。鲁思梯谦曾经写过小说，并精通法语。为了熬过漫长的狱中岁月，马可·波罗向这位难友讲述了他在东方的许多见闻。鲁思梯谦将他的口述，用当时在欧洲流行的法语记录了下来，写在羊皮纸上，取名《东方见闻录》，时值 1298 年。

该书一问世，便在欧洲引起轰动。几个月后，这部书已在意大利境内随处可见，成为当时深受欢迎的读物。由于书中讲述的事物在当时不少西方人眼里是那么的不可思议，一些人因此不相信它的真实性，但这并不妨碍它的流行。

1324 年，马可·波罗去世前，《马可·波罗游记》已被翻译成多种欧洲文字，在欧洲各国广为流传，被称为“世界一大奇书”。《马可·波罗游记》原稿已佚，目前发现的传抄本有100多种。

《马可·波罗游记》究竟是怎样一部奇书，它究竟告诉了西方世界什么？马可·波罗书中的东方社会究竟是个怎么样的社会？

《马可·波罗游记》共分4卷，是这样开始令欧洲社会惊叹不已的记述的：

> 欲知世界各地之真相，可取此书读之，君等将在其中得见所志大亚美尼亚、波斯、鞑靼、印度及其他不少州区之伟大奇迹，且其叙述秩次井然，明了易解：凡此诸事，皆是物溺齐亚贤而贵的市民马可·波罗君所目睹者，间有非彼目睹者，则闻之于确实可信之人，所以吾人之所征引，所见者著明所见，所闻者著明所闻，庶使本书确实，毫无虚伪，有聆是书或读是书者，应信其真。盖书中所记皆实。缘自上帝创造吾人始祖阿聃以来，历代之人探知世界各地及其伟大奇迹者，无有如马可·波罗君所知之广也，故彼认为，若不将其实在见闻之事笔之于书，使他人未尝闻见者获知之，其事诚为不幸。①

《马可·波罗游记》第一卷记载马可·波罗诸人东游沿途见闻，至忽必烈大汗驻夏之上都止；第二卷记载大汗忽必烈及其宫殿、都城、朝廷、节庆、游猎等事，自大都西南行诸事及自大都南行至杭州、福州、泉州东海沿岸诸州事；第三卷记载日本、越南、东印度、南印度、印度洋沿岸及诸岛屿、非洲东部事；第四卷记载君临天下之成吉思汗后裔诸鞑靼宗王的战争和亚洲北部事。每卷分章，每章叙述一地的情况或一件史事，共229章。

《马可·波罗游记》记录了西亚、中亚、东亚、东南亚等地许多国家的情况，书中所记国家、城市的名字达100多个。这些地方的情况，涉及山川地形、物产气候、商贾贸易、宗教信仰、风俗习惯等，琐闻逸事、朝

① ［意］马可·波罗：《马可·波罗行纪》，冯承钧译，上海：上海书店出版社，2006年，第3页。本章以下引文均出自本书。

章国故，亦时见夹杂叙述。

《马可·波罗游记》的重点部分是关于中国的见闻，马可·波罗在中国停留的时间最长，足迹所至，遍及西北、华北、西南和华东等地。《马可·波罗游记》以大量的篇章，热情洋溢的语言，记述了大汗忽必烈之伟业、元王朝华丽的宫殿建筑、巨大的商业城市、世俗的社会生活以及宽容的宗教思想。

记述大汗忽必烈的无上威权：

忽必烈汗，犹言诸君主之大君主，或皇帝。彼实有权被此名号，盖其为人类元祖阿聃以来迄与今日世上从来未见广有人民、土地、财货之强大君主。

书中对忽必烈的武功伟业、为政举措、日常生活、体貌风仪等皆做了详细描述，由衷感叹“世界之君主殆无有能及之者也”。

记述中国的强盛、富有，留下了元大都永远的辉煌：

此城之广袤，说如下方：周围有二十四里，其形正方，由是每方各有六里。环以土墙……墙高十步。全城有十二门，各门之上有一大宫，颇壮丽。四面各有三门五宫，盖各角亦各有一宫，壮丽相等……街道甚直，以此端可见彼端，盖其布置，使此门可由街道远望彼门也。

城中有壮丽宫殿，复有美丽邸舍甚多。城之中央有一极大宫殿。中悬大钟一口，夜间若鸣钟三下，则禁止人行。鸣钟以后，除为育儿之妇女或病人之需要外，无人敢行道中。纵许行者，亦须携灯火而出。

描述了元帝宫的壮景：

君等应知此宫之大，向所未见。宫上无楼，建于平地。唯

图 4–5　元代绘画《元世祖出猎图》(局部)，至元十七年(1280)宫廷画家刘贯道绘制。图中外穿银鼠裘、内着大红色袍者为元世祖，一侧身穿白色海青衣的女性为皇后彻伯尔(现藏台北故宫博物院)

台基高出地面十掌。宫顶甚高，宫墙及房壁满涂金银，并绘龙、兽、鸟、骑士形象及其他数物于其上。屋顶之天花板，亦除金银及绘画外别无他物。

大殿宽广，足容六千人聚食而有余，房屋之多，可谓奇观。此宫壮丽富赡，世人布置之良，诚无逾于此者。顶上之瓦，皆红黄绿蓝及其他诸色。上涂以釉，光泽灿烂，犹如水晶，致使远处亦见此宫光辉。

(帝宫内)有一极美草原，中植种种美丽果树，不少兽类，若鹿、獐、山羊、松鼠，繁殖其中……

> 有一湖甚美，大汗置种种鱼类于其中，其数甚多，取之惟意所欲，且有一河流由此出入。
>
> 北方距皇宫一箭之地，有一山丘，人力所筑。高百步，周围约一里。山顶平，满植树木，树叶不落，四季常青……故人称此山曰绿山，此名诚不虚也。山顶有一大殿，甚壮丽，内外皆绿，致使山树宫殿构成一色，美丽堪娱，凡见之者莫不欢欣，大汗筑此美景以为赏心娱乐之用。

还记述了大都城贸易发达、户口繁盛的情况：

> 应知汗八里城内外人户繁多，有若干城门即有若干附郭，此十二大郭之中，人户较之城内更众。郭中所居者，有各地来往之外国人，或来入贡方物，或来售货宫中。所以城内外皆有华屋巨室。
>
> 外国巨价异物及百物之输入此城者，世界诸城无能与比。盖各人自各地携物而至，或以献君主，或以献宫廷，或以供此广大之城市。
>
> ……百物输入之众，有如川流之不息。仅丝一项，每日入城者计有千车……
>
> 此汗八里大城之周围，约有城市二百，位置远近不等。每城皆有商人来此买卖货物，盖此城为商业繁盛之城也。

700 年前古都的壮丽繁盛，恍若眼前。

对南宋故都杭州也有详细的记述：

书中称杭州为“行在城”“天城”，称苏州为“地城”。“行在”是南宋时代对杭州的一般称呼，指帝皇行幸所在的地方，而“天城”“地城”，也就是我国谚语“上有天堂，下有苏杭”的一种译称。

马可·波罗坦言：

既抵此处，请言其极灿烂华丽之状，盖其状实足言也，谓其为世界最富丽名贵之城，良非伪语。

此行在城甚大，周围广有百里，内有一万二千石桥，桥甚高。

有十二种职业，各业有一万二千户，每户至少有十人，中有若干户多至二十人、四十人不等。

商贾甚众，颇富足，贸易之巨，无人能言其数……其起居清洁富丽，与诸国王无异。

有大街一百六十条，每街有房屋一万，计共有房屋一百六十万所，壮美宫室夹杂其中，城中仅有聂思脱里派基督教徒之礼拜堂一所。

通行全城之大道，两旁铺有砖石，各宽十步，中道则铺细沙，下有阴沟宣泄雨水，流于诸渠中，所以中道永远干燥。

杭州市民举止安静，对来贸易之外人也很亲切，“款之于家，待遇周到，辅助劝导，尽其所能”。讲究卫生，到处有冷热澡堂，以供沐浴之用。城中居民为偶像教徒（即佛教徒），偶像教徒之庙宇甚多，但也有基督教徒之礼拜堂一所。13世纪时的“行在城”，人口已超百万。

更让他赞不绝口的则是不仅“行在城”里市廛栉比，而且周边乡间也有无数的市镇，“其环墙之村庄及城市无数”。

记述中国人世俗的生活：

对杭州市民的日常生活多有记述。城中富有的店主，多半不亲自劳作，“惟须雇用工人，执行祖业而已”，而把时间花在交际和应酬上，迎来送往，“敦好礼仪”，温和儒雅；家中“妇女皆丽，育于婉娩柔顺之中”，喜好打扮，善于修饰，“衣丝绸而带珠宝，其价未能估计”；家中装饰则富丽堂皇，“用巨资设备饰品、图画、古物，观之洵足乐也”。

（城内大道）常见长车往来，车有棚垫，足容六人，游城之男女日租此车以供游乐之用，是以时时见车无数，载诸城民行于中道，驰向园囿，然后由看守园囿之人招待至树下休息，城民偕其妇女如是游乐终日，及夜，始乘原车返家。

其中对游览胜地西湖着墨尤多，做了详细描述。湖中两岛宫室华丽，皆供公用。湖上有许多大小船只，以供游乐。最后他感慨地写道：

> 地上之赏心乐事，诚无有过于此游湖之事者也。盖在舟中可瞩城中全景，无数宫殿、庙观、园囿、树木，一览无余，湖中并见其他游船，载游人往来，盖城民操作既毕，常携其妇女或娼妓乘舟游湖。

赞羡之情溢于言表。

杭州充满享乐主义的市民生活，使马可·波罗乐在其中，由衷感叹道："行在城所供给之快乐，世界诸城无有及之者，人处其中，自信为置身天堂。"因为对杭州特别赞赏，马可·波罗曾数次来此游览，"极愿重返其地"。

记述中国的宗教自由：

马可·波罗多次提及元帝国的宗教自由政策。中国境内的居民，不但有信奉佛教、伊斯兰教的，也有不少信奉基督教的。他还记述了忽必烈汗在复活节时，召集基督徒和大臣共度节日时的情形。对于佛教、伊斯兰教、犹太教的主要节日，忽必烈也遵照礼制，一视同仁。还专门记录了忽必烈答人询问的原话：

> 全世界所崇奉之预言人有四，基督教徒谓其天主是耶稣基督，回教徒谓是摩诃末，犹太教徒谓是摩西，偶像教徒谓其第一神是释迦牟尼，我对于兹四人，皆致敬礼，由是其中在天居高位而最真实者受我崇奉，求其默佑。

宗教是为忽必烈的统治服务的，宗教组织是大汗的仆人而不是大汗的主人。元帝国的宗教政策给马可·波罗的影响无疑是巨大而又深刻的。

记述中国的异事异闻：

图 4–6　马可·波罗去世时的财产清单（复制品）

在《马可·波罗游记》中，有专门的篇章记述元代通行的纸钞和中国使用已久的煤。马可·波罗记述忽必烈在京城设有造币局，先以桑树皮制造纸张，然后以它制印纸币。这种纸币的制造，无论规格和认可程序，都和真正的金币和银币一样，因为许多特别任命的官员，不但在每一张纸币上具名，而且还要盖章，再盖上御印，以确保货币的信用。纸币通行全国，“凡州郡国土及君主所辖之地莫不通行，臣民位置虽高，不敢拒绝使用”。就是和外商贸易也能流通，而且“所有军饷皆用此种货币给付”。伪造纸币则会受到极刑处置。

他还说在中国北方见到“一种黑石，采自山中，如同脉络，燃烧与薪无异，其火候且较薪为优”。毫无疑问，这种黑石就是煤。马可·波罗当作“奇异事物”来记述，说明欧洲在 13 世纪还没有发现煤这种燃料，而在中国以煤做燃料，早在距今 3500 年前便已经开始，在元代则是司空见惯的事了。

天文学的发达也为马可·波罗注意，他说大都当时约有 5000 个星象家。他们造有一种观象仪，上有星宿的符号、时间及其在全年的几个方位，星象家依据星宿运行轨道“推测天体之运行，并定其各月之方位，由是决定气象之状况”，例如，什么时候有雷电、暴风雨、地震等。当时，在郭守敬的提议下，忽必烈御准在大都修建了司天台，在全国修建了 27 个天文观测站，大规模地进行天文观测。在此基础上修订了新历法授时历，与现行公历格利高里历相同，但比公历的确立早了 300 年。

上述便是《马可·波罗游记》展示给欧洲人的蒙元时期中国社会的

图 4–7　河南登封观星台，由天文学家郭守敬于至元十三年至至元十七年（1276—1280）主持建造。为 27 个天文观测站之一，观星台由台体和石圭组成，石圭用来度量日影长短。观星台是科学、宗教与政治相互作用的产物，为元代天文学高度发达的历史见证

基本风貌，很明显这就是文艺复兴的大力鼓吹者们所向往、所要追求的社会——人文主义社会。

由于书中的记述，大大超出了当时普通欧洲人的认知范围，自然会被一时视作荒诞不经，但对那些思想解放的先驱者们来说，其所造成的冲击可以说是巨大的。在遥远的东方，有这样一个国度，那里有无上的王权，那里有宽容的社会，那里有无尽的财富，那里的人们过着世俗的生活，那里的生活充满享乐主义。这一切能不激起他们对东方的向往，能不激励他们去冲破中世纪的黑暗，去追求新的充满人性的生活吗？

《马可·波罗游记》是一部具有伟大启蒙意义的著作。

如果说 19 世纪中后期的西方，让中国人知道，这个世界除了有一家统治的世袭政治外，还有轮流统治的竞选政治，那么 13 世纪中后期的中国，则让西方人知道，这个世界上除了有一种宗教主宰一切的宗教社会外，还有多种宗教共存共生的世俗社会。

马可·波罗是去过中国并留下著作的商人，还有更多的是去过中国但没有留下任何著述的商人，而这些商人事实上也就是中世纪末期新兴的控制着意大利各城市共和国政权的工商业贵族，新生的处于萌芽状态的，为文艺复兴提供了物质基础和社会氛围的资产阶级。这些商人来到遥远东方的中国或者中亚、西亚的蒙古诸汗国，通过东西方贸易积累了大量财富，同时也耳濡目染、亲身体验了东方世俗化的生活。他们在东方和西方之间频繁往来，将东方的所见所闻、东方的思想观念、东方的生活方式带回了意大利，毫无疑问对意大利的政治、经济、思想、生活等各个方面都产生了巨大影响，直接促成了意大利社会的非宗教化、世俗化。

巴尔底家族是早于西方文艺复兴史上声名显赫的美第奇家族100年的佛罗伦萨望族，前美第奇时代的美第奇家族。这个家族拥有佛罗伦萨也是全欧洲最大的银行，捐建了佛罗伦萨最大的方济各会教堂圣十字教堂中10个私人礼拜堂中的4个，赞助了被称为文艺复兴艺术先驱的意大利画家乔托的创作。正是根据这一家族的要求，乔托为圣十字教堂巴尔底礼拜堂创作了大量描绘圣方济各事迹的壁画，而这个家族主要就是从事东方贸易的，著名的《通商指南》就是由这个家族的重要成员巴尔杜西·裴哥罗梯撰写的。

根据《通商指南》的记述，每次东方贸易，“由塔纳至契丹，每商携带舌人一名，男仆二人，载运之货，约制两万五千金佛罗林。全途所费，约六十以至八十银索米，善于计算料理者，所费当不出此数也”，“由契丹归回塔纳时，费用亦皆如之，每索米值金佛罗林五枚”①。以全途80索米计，单途费用400金佛罗林，相比货值2.5万金佛罗林，几乎可以忽略不计。按来回贸易，货物皆以1倍价格售出计算，意大利商人返回意大利所售出的中国货物价值应在10万金佛罗林，商业利润即达7.5万金佛罗林。事实上，简单比照一下现代西方奢侈品在中国市场的出售价格，我们就可以认识到700多年前，西方商人手中的来自中国的香料、上等丝货是不可能仅以1倍

① 张星烺编注：《中西交通史料汇编》（第1册），北京，华文出版社，2018年，第328页。

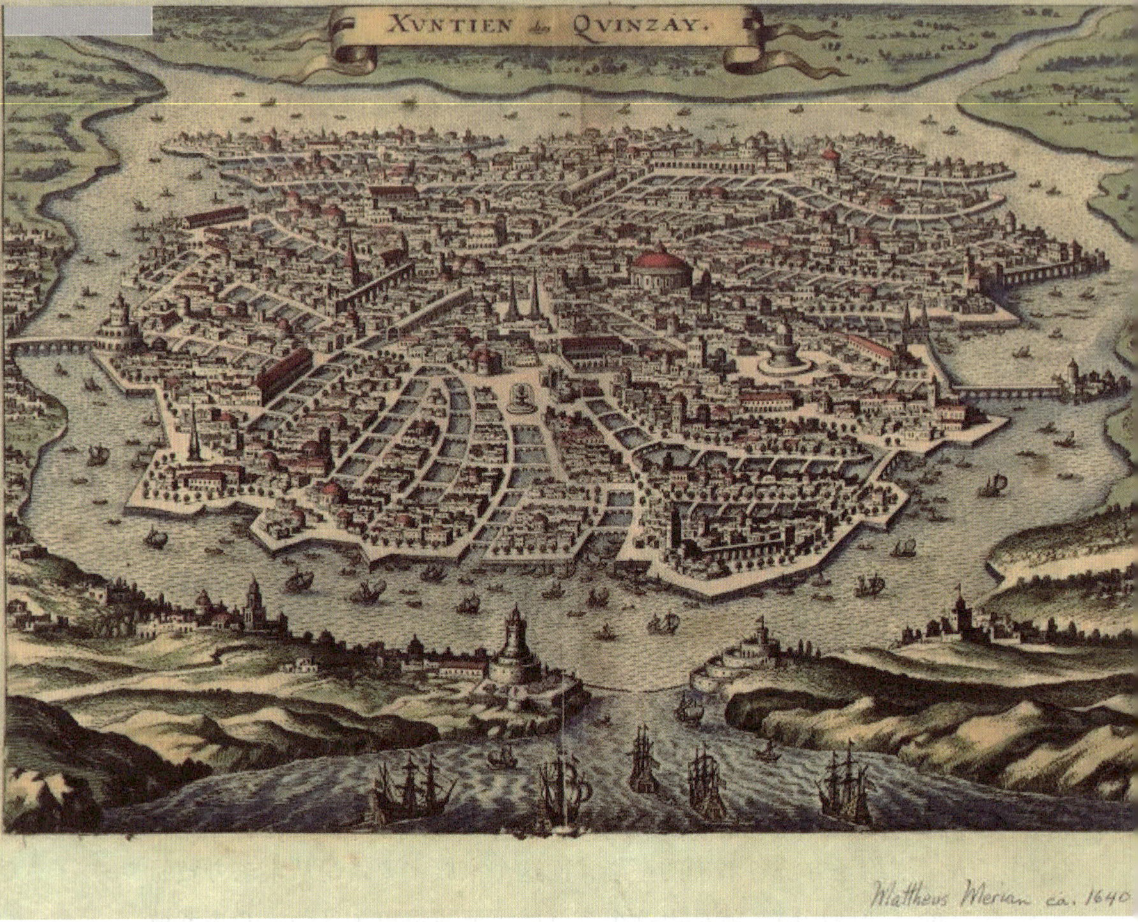

图 4–8　杭州是“世界最富丽名贵天城”——本图为意大利人穆联于 1640 年按照《马可·波罗游记》描述内容所绘制的东方亚洲大都市“Quinzay”

价格售出的，一般是以 3 倍的价格 ①，可见东方贸易利润之丰厚。

据同时代佛罗伦萨历史学家乔瓦尼·维兰尼记载，14 世纪中前期佛罗伦萨的毛织业进入全盛时期，共有手工工场 200 多家，每年生产 7—8 万匹毛呢，价值在 120 万金佛罗林以上，大约有 3 万人靠这一行业生活，平均计算每家年产值仅 0.6 万金佛罗林。由此可见，当时从事东方贸易的意大利商人的经济实力以及商业利润的惊人。

巴尔底以及同时代的那些从事东方贸易的富豪家族才是西方所谓文艺复兴运动的开路者，而现今声名显赫的美第奇家族不过是在前人早已筑就的通衢大道上多栽种了几行行道树，做了一些环境美化工作而已，但在西

① ［美］唐纳德·F·拉赫：《欧洲形成中的亚洲》第 1 卷《发现的世纪》第 1 册（上），周云龙译，周宁总校译，北京：人民出版社，2013 年，第 51 页。

方学者笔下却成了没有美第奇就没有文艺复兴的极关键人物。

马可·波罗们都是来华贸易的商人，除此之外来华的还有不少传教士，他们属于中世纪欧洲的统治阶层，他们对遥远的东方帝国又有怎样的认识呢?

来华基督教传教士对中国社会的认识

基督教传教士来华，国人知道的多半是明清之际来华的耶稣会传教士，及其他们带来的西方技术和产品。殊不知耶稣会传教士并非最早来到中国的基督教传教士，在此之前早就有异端或正统的基督教传教士来到中国。

最早来到中国的传教士是唐代的基督教聂斯脱里派传教士。聂斯脱里原为东罗马帝国君士坦丁堡主教，主张“基督二性二位”，被定为异端，受到迫害，最终客死埃及。一部分追随者逃至波斯，得到波斯国王保护，成立独立教会，与摩尼教、祆教共同形成波斯当时的三大宗教，流行中亚。

贞观九年（635），经波斯传入中国，称为景教。因唐时称古罗马为大秦国，故又称大秦景教。唐时曾一度在长安兴盛，并在全国都建有十字寺，信奉者有来华的西域人，也有中国人，并有翻译的经典。唐武宗会昌废佛，景教同时被禁止，后来衰微。元时再度传入，声势远超天主教，教徒与天主教徒被并称为“也里可温”，元亡后，再次衰落。

1625 年（明天启五年），西安挖掘出一块石碑，正面写着《景教流行中国碑颂并序》，用 1780 个汉字撰写，另附数十字叙利亚文，当时在传教士中引起轰动，现存西安碑林博物馆。

随后而来的，便是蒙元时期的基督教方济各会传教士。

方济各会，中世纪天主教著名修会，1209 年由意大利阿西西城富家子弟方济各得教皇批准成立。会士间互称小兄弟，效忠教皇，反对异端，提倡苦行禁欲，托钵行乞，为传扬福音而到处游方。成立不久就积极参与了

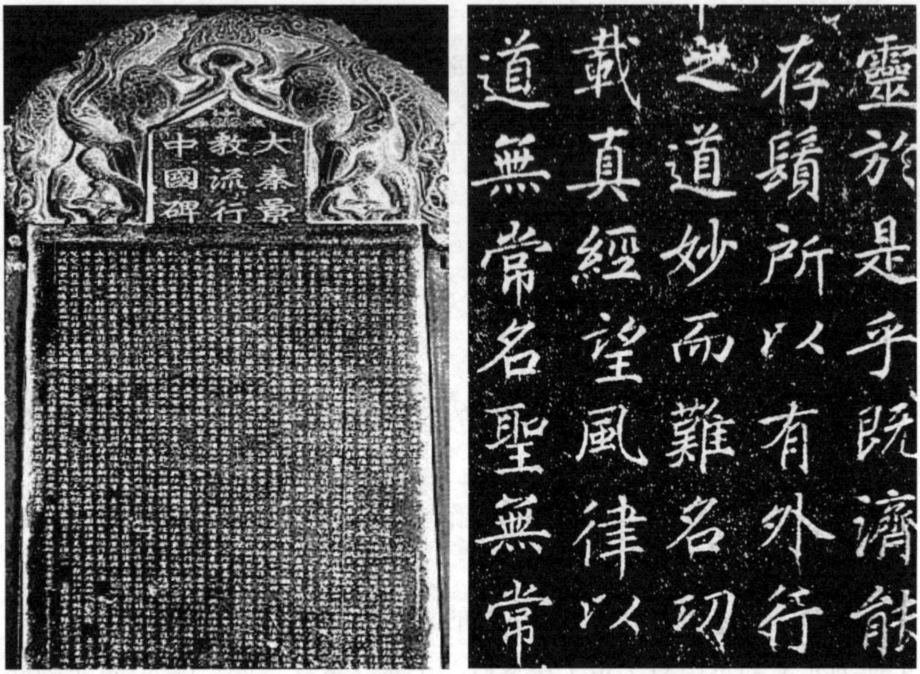

图 4–9　明天启五年（1625），西安挖掘出一块石碑，正面写着《景教流行中国碑颂并序》，左为大秦景教流行中国碑拓片（局部），右为部分碑文。景教碑书者吕秀岩虽非唐代大书家，但其书法结体工整而不刻板，具有很高的艺术水平（现存西安碑林博物馆）

罗马教廷的东方事务。

成吉思汗去世之后，窝阔台继承汗位，1235 年发起第二次西征。对于这个咄咄逼人的游牧民族，罗马教廷大感不安，极力劝诱欧洲一切民族共起御侮，阻止蒙古人的进攻，拯救基督教。无奈蒙古军攻势凌厉，进展神速，毁莫斯科，占基辅城，扫荡东欧平原，长驱直入波兰、德国东部、匈牙利，欧洲各国一片恐慌。

1242 年，窝阔台突然去世，接到消息后，拔都迅速停止进攻率军东返，驻扎于第聂伯河的东岸候命，欧洲侥幸得救。

为了沟通与蒙古的关系，罗马教廷一方面打探蒙古军的虚实，做抵御之策；另一方面诱劝蒙古大汗停止进攻和杀戮，皈依天主。于 1245 年派遣以方济各会会士柏朗嘉宾为首的三人代表团出使蒙古。第二年 7 月，柏朗嘉宾一行抵达和林。8 月 24 日参加贵由汗登基大典。8 月底觐见贵由汗，呈递教皇玺书。贵由汗复教皇书一封：

> 你教宗和王公巨卿，如诚心和我修好，便当速来见我，不可迟延。你来信要我信基督而受洗，我不知我为什么应该受洗。你来书，又因为我们杀人之多，而觉得惊奇，尤其因为信基督的波兰人、匈牙利人、奥拉维人，而感不安，我亦不明白你惊奇的原因。我告诉你：他们不听从上天和成吉思汗的命令，杀戮我们所派使臣，上天所以借我们的手来杀他们。你们西方人，自以为独奉基督而鄙视别人，但……我亦信上天，赖上天之力，我将自东徂西，征服世界。

书末玺印文曰："真主在天，贵由在地，上天神威，众生之王印。"

这是罗马教廷与蒙古发生关系的开始。很显然，柏朗嘉宾未能如愿完成教皇交给他规劝蒙古人皈依基督教的使命，但他很理想地完成了打探蒙古人令人生畏的军事实力以及他们向基督教西方进犯计划的任务。1247 年，柏朗嘉宾一行返抵里昂，不久写下了《柏朗嘉宾蒙古行纪》一书，这是我们目前所见最早的西方有关蒙古及东方世界的记录。

该书的记载表明，柏朗嘉宾通过 1 年又 4 个月的东方之行，认识到蒙古军队的战略战术、军队组织远比西方高明，武器装备也比西方先进，是一支"以韬略而获捷"而非"以勇力取胜"的军队。在宗教信仰上"鞑靼人只信仰唯一的一尊神"，但并不像西方"以祈祷、赞颂或任何一种仪式来崇仰它"，也"不曾强迫过任何人背弃自己的固有信仰"，事实上为日后西方的宗教改革预示了方向。

作为第一个比较全面地接触东方社会的西方知识阶层的先进分子，在认识到东方军事上的先进后，柏朗嘉宾马上便产生了要向东方的侵略者借鉴学习的思想，并积极宣传，到处呼吁，与近 600 年后，面对比自己先进的西方侵略者，东方知识阶层的先进分子所做的完全相同，并提出了一个与"师夷之长技以制夷"具有相同含义，却从不为西方学者所提及的主张（自然也不为东方学者所注意），开启了西方长达五六百年向东方学习、东方化的大门。

兹将这一主张抄录如下:“广听则智，明理则能治国。”

亦将相关段落抄录如下:

> 上文所记载的一切仅仅是作为耳闻目睹者们的叙述而写成的，所以它不是为了开导那些在战争实践中已掌握了战争韬略的内行者们而写的。我们认为内行者和熟悉这一切内幕的人会想象和写出一些更好和更有益的内容来，然而他们可能会在上文所叙述的内容中找到托词和思考的内容。因为正如人们所说的那样:“广听则智，明理则能治国。”①

看来西方的先进知识分子在积极主张向东方学习的时候，也如同日后的东方一样，存在一个如何应对守旧派、顽固派的问题。

1253年，同为方济各会会士的鲁布鲁克受法国国王路易九世的派遣，从君士坦丁堡出发去往蒙古哈拉和林，沿途先后拜见了撒里答和拔都。路易九世让他带给撒里答的信中请求准许其留在蒙古境内传教，但实际交代的任务显然是在柏朗嘉宾报告的基础上进一步了解蒙古帝国各方面的情况。1254年1月，鲁布鲁克到达哈拉和林，受到蒙哥汗的接见，被告知:“天上只有一个长生的神，地上只有一个君主，即成吉思汗。”命令路易九世称臣。

在蒙古汗廷期间，鲁布鲁克发现和林城里有12座偶像崇拜者的寺庙，同时还有1座聂斯脱里派教堂和2座清真寺，几大宗教共处一城，不“相互挑错”，互不干涉。鲁布鲁克还同契丹学者进行了人类历史上第一次东西方宗教的辩论。

“如同神赐给我们五根不同的手指，他也赐给人们不同的途径”，这就是经由蒙哥汗之口阐述的中国人的宗教观。鲁布鲁克作为西方人，可以说第一个深切感受到了东方社会的兼容并包，感受到了西方世界根本不具有的自由。东方世界不存在可以凌驾于王权之上、可以主宰一切的宗教，东

① [意]柏朗嘉宾、[法]鲁布鲁克:《柏朗嘉宾蒙古行纪 鲁布鲁克东行纪》，耿昇、何高济译，北京:中华书局，2002年，第73页。

方世界是自由的世界。

鲁布鲁克于 1255 年返回的黎波里，用拉丁文写成给法王路易九世的出使报告，即《鲁布鲁克东行纪》。同时，在方济各会会友中广泛传播了他的东方见闻，其中的一位会友便是日后被西方称为近代实验科学先驱的罗杰·培根，罗杰·培根对其东方之行表现出了非同寻常的兴趣，并在其名著《大著作》中做了详细披露。

此后，罗马教廷、西方各国与蒙古帝国的往来便日益频繁。

孟高维诺，基督教方济各会士，罗马教廷派驻元帝国的第一任大主教，生于意大利南部萨勒诺省孟高维诺村。1280 年前后，在亚美尼亚和波斯传教，1289 年返回教廷，报告伊儿汗阿鲁浑优待基督教的情况。

在此之前，教皇尼古拉四世已接待了阿鲁浑的使臣，来自大都的中国人列班·扫马，知晓蒙古诸汗皆实行宗教自由政策，不排斥任何宗教，反对罗马教廷打击异端的做法。

于是决定派遣孟高维诺等为使臣，携带致蒙古诸汗信件，前往东方传教。孟高维诺先至伊儿汗国都城桃里寺（即今伊朗大不里士），1291 年赴印度，1294 年抵大都，向元成宗铁穆耳呈交了教皇书信。此后即留居大都，直到去世。

据称，他先后在大都兴建教堂 2 座，并学会鞑靼人的语言文字，翻译了《新约》和祷告诗，为 6000 多人洗礼。原来信奉聂思脱里派的汪古部首领、驸马高唐王阔里吉思也从他改奉天主教，并在封地修建了天主教堂。

有关孟高维诺在印度、中国旅行和传教的情形，现留有他东游印度、中国时写给教友的 3 封书信，这 3 封信分别写于 1292 年的印度、1305 年 1 月和 1306 年 2 月的元大都。

孟高维诺在元大都所写的第一封信，主要谈及他在大都传教的情况和对中国的基本看法：

> 契丹为鞑靼皇帝所辖境域。皇帝之称号曰大汗。余谒见，递呈教皇之国书，请其改奉基督正宗。然彼迷信偶像已深，难挽回也。大汗待基督教徒颇宽厚。二年以来，余皆与之同居。

聂思脱里派徒，名为宗奉基督，而实则远离圣道，其人在东方有权有势。不与同道者，则虽至小教堂，不许建设，稍为异旨之文字，不得刊布也。

东方诸国，自昔圣徒绝迹。余初来此境，受聂派直接虐待，或唆使他人来欺侮余，种种情形，备极惨酷。……

余居此布教，无人辅教，几十一年。前二年始有日耳曼科龙城僧人阿尔奴特来此相助传道。

余于京城汗八里筑教堂一所。六年前已竣工，又增设钟楼一所，置三钟焉。自抵此以来，共计受洗者达六千余人。若无上方所叙谗言妨害，则至今受洗者，当有三万余人。来受洗者，至今尚陆续不绝也。

余尝收养幼童一百五十人，其父母皆崇奉异端。幼童年龄，自七岁至十一岁不等。皆毫无教育，亦无信仰。余皆加洗礼，教之以希腊及拉丁文。

据余所闻，世界王公地之广，人口之庶，财富之富，无有能与大汗陛下比拟者矣。[①]

同年，他托从中国回去的威尼斯商人带回此信，并请求转达教廷，希望教皇派德才兼备的教士前来协助他。罗马教廷收到孟高维诺来自大都的这封信后，受到极大的鼓舞。1307年，教皇克利门特五世任命孟高维诺为汗八里及东方总主教，授权他统辖契丹、中国南部各处主教、教士，直隶教皇。同时，派遣7名方济各会传教士东来襄理孟高维诺，这7人只有哲拉德、佩里格林和安德鲁3人到达了中国，其他4人在途经印度时病逝。其后，孟高维诺在泉州设立了分教区，命哲拉德等3人相继担任主教。安德鲁死后葬在泉州，其墓碑于1946年被发现。

孟高维诺在大都的第二封信，除了谈及他在大都新建教堂外，还介绍了元朝所辖国土：

① 欧阳哲生：《欧洲与中国文明对话的新开端：以西人在元大都“汗八里”的经验为中心的考察》，《北京大学学报（哲学社会科学版）》，2013年第5期。

一千三百零五年，余在大汗宫门前，又建新教堂一所。堂与大汗宫仅一街之隔。两处相去不过一箭耳。

第一教堂与第二教堂，皆在城内。两处相距，有二迈耳半，盖汗八里城大，莫与比拟也。余将所收幼童，分为两队。一队在第一教堂，他队则在第二教堂，各自举行祭务。余为两堂住持。每星期轮流至一堂，指导奠祭。盖诸童皆非僧人，不知礼仪也。

东方诸邦，尤以大汗所辖国境，庞大无比，全世界各国，莫与比肩。余在大汗廷中有一职位。依规定时间，可入宫内。宫内有余座位，大汗以教皇专使视余，其待余礼貌之崇，在所有诸教官长之上。大汗陛下虽已深知罗马教廷及拉丁诸国情形，然仍渴望诸国有使者来至也。①

孟高维诺的这两封信表明，在华居留10余年后，孟主教具有和马可·波罗一样的中国观。中国是世界上最繁荣、富有的国度，是皇权至上的国度，中国奉行宗教自由政策，没有异端之说。尽管蒙元统治者并不信奉基督教，但并不因此而打击压制基督教，对各大宗教一律宽厚。孟高维诺在朝廷中甚至还拥有不错的地位。

除了基督教两大派别自己互相倾轧、激烈冲突、势同水火外，中国民间同样充满宽容精神、自由精神，不存在排斥异教徒的行为，父母即便不信基督也不反对儿童信奉。

除孟高维诺以上两封信外，泉州分教区主教佩里格林在1318年给教友的信中说：

如果我把这个伟大帝国的情形叙述出来——其权利之巨大，其军队之众多，其领土之辽阔，其岁入之总额，其慈善救济之支出——人们是不会相信的。在这里的拉丁人就这些方面把它同世

① 欧阳哲生：《欧洲与中国文明对话的新开端：以西人在元大都“汗八里”的经验为中心的考察》，《北京大学学报（哲学社会科学版）》，2013年第5期。

界上所有其他王国相比较，但是我不叙述它怎样超越它们。我们所在的伟大城市刺桐位于海滨，距离汗八里约有三个月的行程。①

继任安德鲁于1326年1月在泉州主教任上发出一信，更详细地谈到了中国的与众不同：

既抵汗八里，传教皇谕旨，拜总主教后，居其处几五年之久。于此时间，尝自皇帝取得阿拉发一份，俾可供给吾等衣食之用。阿拉发者，皇帝所赐外国使臣、说客、战士、百工、伶人、术士、贫民以及诸色人等之俸金。供其生活费用也。所有俸金之总数，过于拉丁数国王之赋税。

安德鲁在信中对中国极度赞扬：

此国大皇帝之财富尊荣，国土之广，臣民之众，城邑之多而且大，国家组织，兵马强盛，国中太平，无人敢执刀以犯其邻，种种情形，余将不复赘言。……即余亲身来此，闻之亦几于不能自信也。

同时，他再次强调了在西方人看来无法思议的宗教自由的真实存在：

在此大帝国境内，天下各国人民，各种宗教，皆依其信仰，自由居住。盖彼等以为凡为宗教，皆可救护人民。然此观念，实为误谬。吾等可自由传道，虽无特别允许，亦无妨碍。犹太人及萨拉森人（即穆斯林）改信吾教者，至今无一人，然偶像教徒来受洗礼者，前后甚众，既受洗而不守基督正道者，亦复不鲜。②

① ［英］道森编：《出使蒙古记》，北京：中国社会科学出版社，1983年，第272页。
② 张星烺编注：《中西交通史料汇编》（第1册），北京：华文出版社，2018年，第261—263页。

图 4–10　福建泉州出土的安德鲁主教墓碑。碑上的拉丁文译为中文是“此处安葬安德鲁·佩鲁贾圣方济各会会士……耶稣基督的宗徒……1332 年”

约翰柯拉是 14 世纪罗马教皇派驻波斯国的总主教，负责处理东方各国教务，著有《大可汗国记》，时间约在 1330 年前后。他是否曾亲至中国，不可确考，但从《大可汗国记》所记载对孟高维诺葬礼的描述，似乎亲自到过中国。

《大可汗国记》描述了中国的政治状况，包括蒙元皇帝至高无上的威权，其宗教自由政策以及救荒政策。

关于皇帝的威权，书中写道：“境内大小臣民，皆为大可汗之庸役奴仆。大可汗君临之下，人民顺之畏之。事无大小，不敢抵抗或干犯禁令。”“国内贵人，皆其臣下，须敬礼之。”

关于宗教自由，书中写道：“皇帝允许并鼓励基督教士往信异教者之浮屠寺中，说天主大道，又使信异教者往听基督教士之说道。倡异教者亦皆乐往，常表示虔信之诚心，解囊施舍以助。”

关于救荒政策，书中写道：“大可汗慈悲为怀，故常储积各种粮食，如米麦谷黍之类，以待饥馑，国中仓廪，难以数计。凶荒时，大可汗命将各仓积谷，半价出卖。故虽至凶之年，亦不惧有饥馑之患也。”

书中备言中国的强大及商业之繁盛：“国强大而升平，除皇帝卫兵及保护城邑的军队以外，无敢携带兵器及煽动战争。”“据确实调查，保卫汗八里治安之军队，人数已达四万众矣。哈绥（即杭州）城内，居民更众，商业繁盛，故军队数目，亦较为多。”

关于中国的富有，书中写道：“其国货物种类，较罗马、巴黎为多，蕴藏金银宝石尤富，盖凡外国商贩来其处贸易者，辄留所带金银宝石于其国，而携归其地所产调味香料、丝、绸、缎、金衣等物。”“（大可汗）有甚多宝库，皆满储金银珠宝，以及各种珍贵之物，犹以在各大城邑者，为尤富也。”

书中谈到中国江南地区，“都市大于巴黎及佛罗伦萨者，不一其数，人烟稠密之地盛多，至若小城市，则更不可以数计”，这些城市商业都很繁盛，杭州城中“四方商贾，辐辏于此，百货俱备”，国中通行纸币，金银货币之价值，依纸钞为定。

书中还谈及人民的生活状况：“国中人民，装饰华丽，生活富裕，金银丝绸甚多，而麻衣则稀，故虽衬衣，亦皆以丝为之，衣服则以韃靼布、花绫缎及他种锦绣材料制成，时饰以金银宝石，衣袖长至能掩指甲。”①

鄂多立克，出生于意大利弗里乌黎的波登隆埃，少时即入方济各会，在乌迪内教堂内修道。他终年打赤脚、穿褐衣，以面包、白水度日，立志做一名苦行修士，是一位著名的旅行家，与马可·波罗、伊本·白图泰、尼哥罗康梯并称中世纪四大旅行家。

① 许苏民：《比较文化研究史》，昆明：云南人民出版社，1992 年，第 49—50 页。

大约于1318年，鄂多立克从威尼斯起航开始其东方之旅，1321年抵达印度，然后取海道来中国。1322—1328年在华，先后行经广州、泉州、福州、杭州、南京、扬州、临清，最后到达汗八里城，在大都生活了3年。1328年，鄂多立克离开大都，启程回国。经天德（今河套）、陕西、甘肃至西藏，然后经中亚、波斯、阿拉伯等地，于1330年回到意大利帕多瓦。回国后，他口述了旅行的所见所闻及传教经历，由他人笔录《鄂多立克东游录》一书。次年，在乌迪内修道院病逝。

《鄂多立克东游录》篇幅远小于《马可·波罗游记》，但其价值并不逊于《马可·波罗游记》，后续影响也不可小视。据不完全统计，《鄂多立克东游录》各种欧洲语言的现藏抄本有76种。《鄂多立克东游录》不仅完全印证了《马可·波罗游记》内容的真实，更主要的是让我们看到了一个坚定的中世纪基督徒，在遥远东方的中国生活一段时间后，在思想上发生的巨大变化。

大约1322年，鄂多立克在广州登岸，立即被广州密集的人口、繁荣的经济以及港口众多的船只所惊叹。他在书中写道："一个比威尼斯大三倍的城市……该城有数量极其庞大的船舶，以致有人视为不可信，确实，整个意大利都没有这一个城的船只多。"①

接着，他前往当时闻名世界的刺桐港（今泉州），在这里，他受到方济各会教士的热情接待，对方济各会弟兄们建的大教堂和山间的修道院称赞不已。刺桐的繁华给他留下了深刻印象，称泉州"系世上最好的地方之一，就其对人之生活所需说亦如此"。他还对该地居民所拜之神的数目之多而感到惊讶。

之后，他经过福州，翻越仙霞岭，到达杭州。杭州的繁华更使他惊叹不已。他在书中写道：

> 它是全世界最大的城市，确实大到我简直不敢谈它，若不是我在威尼斯遇见很多曾到过那里的人。

① ［意］鄂多立克等：《海屯行纪、鄂多立克东游录、沙哈鲁遣使中国记》，何高济译，北京：中华书局，2002年，第63页。本节以下引用文字出处同。

此城位于静水的礁石上，像威尼斯一样有运河，它有一万二千多座桥。

我很奇怪，那么多人怎么能安排住在一个地方，但那里始终有大量的面食和猪肉、米和酒，酒又称为米酿，享有盛名，那儿确实有大量其他种种食物。

但若有人想要谈谈该城的宏大和奇迹，那整卷的纸都写不下我所知的事，因为它是世上所有最大和最高贵的城市，并且是最好的通商地。

中国人具有宗教宽容的精神，鄂多立克在杭州碰到了一个由方济各会修士们劝说而皈依天主教的蒙古人，这位蒙古人竟带着他访问了一座佛教寺庙。他们与庙中的和尚还专门探讨了人类灵魂归属的问题。

离开杭州后鄂多立克继续北上，先后访问了金陵和扬州，并在扬州沿着大运河，到达大都。

他在大都住了 3 年，在此期间，鄂多立克受到了天主教中国主教孟高维诺的赏识，主教让他在教会里担任教职，协助他管理教会事务。鄂多立克因此而得到元泰定帝的召见。

他这样回忆道：

（大都）城有十二门，两门之间的距离是两英里。……大汗在这里有他的驻地，并有一座大宫殿，城墙周长约四英里，其中尚有很多其他的壮丽宫殿。

大宫墙内，堆起一座小山，其上筑有另一宫殿。系全世界之最美者。此山遍植树，故此名为绿山。山旁凿有一池。上跨一极美之桥，池上有无数野鹅、鸭子和天鹅，使人惊叹。所以君王想游乐时无需离家。宫墙内还有布满各种野兽的丛林，因之他能随意行猎，再不要离开该地。

总之他居住的宫殿雄伟壮丽。其殿基离地约两步，其内有二十四根金柱；墙上均悬挂着红色皮革，据称系世上最佳者。宫中央有一大瓮，两步多高，纯用一种叫作密尔答哈的宝石制成（而且是那样精美，以致我听说它的价值超过四座大城）。瓮的四周悉绕以金，每角有一龙，作凶猛搏击状。

当大汗登上宝座时，皇后坐在他的左手，矮一级坐着他的另两个妃子，而在阶级的最低层，立着他宫室中的所有其他妇女……国王右手是他的将继位的第一个儿子，下面立着出身于皇亲血统者。还有四名书记，记录皇帝说的话。皇帝前立着他的诸王及其他人，其数无穷，除了说些浑话逗乐君王的小丑外，没有人敢致一词，除非君主点到他。但甚至他们也不敢斗胆越国王给他们设置的雷池一步。

当大王想设筵席的时候，他要一万四千名头戴冠冕的诸王在酒席上侍候他。他们每人身披一件外套，仅上面的珍珠就值一万五千佛洛林。宫内安排得井井有条，一切人都编入十户、百户和千户内。各有执掌，对自己权限中或其属下权限中的差错，相互负责。

这个帝国被其君主划分为十二部分，每部分叫作一个省。……并且，确实地，他的那个帝国是那样大，如有人想逐个访问这些省，那他要足足花上六个月的时间。而这尚不把为数五千的岛屿算在内，它们不包括在十二个省中。

作为传教士的鄂多立克非常关心并认真了解了大都的宗教状况，他认识到元宫廷是一个各色人种、各大宗教云集、多元文化齐聚的统一体。有偶像教徒，有基督教徒，还有萨拉森人，都能从宫里领取他们所需要的东西，都须为大汗燃灯焚香祷告祈福，大家各司其职，和平共处。

中国先进的驿站制度也让鄂多立克印象深刻：

因为旅客需要供应，所以他叫在他的整个国土内遍设屋舍庭院作为客栈，这些屋舍叫作驿站。这些屋舍中有各种生活必需品，对于在那些地区旅行的一切人，无论其境况如何，有旨叫免

> 费供给两餐。当帝国中发生新事时，使者立刻乘马飞奔宫廷……他们接近那些驿站时，吹响一只号角，因此客栈的主人马上让另一位使者做好准备……接过信的另一位使者，赶快到下一驿站，照头一人那样做。这样，皇帝在普通的一天时间中得知三十天旅程外的新闻。

作为一个仅靠面包和清水做世界旅行的禁欲主义者，鄂多立克在其游记中还专辟一节，津津有味、不厌其烦地对中国达官贵人的奢侈生活进行了详细的描述：

> 我经过一个贵人的院墙下，其生活方式有如下述：他有五十个少女、处女，她们不断地侍奉他。他要吃饭，坐上席桌时，菜肴是五盘接五盘地送上去。那些美女，唱着歌，奏着各种各样的乐器，把盘子捧入，她们也喂他，好像他是只娇宠的麻雀，把食物送进他嘴里，不断在他面前歌唱，迄至盘碟光了，然后另五个少女捧上另五盘，唱着别的歌和奏着另外的各种乐器，同时头五个少女退出。就这样，他每日过活，直到他活够了。

由此可见，东方之行对其触动之大、影响之巨，恐怕会因此而对比自己的生活方式，反思自己的生活哲学，导致其一生秉持的苦行、禁欲的人生观、世界观产生动摇。

这也是鄂多立克回国以后，会接受圣安东尼省省长之请，口述完成其东行见闻录的主要原因。尽管与中世纪西方社会的思想体系严重抵触，他还是希望自己的东方见闻、“某种灵魂之收获”能留存下来，散播开去，他要让“好学的读者在其中发现有益之物”，让自己的同胞知道在遥远的东方生活的人们有着与他们完全不同的生活和生活方式，这是一种值得称羡的生活和生活方式，一种值得去追求的生活和生活方式。

至少对鄂多立克，一位以禁欲、苦行而闻名的修士来说，“我日复一日地准备返回我甘愿死在其中的那些国土，倘若这样做使恩赐万般美好事物的上帝欢喜的话”。正是以这样一句话，鄂多立克僧侣结束了他的东方叙事。

而他也确“想要去拜访罗马教皇，以便获得他的允许，再携带一支五十名僧侣的队伍出发”，再次前往中国，但由于患了重病，未能成行，不久便病逝了。

在书中，他多次强调：

> 确实，设非我亲耳听闻或目睹此类事，我自己亦难相信这些东西。
>
> 所有上述的这些事，我要么亲眼得见，要么从值得信赖的人那里听到。至于非我目睹之事，那些国土内共同的传说可证明其真实性。很多事情我丢下了，并没有给记述下来，免得未曾眼见的人认为不足信。

是的，这些事情很难让人相信，却是真实的存在：天堂不在来生，天堂就在今生，东方就是天堂。

马黎诺里，意大利佛罗伦萨人，出身贵族世家，方济各会士，是应元顺帝之请，由教皇派出的最后一位出使中国的使节。

1336 年，因孟高维诺去世，新总主教未到，在华之天主教徒于是上书罗马教皇请派主教。元顺帝同时亦颁给教皇谕旨，并派使者安德鲁、威廉等 16 人由陆路西行出使欧洲。1338 年，使团抵教皇驻地阿维尼翁，教皇本笃十二世盛情款待元朝使者，使其游历欧洲各地，并决定派遣马黎诺里等率领数十人的庞大使团出使元帝国和蒙古诸汗国。

同年底，马黎诺里一行从阿维尼翁启程，会齐元朝来使，先至钦察汗国都城萨莱谒见月即别汗。然后，继续沿商路东行，经察合台汗国都城阿力麻里，于至正二年（1342）七月抵达上都，谒见元顺帝，进呈教皇复信并献骏马一匹。马长一丈一尺三寸，高六尺四寸，昂高八尺三寸，色漆黑，仅两后蹄纯白，曲项昂首，神俊超逸，被誉为天马。元顺帝大喜，命画工周朗作《天马图》（清嘉庆年间此画尚藏于内府），文臣揭傒斯作《天马赞》，在廷文人多应制写诗作序，时人叹为盛事。“拂朗国进天马”成为轰动一时的大事。

马黎诺里使团32人留居大都约4年，后坚请归国，于1346年启程回国。行前元顺帝设宴欢送，赏赐物品、3年费用和良马200匹。他们经杭州、宁波到达泉州。由泉州启航，经印度、斯里兰卡、霍尔木兹、巴格达、耶路撒冷、塞浦路斯，于1353年抵阿维尼翁，进呈元顺帝致教皇克莱孟六世的国书。

1354年10月，德意志及波希米亚国王查理四世前往意大利加冕，经人介绍，召见马黎诺里，对他大为赏识，聘为皇家牧师。马黎诺里遂从皇帝至布拉格，奉命重修《波希米亚编年史》。他将奉使东方的回忆也插叙书中，详细记述了往返的行程和所历各地的见闻。1820年，德人梅纳特将这一部分辑出，刊于波希米亚科学学会会报，题为《马黎诺里奉使东方录》即《马黎诺里游记》。

马黎诺里在游记中，记载了他奉教皇之命赴华及对华之印象：

> 一千三百三十八年（元顺帝至元四年）教皇班尼狄德十二世命余与数人携国书与礼物，赠送鞑靼大汗。其国在东方，威权所达，几有东方世界之半。兵马强盛，国库充实，城邑相连，管辖众国，难于胜数。各民族之在其境内者，不知凡几，皆各自有语言文字，若一一言之，将骇人听闻也。
>
> 东方帝国都城汗八里，其城之大，户口之众，军威之盛，吾将不复赘言也。[①]

描述在汗八里受到的礼遇：

> 退朝至馆舍。舍装饰美丽，大汗命亲王二人，侍从吾辈。所需皆如愿而偿。不独饮食诸物，供给吾辈，即灯笼所需之纸，

① 张星烺编注：《中西交通史料汇编》（第1册），北京：华文出版社，2018年，第275页。

> 皆由公家供给。侍候下人，皆由宫廷派出。其宽待远人之惠，感人深矣。居留汗八里大都，几达四年之久，恩眷无少衰。吾等衣服、馆舍、器具皆赠给上品。来此同事，共有三十二人，总计大汗供给费用，达四千余马克。

并对南下途中所见杭州、泉州等城的盛景进行了描述:“疆土甚广，统辖城邑郡国无数，若与未亲见着言之，皆必摇首不信。”

国中以康勃绥（杭州）最著名。“市街华丽，人民殷富，穷奢豪侈，建筑物雄伟壮大，尤以佛寺为最，有可容僧侣一千以至二千人者，实为今代地面上未有之大城，即古代恐亦罕有其匹。”

提到泉州，又有:“刺桐城为大商港，亦面积广大，人口众庶。吾小级僧人（即方济各会修士）在此城有华丽教堂三所，财产富厚，僧人又建浴堂一所，栈房一所，以储存商人来往货物。”

说明当时泉州方济各会的传教士不仅布道，还积极参与了当地的商业活动。在中国生活多年后，方济各会士早已背离了安贫守穷的教规，其乐融融于世俗化的生活。

波希米亚王国位于今天的捷克共和国境内，是一个对中世纪欧洲历史产生过极重要影响的国家。

查理四世是继罗马帝国马可·奥勒留、拜占庭帝国君士坦丁七世之后，欧洲最负盛名的学者型皇帝。他从小受到良好的教育，翻译过奥古斯丁的作品，喜欢与学者交往，与意大利著名诗人、文艺复兴运动的先驱之一彼得拉克保持过一段时间的联系。其在位时颁布的《黄金诏书》，确立了德意志以大诸侯为政治实体的格局，这一格局直至1806年神圣罗马帝国寿终正寝都没有质的变化，深刻影响了德意志及欧洲的历史进程。

在查理四世统治时期，波希米亚成为神圣罗马帝国的核心。为了扩大王国的影响，提升在帝国的地位，把家族的世袭领地变成卢森堡王朝强盛的牢固支柱，查理四世在政治上确定王国为七大选帝侯之首，在文化及其他领域也多有重大举措。

为将布拉格建成能与帝国首都地位相匹配的国际都会，他大规模地改建了布拉格，修建塔楼、城墙，还在布拉格附近兴建了卡尔斯腾堡。创立了中欧第一所大学布拉格大学，以重金聘请著名学者到布拉格大学任教。布拉格大学日后成为捷克宗教改革运动和民族主义运动的中心。通过他的努力，布拉格被提升为大主教区，波希米亚王国取得了教会自治权。

很显然，重修波希米亚史也应是查理四世在文化建设方面的一项重大举措。作为学者型皇帝，他应该深知修史对一个成立没多久的新王朝的意义和作用。修史可以对波希米亚历史追根溯源，可以为波希米亚历代统治者歌功颂德，也可以进一步确立波希米亚王国在帝国的领导地位，修成之后也决不会闲置一边、束之高阁。

邀请在东方帝国生活达三四年之久，才返回意大利的马黎诺里，负责重修《波希米亚编年史》，并允许他将奉使东方的见闻完整插叙于国史之中，究竟意味着什么呢？应该可以表明两点：一是查理四世对东方的宗教自由、王权至上、世俗主义思想，持肯定、赞赏的态度；二是查理四世乐于看到东方的宗教自由、王权至上、世俗主义思想在帝国境内得到广泛的传播。

近代以来，《波希米亚编年史》成了一部鲜有人问津的古董书籍，但在卢森堡王朝时期，在神圣罗马帝国境内尤其是波希米亚国内，《波希米亚编年史》绝对应该是一本广为传播的书籍，极有可能是布拉格大学学生的必读书。

来自东方的思想在德意志大地上的广泛传播，事实证明，对日后德国以及欧洲的历史都产生了极其重大的影响。

以上是留存下来至今能见到的十三四世纪来华传教士的著述，相信应该还有很多随着时光的流逝逐渐消失而没有留存下来。

通览这些来华商人、传教士的游记、报告或书札，可以发现，无一不惊奇于中国的繁盛，无一不感叹于中国的自由，无一不称羡于中国的生活，落笔之处尽皆惊羡、赞誉之词，明白无误地向中世纪欧洲传播了东方的王权至上、世俗主义和宗教自由思想。

此后不久兴起的文艺复兴运动鼓吹什么、主张什么，不就是这几点吗，一曰世俗主义、一曰宗教自由、一曰王权至上。

文艺复兴的西方观点

西方学者一而再，再而三地告诉世人，文艺复兴运动是因为中世纪末期，西欧社会一下子接触了大量的古典文献而引起的，这恐怕不符合历史事实。

14 世纪以前，拉丁欧洲已多次从拜占庭帝国、阿拉伯帝国大量输入古典文献：

第一次，早在 8—9 世纪。

726 年拜占庭皇帝利奥三世颁布禁止崇拜偶像法令，以此为开端，拜占庭帝国掀起了毁坏圣像运动，至 843 年幼帝米海尔三世统治时期，摄政皇后提奥多拉颁布反对破坏圣像的尼西亚法规为止，运动前后持续了 117 年。

运动期间，大量圣像被破坏。为躲避迫害，坚持圣像崇拜的拜占庭学者或艺人，纷纷逃亡意大利。这些人带去了古希腊、罗马的文献和艺术，并在那里建立了学校和修道院，使西欧社会在文艺复兴前 500 年就多方接触了古代希腊、罗马的文化。

第二次，发生在 12 世纪。

8 世纪中叶起，阿拔斯王朝几任哈里发实行宽松的政治文化政策，倡导、鼓励学术活动，主张博采诸家、兼容并蓄，大力支持翻译活动，将大量古希腊、罗马以及波斯、印度等国的学术典籍译为阿拉伯语，史称阿拉伯百年翻译运动。

9—10 世纪，由于突厥人的崛起，阿拔斯王朝开始走向衰落。阿拉伯帝国的衰落，却加速了阿拉伯文化以及阿拉伯语翻译著作向西欧地区的传播，主要的传播地区是西班牙和意大利西西里岛。

1085 年，伊比利亚基督徒的收复失地运动取得重大胜利，夺取了穆斯林在西班牙的重镇托莱多。阿拉伯学术中心的陷落掀起了又一次大规模的翻译运动，大批拉丁学者聚集到托莱多，将大量阿拉伯语翻译著作和阿拉伯人的著作翻译成拉丁文。翻译运动持续了整整一个多世纪，其中特别著名的是克雷莫纳的杰拉德（1114—1187），他在托莱多翻译了87部阿拉伯语著作，包括欧几里得、阿基米德、托勒密、盖仑、花剌子模、阿尔哈曾等人的代表作，以及亚里士多德的《物理学》《气象学》《论天》《论生灭》等。

托莱多翻译运动的译者具有广泛的国际性，有英国的、希腊的，也有阿拉伯的，既有基督徒，也有穆斯林、犹太人，而且始终得到了西班牙教会的支持。

南意大利的西西里是翻译运动的另一个中心，1091年诺曼人征服了这个岛屿后，为了摆脱文化落后的状况，巩固政权，不遗余力地汲取阿拉伯文化，积极支持开展翻译活动。1224年，同时统治着德国和西西里岛的腓特烈二世在那不勒斯创办大学，命人将亚里士多德及阿维森那、阿维罗伊的著作都译成拉丁文，作为大学的教科书。此后不久，亚里士多德学说就渐渐成了西欧各大学进行教学和研究的主要依据。

到13世纪中期，几乎所有重要古典学者的著作都被译成拉丁文。

这场翻译运动持续时间如此之长，影响如此之广，因此西方中世纪史研究专家认为："12世纪可以被称作是文化复兴，而且是一次极为强大的文化复兴……古典文化的复活在中世纪的全盛期已经出现。"[①]

第三次，12—13世纪中期。

1096年开始的十字军东征，拉丁欧洲人重新控制了地中海东岸地区，从阿拉伯人那里劫掠了大量财富，夺取了大量典籍，同时也密切了与拜占庭帝国的关系。在此期间，意大利的不少城市共和国在叙利亚的主要城市和君士坦丁堡建立了自己的商业网络，大批居民移居拜占庭的一些大城市。根据记载，12世纪下半叶，君士坦丁堡已经有约6万意大利移民。

与拜占庭的交往，推动了对古希腊、罗马文献的翻译。1128年，威尼斯的詹姆斯翻译了亚里士多德的逻辑著作，一些希腊神学、医学和农学

① ［美］马文·佩里：《西方文明史》，北京：商务印书馆，1993年，第370页。

著作也被译成拉丁文。当时，意大利学者已开始不惜重金购置古代文献。1185 年，诺曼人攻克希腊港口城市萨洛尼卡，把许多书卖给意大利人，有意大利人甚至买了整船的希腊手稿。

1204 年，第四次十字军东征期间，十字军乘势攻陷了君士坦丁堡，拜占庭帝国灭亡，在被占领的土地上建立了存在半个多世纪（1204—1261）之久的拉丁帝国。一些入侵者意识到书籍是有价值的，大肆抢夺，获取了大量的古代文献和典籍。

但这一次次古典文献的大量输入，并没有催生出人文主义，有的只是中世纪宗教哲学的转向，催生了最伟大的神学家。14 世纪中前期并无古典文献的输入，只有东方见闻的广泛传播，怎么会开始西方学者称为文艺复兴的伟大思想解放运动呢？

事实上，古典文献不是取之不尽的宝藏，其数量是有限的，不可能一次次大规模地输入，而且每次都有新的文本、新的内容，因此极有可能有部分是伪作。

中世纪前期，因为被称为教父哲学权威的奥古斯丁借用和改造柏拉图的思想，将哲学和神学结合起来，以论证神学教义，当时柏拉图的学说占统治地位。奥古斯丁—柏拉图主义一直被奉为中世纪前期至高无上的神学权威和永不枯竭的思想源泉。

12 世纪的文化复兴将亚里士多德的著作和学术思想大量介绍到了西欧。面对亚里士多德学说的冲击，托马斯·阿奎纳（约 1225—1274），大量汲取亚里士多德的思想，把理性引进神学，用自然法则来论证基督教信仰，构筑起自己的基督教哲学体系。同时，对当时所面临的政治、社会、思想问题做了系统的回答，成为经院哲学的集大成者及基督教神学和神权政治理论新的最高权威。

他所建立的系统的、完整的神学体系对基督教神学的发展具有重要的影响，他本人也被基督教会奉为圣人和历史上最伟大的神学家。亚里士多德的地位也因此扶摇直上，如日中天。托马斯—亚里士多德主义取代奥古斯丁—柏拉图主义成为新的官方理性化神学权威体系，但万变不离其宗，归根结底还是神学思想体系。

阿奎那认为，整个宇宙秩序是上帝按照等级阶梯来安排的，从无生命界开始，逐渐上升到植物界、动物界，再上升到人、圣徒、天上，直至至高无上的上帝。下级隶属于上级，上级统摄下级，教会的权力至高无上。如同神高于人，灵魂高于肉体一样，教会高于世俗的国家，教皇是基督的代理人，政权应由他掌握。国家必须服从教会，国王必须顺从教皇。凡不服从教会和罗马教皇的君主就是暴君，限制和废黜暴君是正义的，权力则属于教会。

阿奎那从灵魂不死的观点出发，大力宣扬“来世幸福”，认为尘世生活的幸福并非最高幸福，最高幸福是对上帝的静观，从而使灵魂得救。

柏拉图、亚里士多德等人并不是直到近代才被发现、才被推崇，早在中世纪盛期就已被奉为仅次于上帝的权威，奉为先哲。西方古典文化的传统在中世纪从来没有真正断裂过。

由于将文艺复兴运动兴起的原因归结为古希腊文献的大量输入难以让人信服，于是，又有西方学者提出了一种新的说法，认为运动兴起的原因是古罗马政治家西塞罗书信的发现，其发现者是意大利诗人彼特拉克。

彼特拉克被西方学者尊为“人文主义之父”。据称，人文主义是他通过深入钻研古希腊、罗马著作，发现的一种新的世界观。

图 4–11 “桂冠诗人”彼特拉克像

彼特拉克，1304 年出生于意大利佛罗伦萨附近的阿雷佐，是一个公证人的儿子。彼特拉克的童年是在佛罗伦萨的乡村中度过的。1311 年，随父亲流亡法国，侨居南方的阿维尼翁城。该城当时是罗马教廷所在地，并且位于抒情诗的故乡普罗旺斯地区，是西欧重要的政治文化中心。1316—1320 年在法国的蒙彼利埃求学，1320—1326 年在意大利北部重要的商业城市博洛尼亚学习，主修法律，但他的主要兴趣在写作和文学上。1326 年，父亲过世后，彼特拉克又回到了阿维尼翁，在教廷谋得一份工作，业余时间钻研文学。

从 1330 年起，有 17 年时间，彼特拉克始终在阿维尼翁教廷任职，担任极有权势的红衣主教乔万尼·科隆纳等教廷上层人物的秘书，可以说积极参与了教廷的宗教事务。这段时间，如上文所述也正是阿维尼翁教廷和东方帝国交流最频繁、关系最密切的时期。1330 年，鄂多立克结束了在东方长达 10 余年的远游，终于回到了意大利，并留下了流传甚广的《鄂多立克东游录》。1338 年，东方帝国派遣的使团经两年长途跋涉抵达阿维尼翁，教皇本笃十二世盛情款待，并让其游历欧洲各地，同时决定派遣同为佛罗伦萨人的马黎诺里等率领数十人的庞大使团出使元朝和蒙古诸汗国。

作为一位在意大利北方求学多年的学生，一位在阿维尼翁长期参与机要的教会人士，彼特拉克不可能不知道中国，也不可能没有接触过有关中国的报告和书籍，以及那些从中国回来的商人和传教士。

鄂多立克，一个一生苦行的忠实的基督徒，尚且深受东方世俗主义的影响；彼得拉克，一个充满欲望的不坚定的基督徒，怎么可能例外。

彼特拉克一生未婚，但是和一个或者几个女人一共生有 3 个孩子。其中，一个儿子和一个女儿分别于 1337 年、1343 年出生在阿维尼翁。其时，他还是一名神职人员，而天主教是主张绝色、绝情的，一切神职人员均不准结婚。

中世纪压制了人们对于自然美的欣赏，没有原因的登山活动是不被允许的，也是极不寻常的，但彼特拉克却像东方“行在城”的市民一样好探奇览胜，好游览山川湖海。1336 年的一天，彼特拉克和他的兄弟以及另外两个仆人，登上了阿维尼翁附近的近 2000 米高的文图克斯山峰，既非考察，也非朝圣，只是为了站立在山巅看看风景，愉悦一下自己的心情。

西方学人因此而称他为“阿尔卑斯主义之父”，甚至说，文艺复兴的人文主义精神就觉醒于这趟“伟大”的登山活动。

1338年后，彼特拉克开始了他一生中主要的创作活动。他用了4年的时间，写下了著名的叙事史诗《阿非利加》。这首诗仿效古罗马作家维吉尔的笔法，用纯拉丁语写成，对第二次布匿战争做了生动的描述。史诗《阿非利加》使彼特拉克蜚声诗坛，声名远扬。1341年4月，罗马市政府因此授予他"桂冠诗人"的荣誉称号。

1342—1343年，彼特拉克开始写作其最重要的作品《秘密》。作品虚构了自己同圣奥古斯丁在真理女神面前进行的3天对话，对死亡与永恒、宗教信仰与世俗幸福、禁欲主义与性爱等问题进行了讨论。公开主张爱人与爱上帝、追求人间的幸福与追求永恒的幸福是一致的。为追求爱情和荣誉辩护，否定基督教的消极人生观。同时，承认用基督教伦理道德来衡量，自己是有缺点的，但又宣称自己无法克服这些缺点，因为这是人之天性。

彼得拉克由对东方生活方式单纯的羡慕、简单的仿效，向前推进了一步，演化为一种可能为基督教世界接受的理论，并开始大力鼓吹，走上了改良的道路。既为自己开脱，也为社会指出了前进的方向。这也正是彼特拉克作为一位杰出人物过于常人的地方，为西方社会的发展和进步做出了贡献。

1345年，他在维罗纳大教堂藏书室发现了西塞罗的《致友人书》。发现这些"宝贝"让彼特拉克兴奋不已，当年就写下了《致西塞罗书》。散佚千年之久的西塞罗书信的发现被西方学者称为文艺复兴时期最重大的发现，从此一个新的西塞罗展现在了世人的面前。而此前，中世纪欧洲人眼中的西塞罗是一个主张上帝监护并统治宇宙的，具有强烈宗教倾向的古罗马政治家。

据说，彼特拉克通过对西塞罗书信的研究发现了一种新的世界观，称作人文主义。

这种认为彼特拉克从古典作品中发现人文主义的观点显然是非常荒谬的。不是彼特拉克通过研究古典作品发现人文主义，而是彼特拉克突破中世纪的神学观念，用东方世俗主义重新诠释和阐述了古典著作。事实上，非宗教的思想、以人为中心的思想，在古希腊、罗马同样也是异端思想，也是被迫害的思想。

基督教兴起了，西方学人从古希腊、罗马著作中继承了神，光大了神；东方帝国兴起了，西方学人又从古希腊、罗马著作中发现了人，挖掘了人。

不同的时代，不同的需要，不同的解释。

文艺复兴运动的实质

认真回顾一下自两河流域文明、古埃及文明诞生直至现代，广义环地中海地区的文明演变历程，我们不难发现，环地中海地区文明从诞生之日起，就是以神为中心的文明，就是宗教文明。宗教因素长期占据优势或者压倒性优势地位，世俗因素是弱小甚至是非常弱小的。如果没有来自中国完全异质的世俗文明的猛烈冲击，不管其内部是武力争斗，还是和平交流，世俗因素自然地占据社会的主导地位，不是完全不可能，但机会是极其小的。

文艺复兴运动其实质是向东方学习的运动，是用东方世俗思想重新解释西方古典著作的运动，是西方世界的“托古改制”运动，是以基督社会能够接受的方式进行社会改良的运动。

同时，由于来自东方的思想在欧洲大地的广泛传播，也促进了欧洲反对罗马教廷，要求改革教会的新异端运动的兴起。

首先提出改革教会主张的是英国牛津大学神学教授威克里夫，以及他的追随者波希米亚王国布拉格大学校长胡斯。

1375 年和 1376 年，威克里夫先后写了《论神的统治权》和《论世俗的统治权》。主张上帝是至高的主，世间的一切权利和财富都是上帝赐予人的，只是暂时出借给忠于职守的人掌管，并非让他据为己有。教皇的职位不是基督设立的，而是君士坦丁大帝设立的，他的职权应限于宗教事务范围之内。作为一种政治力量的教宗制，竭力通过政治手段主宰人类社会应该受到诅咒。国王的权力来自上帝而非来自教皇，教皇无权向国王征收赋税，教会不应拥有大量财产。生活在罪中的教士没有资格担任圣职，也无权拥有世俗财富，他们已占有的圣职和财产，应由世俗统治者没收。同时，积极鼓吹英国教会脱离罗马教廷，成立国王统治下的国家教会。

胡斯1396年毕业于布拉格大学，后留校任教。1402年，胡斯任布拉格伯利恒教堂神父和布拉格大学文学院院长。他拥护和宣传威克里夫的学说，抨击天主教会，要求恢复教会的纯洁性。认为《圣经》至上，而非教宗等圣职人员所订的规条，强调教会的主权属耶稣基督；教会占有大量土地是一切罪恶的根源，主张没收教会财产，神职人员应纯洁守贫；坚持平信徒也应同时享用圣餐和圣酒（天主教会将圣酒只留给神职人员）。同时，积极主张教会应服从世俗政权，举行宗教仪式应一律使用捷克民族语言。

无论是威克里夫还是胡斯，他们所大力鼓吹的改革，最终目的都是要求建立如同大可汗国一样的世俗王权控制下的民族教会。

胡斯激烈的宗教改革思想，很快在思想解放的布拉格市民中激起了巨大的反响，赢得了广泛的支持，伯利恒教堂成为捷克宗教改革运动的策源地和中心。

与此同时，在布拉格大学内部，胡斯派与保守派之间也展开了激烈的斗争。1409年，胡斯派取得胜利，布拉格大学改组，胡斯出任校长。布拉格大学的分裂使教皇和神圣罗马帝国皇帝大为震惊。1410年，在教皇亚力山大五世指使下，布拉格大主教在布拉格广场焚烧威克里夫的著作，并开除了胡斯的教籍。

1412年，罗马教皇派人到捷克兜售赎罪券，胡斯严厉谴责这种从普通教民身上榨取钱财的做法。认为金钱不能代人赎罪，人的得救应由上帝决定，赎罪券于人无益。在胡斯的号召下，布拉格下层居民和贫苦学生举行了声势浩大的示威游行，不久遭到镇压。胡斯和他的追随者也被大学开除，并被驱逐出布拉格。

此后他避往捷克南部农村继续传教。他在那里斥责农奴剥削制度，反对贵族在法庭上欺侮农民，因而得到下层贵族的支持及广大农民的热爱。他还用捷克文翻译了《圣经》，并完成其代表作《教会论》。胡斯在农村的活动，更加激起了教会和世俗统治者对他的仇恨，他们步步紧逼迫害胡斯。

1414年，康斯坦茨公会议召开，传胡斯到会受审，帝国皇帝许诺保证胡斯的安全。胡斯为了申述自己的神学主张，于当年11月出席会议。但会议拒绝听取他的申诉，并强令他撤销自己的主张。胡斯拒绝，被谴责为异端，于1415年7月以异端罪被处火刑。平信徒在圣餐礼中饼酒同领的主张也被会议定为异端。

胡斯的死导致了以后长达几十年的战争，史称胡斯战争。广大胡斯改革的拥护者把反天主教与争取民族解放结合在一起，走上了武装斗争的道路。

胡斯运动内部存在两大派别：

温和派即圣杯派，主要代表中小贵族和上层市民的利益。该派于1420年提出“布拉格四纲领”：取消教士的财产和世俗权力，恢复信徒式的清贫生活，对不可饶恕的重罪必须公开处罚；建立胡斯派自己的教会，在崇拜礼仪中用捷克语代替拉丁语；捷克脱离神圣罗马帝国独立；自由宣传福音，平信徒可以领圣杯。

激进派即塔波尔派，基本群众是农民、手工业者和城市贫民。他们主张建立没有特权阶级的自由教会公社，没收地主的土地，取消农奴封建义务，废除封建等级特权，建立民族自治的共和国。其宗教观点接近威克里夫的思想，主张恢复基督教原有的纯洁性，简化弥撒和圣事，提倡简朴的基督徒生活，反对崇拜圣徒和圣徒遗物，提倡教士与世俗信徒同领圣杯。

两派一度曾携手合作共同对敌，挫败了罗马教皇组织的十字军的5次进攻，但最终因为目的不一致而分裂。圣杯派与教皇妥协，塔波尔派拒绝妥协，其根据地于1452年被攻陷，战争方告结束。胡斯运动的残余成员后来组成波希米亚弟兄会，成为一个长期活动的教派。

胡斯运动是欧洲宗教改革运动的序幕，从思想上和行动上动摇了中世纪欧洲的教会神权统治，直接影响了16世纪欧洲宗教改革运动的兴起，对西方历史产生了重大而深远的影响。

文艺复兴运动兴起后的三四百年时间，就其精神实质而言，应视为欧洲社会的东方化时期。

任何一种处于落后状态的文明，当其与先进文明相遇时，都会受到先进文明的冲击和影响，都会出现一个向先进文明学习的历史阶段，人类历史上不存在一种虽然落后却可以完全不受先进文明冲击和影响独立发展的特殊的文明。

第五章　近代中国衰败的根本原因

近代中国的衰败，在亿万中华儿女的心中投下了巨大的阴影，直至今天，仍严重影响相当一部分中国人的思维方式和价值判断。

而衰败的原因也是百多年来中华儿女始终关心、反复探讨的重大问题，直接关系着中国社会的走向。

原因何在？经过 100 多年的探讨，基本可以归纳为这么几种：

一是中国独特的文化传统，儒家文化阻碍变革；二是中国长期的封建统治，人们缺乏自主意识；三是中国悠久的统一历史，没有地方割据分权；四是中国特殊的地理环境，农耕文明闭塞守旧。

总之，凡属中华文明不同于西方文明之处，皆有可能是中国近代衰败的原因。

是的，近代中国是衰落了，但问题是，世界上又有哪个曾经的强国没有衰落？“日不落帝国”海洋文明的杰出代表大英帝国衰落了，“伟大”的开放国度美国虽说还维持着霸主的地位，但离二战后如日中天的时代愈行愈远。

为什么中国会在近代衰落，问题不在于中华文明的特殊之处，问题恰恰在于一切国家的共同之处：都是人的集合，都有人所共有的弱点。

中国有句俗话，富不过三代。如同一个人、一个家族，如果长期居于主导地位，自然会滋生懈怠，盲目优越，渐渐丧失进取、战斗的精神。国家作为人的集合、扩大化了的家族，当然也无法幸免。

18 世纪后期开始的工业革命使英国成为世界工厂，从此直到 19 世纪中后期，英国一直保持着世界上工业最发达、技术最先进的地位。长期的特殊地位使英国社会形成了唯我独尊，藐视其他国家成就的国民自大心理，把自己看得比谁都优越，不愿意向其他国家学习，否认其他民族的智慧，养尊处优，故步自封。

在英国成为工业革命的先锋之前，它是一个既重视向国外学习，又注意培养优秀技术人才的国家。当时，由于欧洲大陆的战乱和对新教徒的迫害，欧洲大陆的能工巧匠纷纷来到英国，英王下令对这些工匠待之以礼，责成英国人要虚心学习西欧传统的手工业技术。但英国成为世界工厂后，慢慢地抛弃了这种谦虚精神，自高自大、墨守成规的风气日盛一日，对国外先进技术和新技术成果持轻视态度。威廉二世时期，德国技术日新月异，飞速发展。英国人却说："莱茵河边的土包子容克[①]，他们也懂得工业化？我们绝对不会聘请德国技师来培训英国工人。"

由于感受不到压力，看不到发展教育的紧迫性，普遍不重视更新技术工人的技艺和知识。直到1851年和1864年，才建立了两所专业性的高等技术学院——皇家矿业学院和皇家造船工程学院。

正如英国前首相哈罗德·威尔逊所感叹的那样："英国工业革命中150年的领导地位，在我们过多的工业经理身上产生了一种对于变化的内在抗拒，就世代相袭的家族企业来说尤其如此。"[②] 反对变革的思想成为英国"传统精神"的一部分。

20世纪后期以来的美国目空一切，以老大自居的例子更是比比皆是，公然声称自己是历史的终结者。

人类历史将再一次改变发展的方向。

如果要说有何不同之处，不同的是，近代中国尽管衰落了，几近亡国灭种，但最终还是置之死地而后生，以基本完整的形态坚持了下来，没有出现特别大的分裂，更没有分崩离析，为中华民族的浴火重生保留下了坚实的基础。

反观世界历史上其他那些曾经的强国，又有哪一个能够避免衰落后土

① 原指无骑士称号的贵族子弟，后泛指普鲁士贵族和大地主。到了近代，在普鲁士，尤其是易北河以东地区，"容克"这个词有了特殊的意思，指的是那些农业地区的封建地主，他们大多是世袭的小贵族，也有部分不是贵族。容克地主一般具有保守、勤奋、目光短浅的特点。

② 张晓：《大英帝国兴衰之谜》，北京：解放军文艺出版社，1995年，第236页。

崩瓦解的结果？无论是遥远年代的罗马帝国、阿拉伯帝国，还是近现代的西班牙帝国、大英帝国，无一能够幸免。

而这一不同正是有赖于中华民族独特的文明传统。

有关中国近代衰落的深层原因探讨应该可以结束了，这是人类社会发展的客观规律在起作用。

万物皆流，无物永在。

真正值得探讨的是，为什么近代中国会衰落至几近亡国灭种。

衰落的时代出现了一批软弱的、丧失斗志的领导人，这才是根本原因。

鸦片战争：近代衰落的开始

爆发于1840年持续近两年的中英鸦片战争是近代中国衰落的开端。

18世纪后期依靠工业革命，英国一跃而成为世界头号强国，但在对华贸易方面却并不占优势。中国传统的出口产品茶叶、丝绸、瓷器等在欧洲市场依旧十分受欢迎，英国需要大量进口，英国出口的羊毛、呢绒等工业制品在中国却不受青睐。当时的中国是一个农业和家庭手工业相结合自循环的庞大经济体，可以满足自给自足的需要。清政府认为中国什么都不缺乏，没必要进口英国的商品。英国使臣马嘎尔尼来华后，乾隆皇帝在给英王乔治三世的敕谕中做过这样的表示：“天朝物产丰盈，无所不有，原不藉外夷货物以通有无。”

中英正常贸易为英国带来了庞大的贸易逆差。按正当商品的进出口贸易计算，至19世纪二三十年代，中国对英贸易顺差每年还保持二三百万两白银的优势。

为了扭转对华贸易的不利局面，英国开始从其殖民地，也是当时世界上最大的罂粟种植地——印度，装运鸦片来华开展鸦片贸易。1773年，东印度公司第一次从加尔各答向中国试销鸦片成功，从此，英国成为世界上最大的鸦片贩子。

鸦片是一种麻醉毒品，早在 1729 年，清政府就颁布了第一道禁烟令，禁止兴贩鸦片、私开烟馆。1780—1839 年，清政府先后发布过 45 道严禁贩运和吸食鸦片的谕旨、文告。

英国对华鸦片贸易自始至终是非法贸易、走私贸易。

鸦片大量输入，打破了中国对外贸易的长期优势，使清政府由贸易顺差一变而为逆差，白银外流，而且数字越来越大。1826—1827 年，白银外流估计为 350 万两。19 世纪 30 年代，每年平均流出白银达五六百万两，国内发生严重银荒，造成银贵钱贱，出现通货膨胀。清政府财政也因此枯竭，国库空虚。

鸦片泛滥，烟患流毒全国，除西藏外，遍及城乡僻壤。上自王公大臣，下到平民百姓，吸毒者日众，甚至军队也出现了大量吸食鸦片的现象。沿海七省的官兵，出征时常身带两杆枪，生锈的长枪和油光发亮的烟枪。更有甚者，在很多时候，吸食鸦片还成为一种待客礼俗，不仅严重损害了国人的身心健康，败坏了社会风尚，而且也极大地破坏了社会生产力和军队的作战能力，动摇了清政府的统治基础——“鸦烟流毒，为中国三千年未有之祸”。

图 5–1　在一家鸦片馆吸食鸦片的富家子弟（清末）

图 5–2　1841 年 1 月，英军突袭虎门大角、沙角炮台

图 5–3　广州十三行是清中期以后清政府指定专营对外贸易的垄断机构，《南京条约》签订后垄断被取消，逐渐没落。图为 1820 年前后的十三行商馆

鸦片贸易给中国社会带来的严重危害，引起了清政府和广大有识之士的重视，但外国鸦片贩子在其本国政府的支持下，采取偷运和武装走私相结合的手段破坏清政府的禁令，又用贿赂方式，收买清朝官吏，使得鸦片贸易得以畅通无阻。鸦片走私日益猖獗，由1821年的4000余箱，猛增到1838年的4.02万箱。

1838年11月，坚定的禁烟派、升任湖广总督才一年有余的林则徐奉命进京入觐。林则徐途经直隶安肃县时，时任直隶总督、日后乞和派的关键人物琦善，特地赶来，与林则徐交换了意见，表达了自己的想法："嘱文忠无启边衅。"[①]

"无启边衅"短短4个字，从此决定了中国近代100余年的命运。

1839年1月，道光皇帝终下决心，任命林则徐为钦差大臣，前往广东严查鸦片。

1839年3月，林则徐抵达广州，勒令外国烟贩交出所有鸦片，并承诺不再贩卖，保证"嗣后来船永不敢夹带鸦片，如有带来，一经查出，货尽没官，人即正法，情甘服罪"。4—5月间，林则徐、邓廷桢率领文武官员，共收缴鸦片2万余箱。6月3日—6月25日，在虎门海滩当众全部销毁，打击了西方鸦片走私贩的嚣张气焰。

虎门销烟坚定捍卫了国家的主权，维护了法律的尊严。

为打开中国市场的大门，英国政府以此为借口，决定派出远征军侵华，英国国会也通过了对华战争的拨款案。1840年6月，英军舰船47艘、陆军4000人在海军少将懿律、驻华商务监督义律的率领下，陆续抵达广东珠江口外，封锁海口，鸦片战争开始。

经过两年多断断续续的战斗和其他军事行动，鸦片战争以中国的失败而告终。

1842年，清政府被迫在南京的静海寺与英国政府议约。双方在寺内议约4次后，8月29日，清政府接受英国提出的全部议和条款，在英军旗舰康华丽号上正式签订了中国近代第一个不平等条约中英《南京条约》，主要内容有：

① 林庆元：《林则徐评传》，南京：南京大学出版社，2000年，第69页。

图 5-4　19 世纪英国画家绘制的《南京条约》签订现场（版画）

一、割香港岛给英国。

二、开放广州、厦门、福州、宁波、上海为通商口岸，允许英国人在通商口岸设驻领事馆。

三、中国向英国赔款 2100 万元，分 4 年付清（这笔巨款，相当于当时清政府全年财政收入的近 1/3）。

四、英商进出口货物应纳税款，必须经双方协议。

五、英国商人可以自由地与中国商人交易，不受公行限制。

1843 年，英国政府又强迫清政府签订了《五口通商章程》和《五口通商附粘善后条款》(《虎门条约》) 作为《南京条约》的附约，增加了领事裁判权、片面最惠国待遇等条款。之后，列强接踵而至，与中国签订了更多的不平等条约。1844 年 7 月 3 日，美国和中国签订《望厦条约》，扩展了中英条约的有关条款。1844 年 10 月 24 日，法国与中国签订《黄埔条约》，额外取得了在通商口岸传教的权利。从 1845 年起，比利时、瑞典等国也胁迫清政府签订了类似条约，中国的主权遭到严重破坏。

鸦片战争以中国的失败而告终，双方武器装备上的巨大差距是一个重要原因，但绝不是最重要的原因。最高决策层缺乏斗志，畏战怯战；最高决策者战和游移，摇摆不定，是同样重要且更为重要的原因。

战争初期尚有林则徐、邓廷桢等主战的上层人物存在，中后期受到排挤打击后主战人物基本绝迹，而以文华殿大学士首席军机大臣穆彰阿、文渊阁大学士直隶总督琦善等为首的乞和派则始终活跃，地位远比林、邓等高，势力远比林、邓等大，门生故吏遍布朝内。对战争持消极态度，畏惧战争，试图通过交涉以口舌退兵，幻想以妥协退让换取和平。

由于承平日久，武备松弛，文官爱钱，武将怕死，军队内部同样享乐苟安之风盛行，畏战求和的投降主义思想有相当的市场。一有失利、败仗，求和思想就抬头，随时会动摇最高统治者的决心，影响最高统治者的决策。

正是在投降主义思想的主导下，整个战争期间始终没有总体把握、通盘考虑，战守无策，消极挨打，分兵把口，防备松弛。只见英方船坚炮利，不知扬长避短，以己所长击敌之短。虽有不少忠勇、死节之士，更有大批未战先逃、举旗投降之徒，“贼（夷）至官逃，舟临兵溃”。

战争期间主要的军事行动基本上是反登陆作战，由于英方船坚炮利，优势明显，难有胜算，一旦失利，望风而逃。除镇海、镇江外，其他城市如宁波、慈溪、宝山、上海等地，都是不战自弃，坚决抵抗的城市仅镇江一地。事实上，根据当时的力量对比，唯有城市作战、巷战近战，才能扬长避短，使英军的装备优势无用武之地。镇江一战，虽最终失败，但清军寸土必争，短兵相接的战法也给英军以极大的杀伤。在这次战斗中，英军损失了 185 人，就是很好的证明。

如果每个城市都能如此扬长避短，坚决抵抗，英国人还能推进到南京吗?

鸦片战争与其说是战败，不如说是自溃；与其说是被英国人打败，不如说是被乞和派打败。

台湾：五战皆捷的战区

虽说沿海各地战场败绩累累，满目战败、失陷、殉国、逃跑，但在台湾战场我们却是战无不胜，取得了惊人的胜利。鸦片战争期间，英国舰船曾 5 次袭击和骚扰台湾，都以失败而告终，台湾水师五战五捷，保持全胜。

其中大胜两次[①]：

1841 年 9 月 30 日晨，英军双桅杆战舰纳尔不达号驶入鸡笼（基隆）

① 陈旭麓主编：《近代中国八十年》，上海：上海人民出版社，1983 年，第 52 页。

港，炮轰二沙湾炮台和清军兵营。当地军民立即还击，参将邱镇功亲自发炮击中该舰，打断桅杆索械，英舰败逃，慌乱之中，触礁沉没。舰上人员除 34 人乘仅有的一艘救生艇逃往广东外，其余人或溺水，或被俘。此战英军阵亡 32 人，被俘 133 人，武器、地图被鸡笼守军缴获，其中大炮 10 门，取得了鸦片战争期间的首次大胜。

璞鼎查在浙江获悉英舰在鸡笼被中国守军击沉，英军士兵被俘的消息后，即于 1842 年初，派颠林率兵船多艘及多名汉奸前来台湾探听情况。3 月 5 日，颠林所率舰队到达台湾。

3 月 11 日，英军三桅兵舰 3 艘驶入大安港，其中阿恩号被守军引诱至大安溪多礁石处搁浅，守军伏兵趁势奋力围击，杀死侵略军数十名，“生擒白夷十八人，红夷一人，黑夷三十人，广东汉奸五人，夺取夷炮十门”。另外，还夺回英军自定海营中抢去的铁炮、鸟枪及腰刀等物，又取得了重大胜利。

5 月，姚莹奉道光帝旨，除了阿恩号船长颠林与另外 8 名英国高级军官留予问供外，其余 170 余名俘虏悉予处死。

台湾抗英斗争取得胜利，令全国军民士气大振，台湾兵备道姚莹和台湾镇总兵达洪阿受到朝廷嘉奖，道光帝称赞这几次战斗“可称大快人心”。

台湾抗英之所以能取得重大胜利，探究其原因主要有两方面：

首先，有坚决主战的强有力的战区领导核心，文有睿智的台湾兵备道姚莹，武有强悍的台湾镇总兵达洪阿。台湾是鸦片战争期间，极少见的文武皆积极主战的地区。两人同心协力，积极筹防，添设炮墩，整备火器枪械，调集乡勇、屯丁、水勇分守澎湖、安平、沪尾、鸡笼诸要口，在台湾府城周围密树木栅，择险挖壕设伏，并利用旧船装载巨石，预备事急时将鹿耳门等次要港口填塞。同时，在全台各地举办团练，预备一旦有警，“半以守庄，半以听候调用”。平时一日三次演习，众志成城，壁垒森严。

其次，根据驻台清军装备相对低劣的实际情况，采用灵活的战略战术，扬长避短，“不与海上争锋”“以计诱其搁浅，设计歼擒”。准备充分，作战巧妙，充分利用地形、地势，诱敌深入，聚而歼之。以后历次反侵略战争中胜利的战役、战斗基本都遵循了这一原则：扬长避短。避免海上作战、近岸作战，诱敌陆战、近战；利用地形、地势，弱化洋人火力优势，

图 5–5 姚莹像

发挥我方特长，近战歼敌。

姚莹，一个鲜为人知，几近湮没的近代历史人物；一个既主张向西方学习，又主张积极抵抗西方侵略的大清命官；一个为中华民族赢得近代对外战争第一次重大胜利，值得大书一笔的民族英雄。

姚莹，字石甫，号明叔，晚号展和。乾隆五十年（1785）出生，安徽桐城人，桐城派代表人物姚鼐的侄孙。姚莹自小有志于经世，对书无所不窥，往往“博证精究，每有所作，不假思索，议论闳伟”，其“文章善持论，指陈时事利害，慷慨深切”。嘉庆十三年（1808）中进士，次年招入粤督百龄幕府。当时海寇骚扰，日事招讨，因而得知海上事。嘉庆二十一年（1816），任福建平和县知县，次年冬，调龙溪，“所至鸡犬不惊，民无扰攘，风俗一变”，被誉称“闽吏第一”。

嘉庆二十四年（1819）春，调任台湾知县。道光元年（1821）任噶玛兰（今台湾宜兰地区）通判。当时的噶玛兰还是蛮荒之地，他兴利除弊、鼓励民垦、改筑书院，大力促进汉族与当地人和睦相处，对开发噶玛兰做出了重大贡献，深得民心。后因龙溪别案革职，“台人大失望，群走道府乞留”。在台 5 年，“所至士民好之，政声震一时”。

道光六年（1826）至京城，与龚自珍、魏源、汤鹏、张际亮等多有往来，讲究经世之学，关注国计民生，时政利病。道光十二年（1832）至十四年（1834），任江苏武进、元和知县。时值道光帝诏谕朝廷内外大臣举荐人才，姚莹为两江总督陶澍、江苏巡抚林则徐所器重，力荐朝廷，皆认为材可大用。林则徐推荐姚莹：“学问优长，所至于山川形势，民情利弊，无不悉心讲求，故能洞悉物情，遇事确有把握。前任闽省，闻其历著政声，自到江南，历试河工漕务，词讼听断，皆能办理裕如。武进士民，至今畏而爱之。”不久升高邮知州。

道光十六年（1836），入都引见，道光帝“察其才具，明白谙练”，于次年授台湾兵备道，赏加按察使衔。第二年到任，积极团结台湾镇总兵达洪阿，一致对外，加强防务。不久鸦片战争爆发，他与林则徐、邓廷桢等皆属主战派。作为台湾最高军政长官，他率领台湾军民坚决抗击英国侵略军的进攻，未打过一次败仗，也未丢失一寸土地，取得中国近代史上抗击外敌入侵鲜有的殊勋。

五战五败、死伤数百人使英人极为恼火，对姚莹、达洪阿恨之入骨，必欲除之而后快。中英《南京条约》签订后，英军全权代表璞鼎查谎称已被正法的士兵本系渔民，只因船只在台湾海峡遇到台风，漂流到了台湾，却被台湾军民当作官兵杀害，要求清政府将姚莹、达洪阿“去官正法”“以命抵偿”，否则“干戈复起”。耆英、穆彰阿等交章弹劾。道光二十三年（1843），清廷派闽浙总督怡良赴台传旨查办。同年，姚莹和达洪阿被加以“欺饰冒功”罪名，遭革职查办，并从台湾解送京城。八月，入刑部狱。

刑部逮讯时，投降派官员声称“不杀镇道，无以谢夷，以坚和约”。消息传出，朝野哗然。在强大的舆论压力下，清政府未敢重判姚莹，不久赦出，贬官四川以知州用，任藏差。

贬官、任藏差期间，姚莹系统地考察了所经地区的山川、地形和风土人情。同时，对“西洋各国情事及诸教源流，尤深致意焉”。根据这些资料，写成了《康辅纪行》15 卷、附图 1 卷。《康辅纪行》是近代史上第一部介绍西藏历史文化民俗的专著，对西藏的宗教民俗、地理交通、物产气候、民族文化等皆有记录；对英法历史，英俄、英印关系，印度、尼泊尔、锡金入藏交通要道，以及喇嘛教、天主教、回教源流等，亦皆有所阐述，书中特别提醒要警惕英俄两国对西藏的觊觎之心。

《康辅纪行》和魏源的《海国图志》、徐继畬的《瀛环志略》一起，开启了中国近代思想启蒙的先河，也是姚莹长期以来持之以恒革新思想的产物。

姚莹对鸦片战争失败的原因进行了认真的反思，认为中国书生“不勤远略，海外事势夷情，平日置之不讲”，而英国、法国、美国对中国地利人事，“彼日夕探习者已数十年，无不知之，而吾中国曾无一人焉，留心海外事者，不待兵革之交，而胜负之数，已皎然矣”。表示自己忍辱著书，

“盖惜前人之误，欲吾中国稍习夷事，以求抚驭之方耳”。根本目的在于“知彼虚实”“徐筹制夷”，以“冀雪中国之耻，重边海之防”。

姚莹抨击了投降派主持的和局：

> 时至今日，海外诸夷侵凌中国甚矣。沿海数省，既遭蹂躏，大将数出，失地丧师，卒以千万取和。至今海疆大吏，受其侮辱，而不敢较。……忠义之士，莫不痛心疾首，日夕愤恨，思殄灭丑虏，捍我王疆，以正人心，以清污秽。[①]

晚清政坛始终存在三大政治势力：和戎派，主张向西方学习，同时大力鼓吹对外妥协；主战派，既主张向西方学习又主张积极抵抗西方侵略；顽固派，反对向西方学习，主张固守传统。可惜的是，天不成人之美，主战派始终是其中最弱小的政治势力，一直未能形成大气候。

在四起的妥协、乞和声中，中国输掉了战争，进入了衰落的近代。

从此以后的100多年历史就是中国从衰落走向衰败的历史，就是退让避战的投降主义思想日居上风直至深刻影响最高统治者的历史，就是进取敢战的抵抗主义思想日趋衰微直至基本绝迹国家决策层的历史。

一部近代中国史以血淋淋的事实证明：落后就要挨打，退让更要挨打。

第二次鸦片战争与洋务运动的兴起

第一次鸦片战争结束后，西方各国以不平等条约为护身符，纷纷向中国倾销工业品，严重冲击了中国自给自足的自然经济，剥夺了广大农民和手工业者的生计。由于各国政府的庇护和清政府的默许，鸦片走私也越来越猖獗，鸦片销售量恶性膨胀。白银外流和银贵钱贱的问题日益

① 施立业编：《中国近代思想家文库·姚莹卷》，北京：中国人民大学出版社，2015年，第167页。

严重，人民生活艰难，而庞大的战争费用和赔款，又不断地转嫁到人民头上。所有这一切导致了社会的贫困和破产，大批农民丧失土地，大量平民失业流亡。

民变因此在各地不断发生，少数民族也群起而反清，在战后10年时间里，汉、苗、回、藏等民族大大小小的起义和暴动事件将近百起。1851年（咸丰元年），终于导致中国历史上最大的一次贫民暴动——太平天国运动。

太平军兴起后，发展神速，所向披靡，八旗绿营不堪一击，基本瓦解。清政府不得不把希望寄托于各地的地方武装，命令各地举办团练，以镇压民变。以湘淮军为代表的地方民兵武装从此崛起，随着战争的发展，实力越来越强，势力越来越大。

1860年，为了扭转危局，尽快镇压太平天国运动，迫于无奈，清政府不得不任命湘军首领曾国藩署理两江总督。8月改为实授，并以钦差大臣督办江南军务。1861年，加督办四省（苏、皖、浙、赣）军务，其巡抚、提镇以下悉归节制。1862年，再加协办大学士衔。从此湘淮军成为清政府的军事支柱，湘淮系成为清政府主要的政治势力，基本左右了晚清政局。

在此期间，英国与法国趁太平天国运动兴起之际，以亚罗号事件及马神甫事件为借口，联手发动了第二次鸦片战争。

第一次鸦片战争后，西方列强相继侵入中国，但对华输出的增长速度相比西方侵略者所设想的要慢，因此想要迫使中国开放更多的商埠，进一步控制中国海关，以扩大对中国的工业品销售。1853年，英国首先向中国提出修改《南京条约》有关条款的要求，主要内容为：中国开放内地和沿海城市、允许英舰自由航行长江、鸦片贸易合法化、进出口货物免交子口税、外国公使常驻北京等。遭到拒绝后，又联合美法两国于次年再提修约要求，再次遭到清政府拒绝。于是，英法决心对中国发动一场新的侵略战争。

1856年，英国借口广东水师在广州黄埔捉拿中国船只亚罗号上的海盗，派兵进攻广州。法国借口法籍天主教神甫马赖在广西西林被杀，亦出兵入侵。

1857 年 12 月，英法侵略军 5600 余人在珠江口集结，进攻广州。1858 年 4 月，英、法、俄、美四国公使率舰陆续来到大沽口外，分别照会清政府，要求 6 日内指派全权大臣谈判。俄美的照会还表示愿意充当调停人。咸丰帝一面命令清军在天津、大沽设防，一面派直隶总督谭廷襄为钦差大臣，前往大沽交涉，并把希望寄托在俄美公使的所谓“调停”上。英法侵略者并无谈判诚意，一面拖延，一面加紧军事准备。

5 月 20 日，英法联军向大沽炮台发起进攻，驻守各炮台的清军奋起还击，但因炮台设施陈陋，防御薄弱，大沽于当日失陷。26 日，英法联军溯白河而上，侵入天津城郊，并扬言要进攻北京。清政府慌忙另派大学士桂良、吏部尚书花沙纳为钦差大臣，赶往天津议和。6 月，分别与俄、美、英、法签订了《天津条约》。

中英、中法《天津条约》的主要内容是：

一、外国公使常驻北京。

二、增开牛庄（后改营口）、登州（后改烟台）、台湾（后定台南）、淡水、潮州（后改汕头）、琼州、汉口、九江、南京、镇江为通商口岸。

三、外国人可自由进入内地传教、通商、游历，中国地方官务必厚待保护。

四、外国商船和军舰可在长江各口岸往来。

五、扩大领事裁判权，外国人之间的任何纠纷、犯罪，中国官府不得过问，中外民人之间案件，由中外双方官员在外国领事监督下会审。

六、修改税则，减轻商船吨税。

七、对英赔款银 400 万两，对法赔款银 200 万两。

除赔款外，中俄《天津条约》、中美《天津条约》与中英、中法《天津条约》主要内容基本一样。中俄《天津条约》第九款特别规定，两国派员查勘“以前未经定明边界”，“务将边界清理补入此次和约之内”，以便日后解决，从而为沙俄进一步掠夺中国领土埋下了伏笔。

图 5-6　1860 年 8 月，守军大部战死后失陷的大沽口北岸炮台

图 5-7　北岸炮台失陷后，清军弃守的南岸炮台

此前不久，沙俄已以武力迫使黑龙江将军奕山签订了《瑷珲条约》。根据这个条约，俄国割占了中国黑龙江以北、外兴安岭以南的60多万平方公里的土地；同时，把乌苏里江以东直到海边的约40万平方公里的中国领土，划作两国共管。

《天津条约》签订后，英法联军撤离天津，沿海陆续南下。咸丰帝对条约内容感到忧恐，令桂良等在上海与英法代表谈判通商章程时，交涉修改《天津条约》，取消公使驻京、内地游历、内江通商等条款，并设法避免英法到北京换约。

11月，桂良等与英、法、美代表分别签订了《通商章程善后条约》，条约规定：鸦片贸易合法化，每百斤征税30两；海关对进出口货物照时价百抽五征税；洋货运销内地，只需再纳2.5%子口税，免征一切内地税；聘用外国人帮办海关税务。但是，英法不容修改《天津条约》的各项条款，并坚持要在北京换约。

1859年6月，在拒绝桂良提出的在沪换约的建议后，英、法、美集结舰队于大沽口外，企图以武力威慑清政府交换《天津条约》批准书。清政府以大沽设防，照会英法公使，指定他们由北塘登陆，经天津去北京换约。英法公使断然拒绝了清政府的安排，坚持以舰队经大沽口溯白河进京。遭清军坚决阻击，英法联军受到重创退回上海。

同年8月，美国公使在北塘与直隶总督互换《天津条约》批准书。在此之前，俄国代表也已在北京换约。

1860年2月，英法当局分别再度任命额尔金和葛罗为全权代表，率领英军1万余人，法军约7000人，扩大侵华战争。1860年8月21日，大沽失陷。侵略军长驱直入，24日占领天津。清政府急派桂良等到天津议和。英法提出，除须全部接受《天津条约》外，还要增开天津为通商口岸，增加赔款以及各带兵千人进京换约。清政府予以拒绝，谈判破裂，侵略军从天津向北京进犯。

1860年9月18日，英法侵略军攻陷通州。9月22日，咸丰以北狩为名偕皇后、懿贵妃等离京逃往热河行宫。10月6日，英法联军攻入北京，洗劫并烧毁圆明园和静宜园。圆明园大火持续了三天三夜，烟云笼罩北京全城，300多名太监和宫女葬身火海。凝聚着中国人民智慧和心血的一代名园，从此成为一片焦土。

10月24日、25日，英法联军以焚毁紫禁城作为威胁，迫使清政府与英法交换了《天津条约》批准书，同时订立不平等的中英、中法《北京条约》，作为《天津条约》的补充。

主要内容：

一、增开天津为商埠。

二、准许英法招募华工出国。

三、割让界限街以南的九龙半岛给英国。

四、退还以前没收的天主教资产。法方还擅自在中文约本上增加“并任法国传教士在各省租买田地，建造自便”。

五、赔偿英法军费各增至800万两，恤金英国50万两、法国20万两。

六、承认《天津条约》完全有效。

俄国则以“调停有功”为借口，提出了新的领土要求。11月14日，清政府与俄国签订中俄《北京条约》，将乌苏里江以东40万平方公里的土地划归俄国，只留下少数居民点及渔猎区，仍由中国人居住、渔猎；增开喀什噶尔为商埠，允许俄国在喀什噶尔、库伦设领事馆；同时，俄国还将由其提出的中俄西部边界走向强加于中国。据此，1864年，俄国又与清政府订立《中俄勘分西北界约记》，割占巴尔喀什湖以东以南44万多平方公里的土地。合计掠夺中国土地150万平方公里，俄国成为第二次鸦片战争期间最大的获利者。

战争结束后，清政府开始集中力量镇压太平天国运动，1864年太平天国覆亡。

第二次鸦片战争失败的惨痛教训，镇压太平军的成功经验，使清政府从中央到地方都出现了取法外洋的强烈愿望。在奕䜣、曾国藩等重臣的倡导下，从19世纪60年代初开始，出现了兴办洋务的热潮，开始了历时30多年的洋务运动。

洋务运动其指导思想可以用8个字来概括：“外须和戎，内须变法。”一意和戎、力保和局正式成为基本国策。虽然时间已过去20多年，但洋

图 5-8 洋务运动时期，中国自建的第一条铁路——唐（山）胥（各庄）铁路通车时，李鸿章等前往视察

务重臣们对外洋的认识，比穆彰阿之流并没有进步，依然认为洋人主要是为通商获利而来，没有领土和主权要求，更无意取而代之。只要妥协退让，设法满足其要求就能永保和平。殊不知，洋人是欲壑难填，他们的要求是永远不会满足的，除非亡国灭种。只是因为远道而来，力量不足，无力鲸吞，暂时只能蚕食而已。再加之近世以降特有的畏洋心理，认为洋人力量强大，若打必败，还是得过且过，苟安为好。

从此，完全丧失中华民族赖以安身立命的战斗精神。

正是这种以和为立足点的指导思想，决定了洋务运动绝不可能使大清振作起来、强大起来，只会一步步将中国引向衰败的深渊。甲午战败的事实最后很好地证明了这一点。

奕䜣，晚清重臣，洋务运动的主要领导者，道光帝第六子，咸丰帝异母弟。1851 年，咸丰帝登基时封恭亲王。1860 年，英法联军攻逼北京，咸丰帝逃亡热河时，任命奕䜣为特授留守京师、督办和局、便宜行事、全权钦差大臣，留京善后。10 月 24 日、25 日两天，奕䜣分别与英法签订中英、中法《北京条约》，挽救了清皇朝的命运。

通过主持议和以及大量的善后事宜，奕䜣逐渐熟悉洋情，形成洋务思想，并与大学士桂良、户部左侍郎文祥、礼部侍郎宝鋆等结成一个新的政治集团，也得到外国势力的支持。

1861 年 1 月，奕䜣、桂良、文祥上《通筹夷务全局酌拟章程六条》

折，分析了各列强特点：

> 各夷以英国为强悍，俄国为叵测，而佛（法）、米（美）从而阴附之……自换约以后，该夷退回天津，纷纷南驶。而所请尚执条约为据，是该夷并不利我土地人民，犹可以信义笼络，驯服其性，自图振兴……臣等就今日之势论之：发捻交乘，心腹之害也；俄国壤地相接，有吞食上国之志，肘腋之忧也；英国志在通商，暴虐无人理，不为限制，则无以自主，肢体之患也。故灭发，捻为先，治俄次之，治英又次之。

认定太平天国和捻军是心腹之患，俄国是肘腋之患，而英国只是肢体之患，应以灭内患为先，然后对付俄国和英国。一方面为借师助剿，镇压太平天国奠定理论基础；另一方面认定列强只是“肢体之患”，“并不利我土地人民”，“可以信义笼络”，确立了洋务运动和夷的根本方针。

奏折还提出要成立总理各国事务衙门，设南北口岸管理大臣，添各口关税。要求将军、督抚办理国外事件互相关照，避免歧误。要求广东、上海各派两名懂外语的人到京以备询问，将各国商情和报纸汇集总理处。

1861 年 1 月 20 日，总理各国事务衙门设立，奕䜣为首席总理大臣，清廷出现了军机处以外的另一中枢政府机构。

1861 年 8 月，咸丰驾崩，奕䜣与两宫太后合谋发动辛酉政变，成功夺取政权，被授予议政王之衔，掌管军机处及总理衙门，享王爵世袭、亲王双俸等殊荣。在奕䜣的领导和推动下，洋务运动从此兴起。

对外主张和戎，以妥协力保和局，并换取外国支持；对内积极扶持曾国藩、左宗棠、李鸿章等，大量购买外国船炮，借师助剿，成功剿灭太平天国。其后，又大倡洋务运动。用新式方法训练海陆军，允许以官督商办形式发展机器制造、军火生产、采煤开矿、电报、纺织等军事和民用工业。同时，兴办新式学校，派幼童留学美国。

奕䜣主持洋务新政 20 余年，直至 1884 年，因办理中法越南问题交涉过于软弱，为舆论所不满，被慈禧太后借机罢去一切职务。

图 5-9　清末创办的新式学校

20 余年大办洋务，20 余年求强、求富，没有增添一点点战斗的勇气，没有增加一点点进取的精神，没有丝毫改变鸦片战争以来最高决策层乞和、最高决策者摇摆的局面。

洋务运动的勃兴，有赖于奕䜣在中央的大力倡导，也依靠湘淮集团封疆大吏在地方的大力推动。曾国藩，湘淮集团的创始者，鸦片战争期间乞和派首领穆彰阿的门生，显然不折不扣地继承了穆的抚夷思维，奠定了湘淮集团洋务的基本思想——妥协退让，委曲求全。

《天津条约》签订以后，外国传教士取得了自由进入内地传教的权利。传教士享有治外法权，可以不受中国法律的制裁。中国基督教信徒也可以不受中国法律的制裁，许多教徒因此横行乡里，民间多有不满。传教士传入的基督信仰也与中国传统的思想、信仰、风俗习惯不相容。传教士企图改变中国礼俗，反对敬祖祀天，把深入民心的佛教和道教说成邪教，引起民众极大反感。教堂散布穷乡僻壤，干涉迎神祭祖仪节，经常与民发生摩擦，冲突时有发生。

同治九年（1870）四五月间，天津发生多起儿童失踪、被绑架的事件。六月初，天气炎热，疫病流行，育婴堂中有三四十名孤儿患病而死。民间开始传言怀疑外国修女以育婴堂为幌子，实则绑架杀死孩童作为药材之用。

于是民情激愤，士绅集会，书院停课，反洋教情绪迅速高涨。法国驻天津领事丰大业要求清政府派兵镇压，没有得到满意的结果，随即捣毁衙署器物后离开。在返回教堂的路上，适遇知县刘杰，便举枪开火，刘虽躲过，但刘的随从被打伤。丰大业开枪杀人的行为激起民愤，丰大业及其随从被愤怒的民众当场打死。之后，又杀死了外国教士、商人和官员多名。愤怒的民众同时还焚毁了望海楼天主堂、仁慈堂、教堂旁边的法国领事馆，以及当地英美传教士开办的其他 4 座基督教堂。

事发后，法国迅速派出军舰开到天津进行威胁，英、美、德、意等六国军舰亦集结天津一带示威，并扬言“十数日内再无切实办法，定将津郡化为焦土”。清政府急忙派出时任直隶总督的曾国藩前往调查，并与法国方面交涉。曾国藩抱定“但冀和局之速成，不顾情罪之当否”的宗旨，在法国的要求下，最终以处死为首的 18 人，充军流放 25 人，将天津知府张光藻、知县刘杰革职充军，发配到黑龙江，赔偿外国人损失 49 万两银，并由北洋通商大臣崇厚作为专使赴法国道歉谢罪，了结了天津教案。

交涉结果一出，官方人士及民众舆论均甚为不满，“诟詈之声大作，卖国贼之徽号竟加于国藩。京师湖南同乡尤引为乡人之大耻”。曾国藩的声誉一落千丈，“内咎神明，外惭清议”，一年多后即病死。

天津教案是湘淮集团主要代表人物处理外交事务的开始。

在其后不久的奏折、书信中，曾国藩对其处理天津教案的指导思想做了详细的陈述：

> 中国目前之力断难遽启兵端，唯有委曲求全之一法。……伏见道光庚子以后办理夷务，失在朝和夕战，无一定之至计，遂至外患渐深，不可收拾。皇上登极以来，外国盛强如故，唯赖守定和议，绝无改更，用能中外相安。十年无事，此已事之成效……倘即从此动兵，则今年即能幸胜，明年彼必复来，天津即可支持，沿海势难尽备，朝廷昭示大信，不开兵端，此实天下生民之福。虽李鸿章兵力稍强，然以外国之穷年累世专讲战事者尚属不逮，以后仍当坚持一心曲全邻好。唯万不得已而设备，乃取以善全

和局。兵端决不可自我而开，以为保民之道。[1]

以后，曾国藩在致李鸿章信中又言："承示驭夷之法，以羁縻为上，诚为至理名言。自宋以来君子好诋和局，而轻言战争，至今清议未改此态。"

一个当年敢以区区万人启兵难，兴师讨伐气势正盛、所向披靡的太平军，一个当年屡败屡战，几欲自杀、几度自杀，仍能坚持到底久经战阵的统兵将帅，为何碰到洋人就全无勇气、全无斗志，一败全败、未战先败，实在令人不可思议，确属中国近代历史上的奇怪现象。

大兴洋务已近十年，十年生聚、十年教训，也该是时候了。内患已平，天下安稳，大胜之师，士气正旺，为何就不能遽启兵难？究竟何时才是能启兵难之时？声势浩大的洋务运动究竟以何为目的？何谓求强求富？要求列强修改不平等条约，还是力求维持现状？外须和戎，洋人不和怎么办？还是继续妥协退让，委曲求全？

如此，兴洋务和不兴洋务又有什么区别，又有什么实质意义。兴洋务理应是使中国日见强大，日趋强硬，岂能"坚持一心曲全邻好"。

曾国藩对中国近代历史具有重大的影响，但这种影响不少是负面的。他影响近代中国许多政治人物确立了妥协避战、畏洋如虎的思想，对内残忍、对外软弱的思想。

绝对和平主义者李鸿章的西方外交

曾国藩病逝后，李鸿章成为湘淮集团的主要代表人物。1870 年，李鸿章接替曾国藩任直隶总督，旋兼任北洋通商事务大臣，1872 年加授武英殿大学士，1874 年又晋封文华殿大学士。李鸿章以淮军势力为后盾，辅之以洋务事业，在直隶总督兼北洋大臣任上秉政达 25 年之久，集军事、经济、

① 董丛林编：《中国近代思想家文库 · 曾国藩卷》，北京：中国人民大学出版社，2014 年，第 507—508 页。

外交、内政大权于一身，是晚清政权恃若长城的股肱重臣，也是可以左右晚清政局的实权人物。

“天下者，祖宗之天下，非太后、皇上一人之天下也，国家大器，岂敢轻于一掷乎？”[①] 此话出自李鸿章之口，可见其当年之权势。

李鸿章秉政期间，逢洋必和，遇夷必退，一意主和，是近代中国绝无仅有的绝对主和的人物，将妥协避战的投降外交发展至登峰造极的地步，而这样一个人物同时还牢牢掌握着国家最主要的武装力量。处于列强竞起、弱肉强食世界中的中国，岂有不衰败的道理。至甲午战败，中国最终被推入了万劫不复的深渊。

1870 年，李鸿章接替曾国藩出任直隶总督，处理天津教案，即自以为聪明地鼓吹：“洋人所图我者，利也，势也，非真欲夺我土地也。自周秦以后，驭外之法，征战者后必不继，羁縻者事必长久。今之各国，又岂有异。”表明李鸿章虽以洋务领袖自居，实际完全昧于世界大势。

1824 年和 1852 年，英国经过两次侵缅战争，占领下缅甸。1857 年，英国成功镇压印度民族起义，将莫卧儿末代皇帝流放缅甸，彻底废除了已经有名无实的莫卧儿王朝。1869 年，苏伊士运河正式通航，欧洲至亚洲之间的航程比原先绕道好望角大大缩短。

随着英国在英属印度统治的不断稳固，欧亚之间航程的缩短，英国开始大力谋求从英属印度向与其接壤的中国西南边疆地区进行领土扩张，意欲逐步分裂肢解中国，最终实现其瓜分中国的目的。

自 19 世纪 60 年代起，英国便开始千方百计寻找从缅甸直接侵入中国西南地区的通道。1868 年，英国第一次派出所谓“探险队”，从缅甸八莫出发，妄图经腾冲，进入云南腹地，由于遭到当地回民武装的阻挠，未能得逞。

1874 年，英国再次派出以柏郎上校为首，由近 200 名武装人员组成的探路队，从曼德勒出发，北上探查缅滇陆路交通。英国驻华公使派出翻译官马嘉理南下接应。1875 年 1 月，马嘉理到缅甸八莫与柏郎会合后，带领武装人员擅越边境闯入云南境内。2 月 21 日，在云南腾越地区的蛮允附近

① 樊百川：《清季的洋务新政》，上海：上海书店出版社，2010 年，第 357 页。

受到当地少数民族的阻拦，马嘉理蛮横无理地使用枪械拒绝盘查，被当地民众当场打死。柏郎受阻，退回缅甸，史称马嘉理事件，又称滇案。

马嘉理被杀后，社会各界纷纷对腾越的爱国行动表示支持，云南巡抚岑毓英也在给朝廷的奏折中言明："腾越百姓惟恐其（马嘉理）带兵入境兹扰，民不聊生，竟暗地联络土司，齐团防堵……腾越地处极边，百姓闻警齐团，系属常情。"

马嘉理事件纯属英方非法武装入境，严重侵犯中国主权。

由于当时中英不平等的关系，英方将马嘉理事件视作天赐良机，立即抓住这一千载难逢的机会开始对清政府大肆讹诈，力图进一步扩大在中国的权益。

1875 年 3 月，英国公使威妥玛正式向清政府提出六条要求：

一、英国官员参与调查马嘉理案。

二、英属印度政府认为必要时可再派探路队前往云南。

三、赔款白银 15 万两。

四、立即商定办法，以实现中英《天津条约》所规定的对外国公使的优待。

五、商定办法，照约免除英商正税及半税以外的各种负担。

六、解决各地历年来的未结案件。

面对如此要求，如果洋务重臣们还坚持认为洋人“非真欲夺我土地也”，无疑是愚蠢之至。若非愚蠢之至，还是一意主和，只能说是无耻至极。为了保住自己的权位，保全自己的生命，畏战怯战，妥协退让，靠出卖国家和民族利益，求苟安于一时。

此后，英公使断断续续同清政府进行了一年半的交涉。在交涉中，威妥玛态度粗暴且蛮横无理，不断以撤使、断交及武力相威胁，多方进行讹诈，以求实现这些要求，并将各项要求扩大和具体化，始终未果。

1876 年 7 月，威妥玛又以下旗绝交相威胁，并声言中国如不接受其要求，英国即诉之战争。7 月 28 日，赫德[①]也扬言英国将用武力解决滇案。当天，李鸿章被委派为全权大臣。李鸿章急忙上了《中国人才财政均无把

① 英国人，28 岁起担任大清海关总税务司，掌权长达 40 余年，被清廷视为客卿。

握，不宜因滇事与英国失和片》的奏折。

……臣之愚见，此事究因滇案而起，似不值竟开衅端。且时势艰难，度支告匮，若与西洋用兵，其祸患更有不可测者。伏维皇太后垂帘听政，无时不以息事安民为念，尚祈扩怀柔之大度，屏悠谬之浮言，委曲求全，力持定见。

竭力鼓吹妥协退让，力保和局。

至此，滇案外交妥协的立场最终确定。“委曲求全，力持定见”也成了李鸿章此后处理外洋事务始终不变的信条。

8 月，威妥玛到烟台会同英国驻华海军司令，与清政府全权代表李鸿章及顾问赫德进行正式谈判。最终李鸿章屈服于英国的压力，于 1876 年 9 月 13 日签订了中英《烟台条约》。

图 5-10　赫德（居中）和清官员合影。赫德于 1854 年来到中国，1861 年起在上海海关总税务司署任职，1863 年正式接替英国人李泰国担任海关总税务司，自此控制中国海关税务长达 40 余年

中英《烟台条约》共 16 款，并附有《另议专条》，主要内容有：

一、清廷在各地张贴滇案处理告示，清政府向英国赔款银 20 万两，并派出使大臣带国书前往英国，对滇案表示“惋惜”。

二、自 1877 年起，以 5 年为限，英国派官员驻云南大理或其他相宜地方，察看通商情形，准备商订滇缅来往通商章程，英国仍保留由印度派员赴云南之权。

三、总理衙门应“照会各国驻京大臣”，请其会同该衙门就通商口岸的中外会审案件议定划一章程；“凡遇内地各省地方或通商口岸”有涉及英人生命财产的案件，英使可派员前往“观审”，“倘观审之员以为办理未妥，可以逐细辩论”；中外交涉案件，被告为何国人，即向何国官员控告，由被告所属国官员“各按本国法律审断”，进一步扩大了列强在华治外法权。

四、增开宜昌、芜湖、温州、北海 4 处为通商口岸，准许英商船在沿江的大通、安庆、湖口、沙市等 6 处停泊起卸货物；各口租界免收洋货厘金，洋货进入内地，只缴纳子口税，内地税全免；新旧通商口岸尚未划定租界者都要划定界址。

此外,《另议专条》中规定英国可派探路队由北京经甘肃、青海或四川等地进入西藏，转赴印度，或由印度进入西藏。总理衙门应酌情发给护照，或令西藏地方派员照料。

中英《烟台条约》完全按英国政府的意图结束了滇案，英国由此实现了其 10 余年来企图在华扩大通商特权的愿望，得到了入侵中国西南边境（西藏和云南）的所谓“条约权利”。英国通过中英《烟台条约》夺得的各项在华权益，很快就被其他列强“一体均沾”。

英国人有要求需要满足，俄国人也有要求又该如何满足？

沙俄对新疆地区觊觎已久，1864 年通过《中俄勘分西北界约记》已侵占中国西部领土 44 万多平方公里。随后，又妄图进一步鲸吞整个新疆地区。

1865 年，中亚浩罕汗国军官阿古柏趁新疆内乱率兵侵入新疆南部地区，自立为汗，建立起哲德沙尔政权（七城之国），宣布脱离清廷，继而又侵占天山南北的广大地区。1871 年，沙俄以帮助清政府“防乱”和“安定边境秩序”为借口，直接出兵强占中国伊犁地区，并于 1872 年公然承认阿古柏为哲德沙尔汗国君主，同阿古柏政权签订通商条约。1874 年，英国也同阿古柏签订正式条约，承认其窃踞的南北疆地区为“合法的独立国家”，并承认其为艾米尔。同时，提供大批枪支弹药，换取在阿古柏统治区通商、驻使、设领事等特权。俄英竞相将阿古柏伪政权当作分裂和肢解新疆的工具。

此时，清政府内部对是否收复新疆也出现严重分歧。以李鸿章为首的部分大臣大力鼓吹“海防论”，主张放弃新疆，主要防御东南沿海。在《筹议海防折》中，李鸿章提出：

> 即勉图恢复，将来断不能久守……论中国目前力量，实不及专顾西域。……曾国藩前有暂弃关外专清关内之议，殆老成谋国之见。今虽命将出师，兵力饷力万不能逮。……新疆不复，与肢体之元气无伤。

李鸿章主张：收回新疆，还不如不收回为好，即使收回也难以守住。他建议朝廷停撤西北地区已经出塞及准备出塞的部队，令其“严守现有边界，且屯且耕，不必急图进取”，停撤多余出来的饷银，则移作海防之用。

同时重弹“驭夷之法，以羁縻为上”的老调，主张：

> 招抚伊犁、乌鲁木齐、喀什噶尔等回酋，准其自为部落，如云贵粤蜀之苗瑶土司，越南、朝鲜之略奉正朔可矣。两存之则两利。俄英既免各怀兼并，中国亦不至屡烦兵力，似为经久之道。

李鸿章还断言：“俄人坚拒伊犁，我军万难远役，非开设铁路则新疆甘陇无转运之法，即无战守之方。”“西事亦断无能善其后之理。”所谓战必败，败必和，和必割地赔款。

占中国 1/6 的辽阔疆土可以如此轻易地拱手相让，足见李鸿章对国家领土主权的冷漠。

在列强都急欲瓜分中国的大势下，如若新疆不保，西藏、西南还能保吗？内外蒙古还能保吗？东三省还能保吗？

尽管士风不振，儒林萎靡，但也绝非人人都是李鸿章，人人都是懦夫，人人都是怕死鬼，人人都昧于世界大势，人人都主张妥协退让。

天佑中华，虽然积贫积弱，还有“贫贱不能移，威武不能屈”的大丈夫在，还有“至大至刚”顶天立地的大丈夫在。

左宗棠，湘军名将，时任陕甘总督的他旗帜鲜明地指出：

> 我朝定鼎燕都，蒙部环卫北方，百数十年无烽燧之警……是故重新疆者，所以保蒙古，保蒙古者，所以卫京师。西北臂指相连，形势完整，自无隙可乘。若新疆不固，则蒙部不安，匪特陕、甘、山西各边时虞侵轶，防不胜防，即直北关山，亦将无晏眠之日。[①]

左宗棠清楚地认识到，“若此时即拟停兵节饷，自撤藩篱，则我退寸而寇进尺”，必将招致英俄的进一步扩张，国家领土的完整将从此不保。“停兵节饷，于海防未必有益，于边塞则大有所妨。”

收复新疆，势在必行，胜固当战，败亦当战。一枪不发，将万里腴疆拱手让于别人，岂不是中华民族的千古罪人。

左宗棠的意见，使清廷坚定了不放弃新疆的决心，遂于1875年下诏授左宗棠为钦差大臣，督办新疆军务，金顺为副帅，择机出塞平叛新疆。这是近代史上清朝最高统治者所做的为数不多的正确选择之一。

李鸿章在自己放弃新疆的意见被否定，清廷最终决定出师西征后，为了证明自己意见的正确，洋人的不可战胜，不但不积极贯彻清廷的正确决策，反而想方设法阻挠左宗棠的西征，设置障碍，多方掣肘。

早前已将在西北号称当时最精锐的淮军大量东调，现在又在筹饷等问题上多方阻挠。晚清国力疲惫，军饷一直是个问题。更何况收复新疆，千里远征，所谓“筹饷难于筹兵”。

由此也可见晚清政治“外重内轻”的程度，是李鸿章在左右清廷，还是清廷在左右李鸿章，必须有个清楚的认识。

根据敌我态势和新疆的地理特点，左宗棠确定了收复新疆的总体战

① 左宗棠：《左宗棠全集 · 奏稿六》（第6册），长沙：岳麓书社，2014年，第649页。

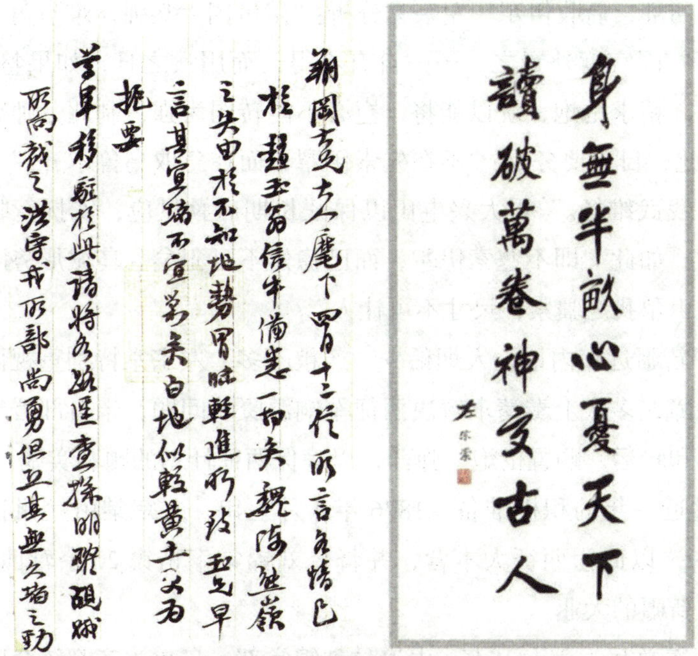

图 5–11　左宗棠手札和自励书

图 5–12　左宗棠（左）与奕譞

略：先定回部，后收伊犁。左宗棠分析："俄虽国大兵强，难与角力，然苟相安无事，固宜度外置之。……自有不得已而用兵之日，如果整齐队伍，严明纪律，精求枪炮，统以能将，岂必不能转弱为强，制此劳师袭远之寇乎！"因此，目前要务是："不在先索伊犁，而在急取乌鲁木齐。""如果乌城克复，我武维扬。"再大兴屯田以保证长期后勤供应，安抚新疆各部族耕牧如常，如此"即不遽索伊犁，而已稳然不可犯矣。乌城形势既固，然后明示以伊犁我之疆索，尺寸不可让人"。

鉴于新疆远离内地，人烟稀少，产粮不多，左宗棠特别重视西征大军的后勤保障，多次上奏请求解决西征军饷源匮缺问题，亲自部署粮食的筹集、采办和转运，购置枪炮、弹药，以确保西征计划的顺利实施。

经过近一年的积极准备，1876 年 4 月上旬，左宗棠由兰州移驻肃州（今酒泉），以此为西征大本营，并督令刘锦棠率精锐 20 余营西进出关，开始收复新疆的大业。

西征军总兵力六七万人，由道员刘锦棠部、乌鲁木齐都统金顺部和广东陆路提督张曜部组成，刘锦棠总理行营营务。出塞诸军"万里长驱，每营仅发四个月盐菜，无却步者"。

回部作战，左宗棠确定的方针是："先北后南""缓进急战"。首先拿下乌鲁木齐，克复除伊犁以外的新疆北路，然后挥师南下，直捣阿古柏的老巢，收复整个南疆。

六月初一（公历 7 月 21 日），刘锦棠率部抵古城（今奇台），会合乌鲁木齐都统金顺部，于八日进驻阜康。阜康南为古牧地，系通乌鲁木齐咽喉，阿古柏以精锐据守。通往古牧地有大小两条道路，大道平坦，但要经过 50 里缺乏水源的戈壁。途经黄田的小道虽然水源充足，但阿古柏军队早已在此严密设防，企图迫使清军从大道行军，待到清军人困马乏之时趁机攻击。刘锦棠、金顺军将计就计，佯装从大路进兵，六月二十一日夜遣精兵沿小路进袭黄田，二十四日进围古牧地。二十八日晨，清军轰坍城墙，突入城内，全歼守军数千人。翌日晨，清军向乌鲁木齐疾进，白彦虎等弃城南逃。尔后，金顺率部西进，连克昌吉、呼图壁，九月二十一日（公历 11 月 6 日）克玛纳斯。整个北疆，除伊犁外，均为清军收复。时临冬季，刘锦棠、金顺军停止南进，筹粮整军，为来年进军南疆做准备。

西师收复北疆之后，为阻止左宗棠大军进一步向南疆进军，英使威妥玛借与李鸿章谈判《烟台条约》的机会，提出可否准许阿古柏“投诚作为属国，只隶版图，不必朝贡”，要求李鸿章向清廷报告自己为阿古柏“居间说降”的情况。

总理衙门获知后，就此事征求左宗棠的意见，左宗棠极为愤慨：“伯相擅淮军自雄久矣！既谓天下精兵无过淮军，又谓淮军不敌岛族。”李鸿章已在中日、中英交涉中步步退让，还不忘帮助英使干预西北事务，左宗棠当即表示，“帕夏（阿古柏）窃踞南八城及吐鲁番”，“为我必讨之贼”，“战阵之事，权在主兵之人”，他人无权参与，亦“无须英人代为过虑也”，对于英国人的阻挠“自应置之不理”。

1877 年春，根据左宗棠“分道并规”的战略部署，三军向吐鲁番发起进攻，半个月内连克三城，先后收复达坂城、吐鲁番和托克逊。歼灭阿古柏主力 1 万余人，打开了通向南八城的门户。阿古柏眼看通往南路的门户打开，自知大势已去，乃服毒自杀。阿古柏长子胡里为争权夺位杀死其弟，率领残部逃往喀什。彻底摧毁阿古柏集团，已指日可待。

这时，英国再度登场，通过驻英公使郭嵩焘提出庇护阿古柏，希望让他“别为立国”，仍想通过议和、划界分裂中国，保存阿古柏政权。李鸿章等海防派积极帮腔，运作朝廷，发出敕令：“廷臣聚议，西征耗费巨款，今乌城、吐鲁番既得，可以休兵。”

面对压力，左宗棠上疏抗旨，据理力争：

> 安集延系我喀什噶尔境外部落……至保护立国，虽是西洋通法，然安集延非无立足之处，何待英人别为立国？即欲别为立国，则割英地与之，或即割印度与之可也，何乃索我腴地以示恩？兹虽奉中国以建置小国之权，实则侵占中国为蚕食之计！①

① 杨东梁编：《中国近代思想家文库 · 左宗棠卷》，北京：中国人民大学出版社，2012 年，第 239—240 页。

非常坚决地拒绝了英国的无理要求，回击了李鸿章之流妥协休兵的主张，再一次粉碎了英人的调停阴谋。

此时，沙俄和土耳其发生战争，金顺建议乘虚袭取被沙俄霸占的伊犁。左宗棠认为师出无名，反遭其谤，留下不打。同年八月，大军从吐鲁番出发向西挺进，在不到两个月的时间里，长驱近 2000 里，收复南疆东四城：焉耆、库车、阿克苏、乌什，接着又收复西四城：喀什、英吉沙、叶尔羌与和田。阿古柏长子胡里与白彦虎逃往俄国。

仅几个月时间，左宗棠就指挥西征军，攻克了被外寇侵占的南疆八城。至此，这场由英俄两国支持的阿古柏之乱乃告平息，除伊犁外的新疆地区复归祖国怀抱。事毕，左宗棠上表申奏朝廷，光绪和摄政的西太后嘉其功，晋封二等侯爵。新疆各地也于大小村镇建立左公祠，烧香礼拜。

1871 年，俄国趁阿古柏侵占新疆之机，派兵侵占了伊犁，宣布“伊犁永远归俄国管辖”。同时，玩弄花招，在照会清朝总理各国事务衙门时，称占领伊犁是为了“安定边疆秩序”,“只因回乱未靖，代为收复，权宜派兵驻守，俟关内外肃清，乌鲁木齐、玛纳斯各城克服之后，即当交还”。此时，俄国根本不相信清政府有能力收复乌鲁木齐。不料，清军居然如此迅速就收复了乌鲁木齐、玛纳斯等城，甚至在南疆也取得了完全的胜利。

归复天山南北后，清政府强调俄方有归还许诺在先。1878 年 7 月，派遣崇厚为全权大臣出使俄国进行谈判，要求归还伊犁，引渡胡里、白彦虎等匪首。

沙俄表示，只有中国在通商、割地、赔款和再次调整天山以北边界等方面做出让步后，才能交还伊犁。沙俄一边谈判，一边让白彦虎等不断武装侵扰中国边境。声称如不满足要求，就不交还伊犁。昏庸无能的崇厚在沙俄的胁迫、愚弄下，1879 年 10 月，擅自在沙俄提出的通商、划界、赔款三项要求的条约上签字。其中包括：中国收回伊犁地区，但将伊犁南面和西面的大片领土划归俄国，使伊犁西、南两面险要尽失；中国向俄方赔偿“代收代守”伊犁兵费 500 万卢布；俄商在新疆、蒙古贸易免税等。

全国舆论大哗，左宗棠上奏朝廷：

图 5-13　1874—1875 年，俄罗斯派出一个科学和贸易考察团来到中国，一方面调查中国贸易的前景，一方面收集中国西北同治回乱的情报。图为他们拍摄的甘肃清军兵营照片

中国削平发捻，兵力渐强，制炮造船，已睹成效，彼（泰西各国）如思逞，亦有戒心。而渝约称兵，各国商贾先失贸易之利，苟相安无事，其亦知难而息焉。若夫俄与中国则陆地相连……若此后蚕食不已，新疆全境将有日蹙百里之势，而秦、陇、燕、晋边防且将因之益急。……不及时整理，坐视边患日深，殊为非计……当此时事纷纭、主忧臣辱之时，苟心知其危而复依违其间，欺幽独以负朝廷，耽便安而误大局，臣具有天良，岂宜出此？就事势次第而言：先折之以议论，委婉而用机；次决之以战阵，坚忍而求胜。臣虽衰庸无似，敢不勉旃！①

清廷采纳了左宗棠的建议，将崇厚革职拿问，同时派曾纪泽出使俄

① 左宗棠：《左宗棠全集·奏稿七》，长沙：岳麓书社，2014 年，第 381 页。

国，谈判改定崇厚所订的条约，并令左宗棠做好军事准备。

左宗棠慷慨激昂地表示："壮士长歌，不复以出塞为苦，老怀益壮。"亲自率军于1880年6月，离开肃州，出嘉峪关向哈密挺进。同时，将寿材也从肃州运至哈密，借以表示收复伊犁血战到底的决心，给中俄谈判的中方代表以巨大的精神支持。

然而，正当左宗棠积极备战之际，清政府却在列强胁迫、俄国武力恫吓面前，改变了以往在新疆问题上的强硬态度。英人戈登面见李鸿章威胁道："如果你要作战，就要把北京的近郊焚毁，把政府档案和皇帝都从北京迁到中心地带去，并且准备作战5年。"原本就不主张收复新疆并对崇厚签订条约表示支持的李鸿章非常恐慌。他立即进呈清廷："中国一日以北京为建都之地，则一日不可与外国开衅，因都城距海口太近，洋兵易于长驱直入，无能阻挡，此为孤注险著。"清廷动摇，将左宗棠调回北京。①

1881年2月24日，曾纪泽以左宗棠在新疆的严密布防为后盾，经据理力争，与俄方代表重新签订了中俄《伊犁条约》。沙俄归还伊犁和特克斯河流域及通往南疆的山口，但仍割去霍尔果斯河以西之中国领土；中国赔偿俄国兵费900万卢布（折合白银500万两）；对于伊犁居民，规定"愿仍居原处为中国民，或愿迁居俄国入俄籍者，均听所便"。

虽然这一条约依然是不平等条约，但曾纪泽应该说是尽了最大努力，中国收回了伊犁九城及特克斯地区。

为了进一步开发新疆，巩固西北边防，在督办新疆军务期间左宗棠便多次奏请于新疆置行省、设郡县。1882年，已调任两江总督的他再次向清政府奏请新疆建省，竭力主张趁新疆收复伊始和西征大军未撤之威，不失时机于善后局的基础上在各地设立新的行政建置，直接管理各地民政事务。1884年11月17日，清政府颁发上谕，任命刘锦棠为新疆巡抚，魏光焘为新疆布政使，新疆正式建省。

左宗棠收复新疆使中国没有重蹈人类历史上其他帝国的覆辙，最终四分五裂，分崩离析。左宗棠是中华民族的大英雄。

① 孙占元:《左宗棠评传》，南京：南京大学出版社，1995年，第152页。

中法战争：近代崛起机会的丧失

一波未平，一波又起。一味妥协退让，使中国边疆危机层出不穷。一国得逞，他国效仿。英国的欲望满足了，法国的想法产生了。

19 世纪以前，法国天主教势力已侵入越南。英法对中国第二次鸦片战争期间，法国开始武力侵占越南南部，使越南南部六省沦为法国殖民地。19 世纪 70 年代初，已经占领了越南南部的法国殖民者又把魔爪伸向北方，企图打通红河交通线，进窥中国西南边疆。1873 年 11 月，法国派上尉安邺率军百余人侵袭并攻陷河内及其附近各地。越南请求清政府派军援助，并招当时驻扎在中越边境保胜（今老街）的刘永福率领的黑旗军协助抵抗法军侵略。同年 12 月，黑旗军在河内城郊大败法军，击毙安邺，法国被迫从越南北部撤军。

可是，懦弱的越南政府却在法国的压迫和讹诈下，于 1874 年 3 月，与法国签订第二次《西贡条约》。据此条约，越南向法国开放红河，并给予法国在越南北部通商等多种权益。1875 年 5 月 25 日，法国照会清政府，通告该约内容，意在争取清政府的承认，从而排除在历史上形成已久的中国在越南的影响。6 月 15 日，清政府复照，对该条约不予承认。

为了实现其“法兰西东方帝国”的梦想，1881 年 7 月，法国议会通过了 240 万法郎的战争拨款用于越南。1882 年 3 月，法国政府命交趾支那海军司令李维业指挥法军第二次侵犯越南北部，越南一再要求清政府速派军支援。清政府鉴于形势变化，命令滇桂两省当局督饬边防军扼要进驻，但一如既往地强调“衅端不可自我而开”，坐等来打。

鉴于中越两国的特殊关系和法国侵越给中国造成的严重威胁，清廷内部以左宗棠、曾纪泽、张之洞为代表的主战派，力促朝廷采取抗法方针。左宗棠表示为“西南数十百年之计”，愿亲往抗法前线视师。“老命固无足惜，或者四十余年之恶气藉此一吐，自此凶威顿挫，不敢动辄挟制要求，乃所愿也”，大声疾呼“中国不能永远屈服于洋人，与其赔款，不如拿赔款作战费。”

掌握清政府外交、军事实权的李鸿章却一意主和："各省海防兵单饷匮，水师又未练成，未可与欧洲强国轻言战事。""(虽)一时战胜，未必历久不败，一处战胜，未必各口皆守。"强调决不可与法国决裂，以免"全局动摇"。12月，与法国驻华公使宝海签订备忘录，初步确定：中国撤退驻扎在越南的军队，以红河中间之地为界，中法两国分别保护；开放保胜为商埠。宝海不费一枪一弹，迫使李鸿章默认了法越之间的一切不平等条约，达到让中国撤兵、通商的目的。

但法国人并不满足于宝海已攫取的权益，不久反悔，要求重开谈判，李鸿章欣然同意。他拒绝了清廷让其前往广东"督办越南事宜"的指示，以北洋大臣的身份赴上海同法方代表继续谈判。

法国人提出：清政府必须承认法国有权保护越南。中国不得给黑旗军以援助，以利法国消灭黑旗军。通商地点则由保胜，改为中国云南省。如果这些条件不能兑现，不惜与中国兵戎相见。李鸿章被法人咄咄逼人的气势吓昏，建议接受这些条件，但由于主战派的反对，谈判未有结果。

未兴洋务之前，洋人船坚炮利，不可轻言战事；大兴洋务10余年，洋人依然船坚炮利，不可轻言战事；大兴洋务20余年，洋人还是船坚炮利，不可轻言战事。这样的洋务运动又有何意义，这样的洋务领导人又有何处值得称道？

依照李鸿章的想法："目前固须力保和局，即将来器精防固，亦不宜自我开衅。彼族或以万分无礼相加，不得已而一应之耳。"洋务运动的最高目标就是维持国中有国的半殖民地状态。

1883年5月19日，刘永福率黑旗军在河内近郊的纸桥与法军进行会战，李维业及以下30余名军官、200余名士兵被击毙，法军被迫退回河内。法国利用李维业之死，竭力煽动全面的侵越战争，除增援陆军外，还成立了北越舰队，调兵遣将，积极部署。8月间，法军一面在北越加紧攻击黑旗军，一面以舰队强攻越南首都顺化。在大军压境的形势下，越南政府被迫于8月25日与法国签订《顺化条约》，承认法国对越南的"保护权"。

越南向法国屈服的《顺化条约》签订后，中国成为法国占有越南的唯一障碍。法国力图消除这一障碍，禁绝了越南与中国的一切关系，并强迫中国撤退包括黑旗军在内的抗法军，形成与中国直接对峙的局面。

1883 年 12 月，法国向驻扎在越南山西的中国军队发起进攻，中国驻军被迫抵抗，中法战争正式爆发。法军依靠优势装备，16 日占领山西。1884 年 2 月，米乐继孤拔为法军统帅，兵力增至 1.6 万人，图谋侵犯北宁，筹划给中国军队以更大的打击，从而迫使清统治者完全屈服。当时清政府在北宁一带驻军约 2 万人，但将帅昏庸怯懦，军纪废弛，兵无斗志。3 月 12 日，法军进攻，清军仓皇逃遁。3 月 19 日，法军攻陷太原。利用军事胜利的形势，法国对中国展开了进一步的政治胁迫。

清廷得悉前线军事失败的消息后，全面改组军机处，恭亲王奕䜣等被黜退，以礼亲王世铎代之，主和舆论泛起。李鸿章即乘势主张："与其兵连祸结，日久不解，待至中国饷源匮绝，兵心民心摇动，或更生他变，似不若随机因应，早图收束之有裨全局矣。"清政府采纳了李鸿章意见，调开主战的曾纪泽，授权李鸿章与法国代表举行和谈。慈禧也求和心切，严谕李鸿章，不得"迁延观望，坐失事机"。

5 月 11 日，李鸿章与法国代表福禄诺在天津签订了中法《简明条约》，主要内容是：中国承认法国对越南的保护权，对法国与越南之间"所有已定与未定各条约"一概不加过问；法国约明"应保全助护"中国与越南毗连的边界，中国约明"将所驻北圻各防营即行调回边界"，但未约定撤兵的日期和细节；中国同意中越边界开放通商，并约明将来与法国议定有关的商约税则时，应使之"于法国商务极为有利"；本约签订后 3 个月内双方派代表会议详细条款。17 日，福禄诺通告法国已派巴德诺为全权公使来华会议详细条款，并单方面提出在越南北部全境向中国军队原驻地分期"接防"的日期。

1884 年 6 月 23 日，法军突然到谅山附近的观音桥地区"接防"，无理要求清军立即退回中国境内，并打死同他们交涉的中国代表，导致观音桥事变。法国以此为扩大战争的借口，照会清政府要求中国立即从越南北部撤兵，赔偿军费 2.5 亿法郎（约合白银 3800 万两），并威胁说，法国将占领中国一两个港口当作赔款的抵押品，还限令清政府 7 天内答复。

清政府虽然认为这是无理勒索，但仍准备再次对法国妥协，保证一个月内撤出驻越清军，并派两江总督曾国荃于7月下旬到上海与巴德诺谈判，要求免去赔款，延长最后通牒的期限。谈判未有结果，法国重新诉诸武力。

法国将其在中国和越南的舰队组成远东舰队，任命孤拔为统帅，开进台湾海峡。一方面胁迫中国接受法国条件，另一方面准备随时发动攻击。8月5日，法舰轰击基隆，强行登陆，中国军队在督办台湾事务大臣刘铭传的统率下顽强抵抗，使法军不得不退回海上待机再举。

台湾受挫后，法军转攻福州，舰队闯进马尾港，停泊在福建水师周围。在此战云密布的关头，清政府仍想央求列强调停，不准福建水师主动出击，也不下达备战命令，“严谕各舰，不得妄动”。23日，法国以先期驶入的优势兵舰突然向福建水师发起猛烈攻击，福建水师仓促应战，经短时间海战，被击沉战舰7艘，官兵死伤者近800人。法舰又炮轰马尾船厂，将其破坏，并连日对马尾—海口间的岸防设施进行炮击后驶出闽江口，集结于马祖澳。

8月26日，清廷颁发上谕，谴责法国横索无名兵费，恣意要求，先启兵端，被迫向法国宣战。命令陆路各军迅速在越南进兵，沿海各地加强戒备，严防法军入侵。

10月初，法国舰队再次进犯台湾，刘铭传鉴于兵力不足，放弃基隆，坚守淡水。法军在基隆登陆后，再犯淡水，一度抵滩上陆，但淡水守军在当地猎户武装的有力配合下，很快将法军击退，法军被迫败逃海上。淡水大捷粉碎了法军夹击合围台北府城的战略意图。从此，法军困处基隆一隅，无法深入，只能转而从10月23日起对台湾实行海上封锁。为了摆脱进退两难的局面，1885年3月28日，法军攻占澎湖岛及渔翁岛，欲做长期打算。

与此同时，法军北上侵犯浙江镇海，被扼守甬江口的清军多次击退。激战月余，法军始终无法进入甬江口，也不敢发动登陆作战，只能丧气地徘徊于甬江口外洋面。[①] 相比三四十年前，英法军队随意进出中国海口，动辄发动登陆作战，法军其时之战斗力和士气可见一斑。

① 丁凤麟：《薛福成评传》，南京：南京大学出版社，1998年，第178—183页。

中法之间的陆上战争则在中越边境和越南境内继续进行。1885年2月，法军进攻谅山，广西巡抚潘鼎新根据李鸿章的指示“败固不佳，胜亦从此多事”，不战而退。10天以后，法军侵占镇南关（今友谊关），因兵力不足、补给困难，焚关而去，退至文渊（今越南同登）、谅山，伺机再犯。时老将冯子材受命帮办广西关外军务，驰赴广西前线，被众将推举为“前敌主帅”。

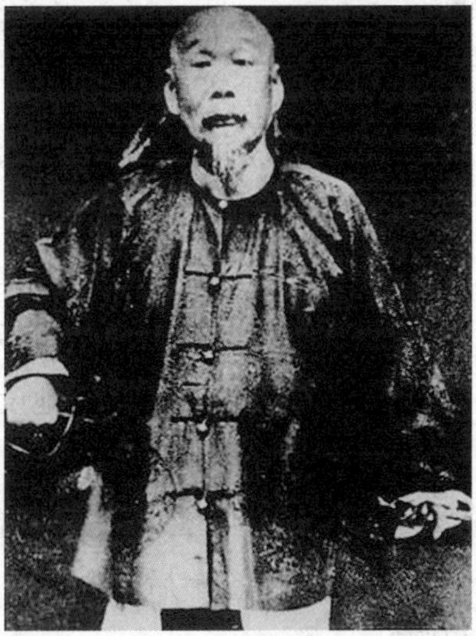
图5–14　冯子材

冯子材整顿部队，部署战守。在关内10里处依托两旁的高山峻岭赶修了炮台，并在隘口抢筑了一条横跨东西两岭高七尺、长三里、底宽一丈的长墙，墙外深掘堑壕，筑成了完整的防御阵地。

3月23日，盘踞谅山的法军倾巢出动，扑向镇南关，经激战，被击退。24日，法军再次进犯，危急关头，冯子材带领自己的儿子率先冲出墙外，与敌展开肉搏，清军士气大振，终将法军击退，粉碎了法军对中国边境的进攻。根据法军记录，阵亡74人，伤213人。清军乘胜追击，26日克文渊，29日克谅山，重伤东部法军统帅尼格里。31日，攻克离中越边境已有100多公里的观音桥。4月初进抵朗甲，集结力量准备向北宁、河内发起进攻。

镇南关大捷的同时，西线的清军在刘永福黑旗军配合下也在临洮大败法军，转入反攻，连克多地。

法军战败的消息传至巴黎后，法国议会以306对149票否决军费追加案，总理儒尔·费里旋引咎辞职。正当事态发展对中国有利之际，清廷突然于1885年4月7日，下达停战撤兵命令。原来谅山大捷后，李鸿章马上向朝廷献策：“当藉谅山一胜之威，与缔和约，则法人必不再妄求。”“谅山已复，若此时平心与和，和款可无大损，否则兵又连矣。”把大捷当作妥协、避战的绝好机会。慈禧本也立意避战，急于媾和，马上便接受了李鸿章“乘胜即收”的建议，下诏停战撤兵。

前线将士痛心疾首，不愿撤兵。冯子材等上书请战，要求朝廷诛议和之人。主战派也纷纷上奏，申言“停战则可，撤兵则不可”，“和可许，兵不可先撤”，但慈禧主意已定，不管战将请求、朝臣议论，坚持己见，上谕称：“此事关系重大，倘有违延，朝廷固必严惩。”把再战言论压了下去。

5月13日，清政府任命李鸿章为谈判代表，与法国政府代表、驻华公使巴德诺在天津开始谈判。

6月9日，正式签订《中法会订越南条约》(《中法新约》十款)，主要内容是：

一、清政府承认法国对越南的保护权，承认法国与越南订立的条约。

二、中越陆路边界开放贸易，中国边界内开辟两个通商口岸，法商可在此地居住，法国也可在此地设领事馆。

三、法国货物进出云南、广西边界应纳各税，照现在通商税则较减。

四、日后中国修筑铁路，“应向法国业者之人商办”。

五、此约签字后6个月内，中法两国派员到中越边界“会同勘定界限”。

六、法国撤走基隆和澎湖的军队。

在李鸿章眼中，此条约没割地没赔款非妄求也，至于勘定边界尺寸之地尽可大度。

1885年11月28日，条约在北京交换批准。从此，中国正式承认法国吞并安南，中国西南门户大开。

在最高决策层此起彼伏的乞和声中，中国仍能在中法战争的陆海战场皆取得战役的胜利，表明洋人并没有想象中的那么强大、那么不可战胜，只要有坚定的斗志，完全可以以弱胜强。

近代中国从衰落走向彻底的衰败也并非历史的必然，如果有坚强的领导，完全可以用二三十年的时间，取得与西方平等的地位。

诚如左宗棠在临终遗折中所言：“此次越南和战，实中国强弱一大关键。”但中国不败而败，失去了近代崛起的机会。和戎思想、避战思想使近代中国完全丧失了斗志，丧失了战斗的精神，这才是近代中国最终走向衰败的根本原因。

李鸿章：日本近代崛起的助推者

面对西方强国妥协避战，尚可以洋人船坚炮利作为托词，面对东方的蕞尔小国，既不船坚，也不炮利，也妥协避战，那就是自己寻死。正是李鸿章对刚欲兴起的日本的妥协退让，才使日本崛起，最终变为一只虎，成为中国近代后 50 年的心腹大患，几乎使中国走上亡国灭种的道路。

和中国一样，维新以前的日本也是一个以封建自然经济占主体的国家，掌握大权的德川幕府对外实行锁国政策，禁止外国传教士、商人与平民进入日本，也不允许国外的日本人回国，甚至禁止制造适于远洋航

图 5–15　反映黑船来航事件的日本绘画

行的船只。只允许同中国、朝鲜和荷兰等国通商，而且只准在长崎一地进行。

1853年，美国海军准将马休·佩里率领舰队进入江户湾，把美国总统写给日本天皇的信交给德川幕府，要求同日本建立外交关系和进行贸易，史称黑船来航。1854年，日本与美国签订了第一个不平等条约日美《亲善条约》，同意向美国开放除长崎外的下田和箱馆（函馆）两个港口，并给予美国最惠国待遇等。以后又和美、英、法、俄等国陆续签订了《通商条约》《租地规则》《改税协定》等一系列不平等条约，丧失了关税、司法等自主权，已不是一个独立的国家。1863年起，英法借口保护居留地，调集军舰10余艘，进驻横滨，常驻水兵近2000人，更取得了在日本的驻兵权。

日本最终摆脱不平等条约的束缚，成为一个完全独立的国家，是在维新后的43年——1911年。

1863年6月，幕府宣布攘夷，随后发生了英国舰队进攻萨摩藩，美法军舰进攻下关的事件。1865年春，西南强藩长州藩提出开港讨幕的主张，由攘夷转向武装倒幕，并与萨摩藩结成秘密军事同盟。

1868年（戊辰年）1月3日，明治天皇发布《王政复古大号令》，废除幕府，令德川庆喜“辞官纳地”。1月27日，以萨、长两藩为主力的天皇军5000人，在京都附近与幕府军1.5万人发生激战，德川庆喜败走江户，由天皇操纵、主导政权的封建军国主义国家建立。

1868年4月6日，以天皇为首的新政府，发布具有政治纲领性的《五条誓文》，同时发布“宸翰”，宣称要“开拓万里波涛，布国威于四方”，确立了明治维新的指导思想：以战争促发展、求进步。与同时期较早兴起的中国洋务运动的指导思想“外须和戎，内须变法”做一比较，精神上的差别，无疑天壤。

和战之别，从此决定了中日两国在近代完全不同的命运。

热衷战争使近代日本实现了崛起，乞求和平则使近代中国走向了没落。

近代世界是战争的世界，近代精神是战斗的精神。不明白这一道理，反其道而行之，大力提倡和戎，希望通过妥协退让来实现国家的近代化，好比缘木求鱼，只能是美梦一场。

近代中国的失败归根结底是精神的失败、意志的失败。

图 5–16　明治天皇

1869 年，内战的炮声刚一停息，木户孝允、岩仓具视就提议侵略朝鲜，把朝鲜看作“保全皇国的基础，将来经略进攻之基本”。1871 年 6 月，明治政府遣使来华，居然要求按照“西人成例，一体订约”，与中国签订不平等条约，企图取得“一体均沾”的特权。1871 年 10 月，日本政府派遣大型使节团前往美国与欧洲考察社会情况，试探各国对修改不平等条约的态度，充分体现了新政府的进取精神、进攻意识，也足以看见新政府的大胆和疯狂。

同时期清政府的和戎思想，李鸿章的投降外交则使日本人的妄想变成了现实。日本应该感谢李鸿章，没有李鸿章就没有近现代日本。

1871 年 12 月，60 多名琉球人乘船遭遇台风，漂流到台湾南部登陆，其中 54 人被台湾当地居民杀害，其他人被清政府送回国。日本欲借机吞并琉球，侵略台湾，便以此为借口，在美国驻厦门总领事、自称“台湾通”的李仙得的协助下，向清政府发难。

1873 年 3 月，日本政府派外务卿副岛种臣出使中国，到清政府总理衙门询问琉球漂流民被杀处理事宜，提出：“贵国台湾之地……贵国所施治者仅及该岛之半，其东部土番之地，贵国全未行使政权，番人仍保持独立状态。前年冬我国人民漂流至该地，遭其掠杀，故我国政府将遣使问罪。”总理衙门回答：“番民之杀琉民，既闻其事……夫二岛俱我属土，属土之人相杀，裁决在我。我恤琉人，自有措置，何预贵国事而烦为过问？”日本代表无言以对。

1874年2月6日，日本政府通过《台湾番地处分要略》。4月，成立台湾事务局，任命大藏相大隈重信为长官，负责主持其事，并在长崎设立侵台基地。同时，以陆军中将西乡从道为番地都督，带领陆海军共3000余人侵台。5月8日，日军在台湾东南登陆，起造土垒炮台。5月18日，日军开始与台湾当地居民交战。

清政府得知日军侵犯台湾的消息后，立即向日本政府提出质问，并派福建船政大臣沈葆桢以带领轮船兵弁巡阅为名，预筹布置。随后，驻徐州之武毅铭军枪队6500人，由轮船分批航海赴台，稍壮声援，并令津沪各局先尽现存炮械陆续解济。陆上防务北路由台湾镇总兵负责，南路由台湾兵备道负责。海上防务，以扬武等6舰常驻澎湖，福星等3舰分驻台北、厦门、福州。同时，大力开通部落地区的道路，并派员招抚各处番社，士气民心为之大振。

而当时日军的处境十分困难。“台湾地方热甚，兵士多病”，侵台日军3650人之中，残伤患病者已达560人，士气低落；且“该国此役已靡费百余万，雇用西人充兵头，皆给重价，约六个月为期”，支持业感不易。而我在台屯兵，至当年中秋节已达万余，更兼高山族人民民风强悍，整个局势对中国绝对有利，全歼侵台日军只是个时间问题。

时任北洋大臣的李鸿章也明知“日船非中国新船之敌”，“中国兵将之众，断不畏彼三四千人”，却无耻地始终坚持妥协求和的方针，害怕中日交战，认为“若我军齐集，遽与接仗，即操胜算，必扰各口，恐是兵连祸结之象”，他一再要沈葆桢“只自扎营操练，勿遽开仗启衅，并密饬唐提督到台后，进队不可孟浪”，对日兵“断无驱逐之理”①，认为调军布防，非必欲之用武，只是用于为和谈服务。“明是和局而必阴为战备，庶和可速成而经久。”

他明知各国“未始不望日人之收功获利，断无实心帮我者”，却把希望寄托在各国出面干涉日本主动撤兵上，并公开鼓吹“台湾系海外偏隅，与其

① 樊百川：《清季的洋务新政》，上海：上海书店出版社，2010年，第328页。

听一国久踞，莫若令各国均沾”，准备开放台湾与各国通商，换取国际干涉。

此乃中国近代以夷制夷外交手段的首次运用。

眼看取胜无望，日本被迫改变策略，在英美的帮助下寻求外交解决的途径，向清政府提出，以赔款为条件，从台撤兵。10月，日使大久保利通进京和总理衙门谈判。日方索贴兵费200万两，遭到清政府拒绝后，便以出京回国相威胁。“英使威妥玛乃为居间调处，多方恫吓”，美国也以袒护日本的方式进行调停。

无法想象，胜券在握的李鸿章竟然屈服于日本和西方列强的外交压力，致函总理衙门：“念该国兵士远道艰苦，乞恩犒赏若干，不拘多寡，不作兵费，俾得踊跃回国。且出自我意，不由彼讨价还价，或稍得体，而非城下之盟可比。”主张以退让了结台事。10月31日，清政府与日本政府签订近代中日关系史上第一个不平等条约《北京专条》。

条约承认：台湾人民“曾将日本国属民等妄为加害”，“日本国此次所办，原为保民义举起见，中国不指以为不是”。实际上等于承认琉球为日本的属国，日本的侵略行为也被美化成了正义行动，并据此规定：“日本国从前被害难民之家，中国先准给抚恤银十万两……（日军）在台地方所有修道、建房等件，中国愿留自用，准给费银四十万两。”

就这样，败局已定的日本，不仅没有受到任何惩罚，反而满载50万两的犒劳费回国。同时，取得了清政府对琉球属于日本领地的公开承认，开中日外交史上签订丧权辱国条约的先河。对于这样一个条约，李鸿章认为是“以抚恤代兵费未免稍损国体，渐长寇志”，并无耻地标榜是“忍小忿而图远略”。

日本人的疯狂冒险，因为李鸿章的软弱畏战而侥幸得逞。清廷在兵力占绝对优势的情况下，未敢交战，竟以赔偿兵费了结，意志之薄弱、精神之萎靡毕现于世人。日人“自此益轻中国”，在侵略扩张的道路上越走越远。从此以后，李鸿章也就成了列强眼中最佳的谈判对手，无须用兵，威吓必能退让。

李鸿章秉政25年，自意欲出卖台湾始，至成功出卖台湾终，一心一意、始终不渝地坚持妥协投降的对外政策。

日本台事交涉得逞，其势益形张狂。1875 年 7 月，日本禁止琉球入贡中国、接受中国册封、奉中国正朔，令改奉明治年号，废止琉球与中国的宗藩关系。1879 年，正式改琉球为冲绳县，没费一兵一卒就将其据为已有。李鸿章此时却认为琉球是个“黑子弹丸之地”，抱无所谓态度，与其一直高调宣扬的海防论大相径庭。

1875 年 9 月，日本制造江华岛事件，入侵朝鲜，逼迫朝鲜签署《江华条约》，否认朝鲜和清政府间传统的宗藩关系，并向日本开国。在此次事件中，清廷同样懦弱无能，姑息绥靖，完全没有尽到宗主国的保护责任。朝鲜王室和大臣中一些人在失望之余，开始把目光从大清转向日本。

1882 年，朝鲜壬午兵变爆发。兵变士兵攻打日本使馆，杀死日本教官，处决后党要员，并打进宫里搜捕闵妃。闵妃装扮成宫女，逃出王宫。以大院君为首的极端保守势力夺权。一时间，汉城大乱。

日本驻朝公使逃回国报告了事变经过。日本政府决定借机大举入侵朝鲜，胁迫其割地赔款，签订新的不平等条约，以达成完全控制朝鲜的目的。清廷驻日公使黎庶昌得知后，急电署直隶总督兼北洋大臣张树声，建议“中国宜派兵船前往观变”。得悉情况后，张树声决定由吴长庆率所部 3000 人，迅速入朝平乱。

8 月 20 日，吴长庆率部抵达朝鲜。因仁川已驻扎有先于中国到达的日本军舰、兵船，吴长庆遂下令所部泊船于相距六七十里之南阳府，随即迅速亲率大队向汉城进发。8 月 26 日，吴长庆进入汉城，设计诱捕大院君，智擒乱魁，随后迅速将乱党击散，成功平息兵变，完全控制朝鲜局势。

日本人没有想到吴长庆的军队会来得这么快、这么多，兵势这么猛，只能眼看着吴长庆收拾乱党，控制了局面。唯一可走之路，就是想方设法在谈判桌上捞点好处。

8 月 30 日，朝鲜大臣李裕元与日本签订《济物浦条约》和《修好条规续约》，其主要内容是：朝鲜向日本赔款 55 万元，5 万元为抚恤款，50 万元分 5 年付清；允许日本在朝鲜驻兵，并开放通商口岸，允许日本人自由游历等。

消息传来，朝中大哗，众朝臣纷纷表示不满，然李鸿章却认为：此条约当属无甚流弊，只是赔偿日本人50万元，为较多。该国王因外患内忧，事机危迫，特命其臣迅速了事，希望消除日本祸端，不得不做些让步。好在“中国水陆各军声势较盛，日本隐有所惮，未遽将割地、开矿及陆路通商各事强朝鲜以必从”。显然，李鸿章对此条约是满意的。

中国海陆大军云集汉城、仁川，在取得战略主动的情况下，居然默认日本在朝鲜的驻兵权，足见李鸿章外交之软弱。

壬午兵变，日本先于清朝出兵朝鲜，事后又通过不平等条约，取得了在朝鲜的驻兵权，清政府的有识之士充分认识到来自日本的威胁。一些官员因此力主借此兵威，代朝鲜废约，或趁日本羽翼未丰，乘胜东征，慑服日本，收复琉球，巩固对朝鲜的宗主权。吴长庆的幕僚张謇等特上书李鸿章：“对韩事，请援汉玄菟、乐浪郡例，废为郡县；援周例，置监国；或置重兵，守其海口，而改革其内政；或令自改，而为练新军，联东三省为一气。”“对日本，则主三道出师，规复琉球。”李鸿章皆“置而不议”①。

由于庆军抢先于日本，迅速平定了朝鲜境内的叛乱，又扶持李熙掌权，朝鲜王室对中国的向心力大大增强，请求中国帮助善后，而清政府也借机对朝鲜实行了全面控制。平乱的庆军6营全部留驻朝鲜，帮助朝鲜训练新军，在军事上加强了介入；与朝鲜签订通商条约，以此重申中国的宗主国地位；通过代管，全面掌控了朝鲜的海关以及外交事务。

然而，日本把侵占朝鲜看作实现其大陆政策的跳板，是必争之地，因此极力反对和仇视清政府对朝鲜的控制。拥有了在汉城的驻军权后，日本开始紧锣密鼓地插手朝鲜内政，大力扶持以金玉均为首的开化党，试图推翻亲华的后党政权，为将来铺路。

开化党由一批曾留学日本的年轻官僚所组成，他们不满闵妃后党的专横和守旧，企图效法日本明治维新，通过文明开化，改革朝政，使朝鲜成为近代国家。主张“外结日本，内行改革，联日排清，脱离中国，宣布朝

① 谢俊美：《东亚世界与近代中国》，上海：上海人民出版社，2011年，第187页。

鲜独立，实行君主立宪”，亲日力量开始形成。

开化党的主张得到了部分官僚和下层官兵、民众的支持，但他们的改革活动从一开始就卷入了中日矛盾冲突之中，注定了日后的败局。

1884 年，中法战争爆发，中国南方形势危急。5 月，吴长庆奉调率领 3 营庆军回国驻防，力量对比开始发生倾斜。由于清军在战争中节节败退，清廷在朝鲜等属国的威望大为降低，原想托庇于清廷保护的王室和亲华派也开始动摇。中法战争开始后，法国曾怂恿日本也对中国开战，日本自觉力量不足未予答应，但决定趁中法交战，清廷无暇北顾，利用开化党发动政变，将清朝势力逐出朝鲜，建立亲日政权。

政变发生之前，清驻朝将领袁世凯已经察觉到情况有异，他将山雨欲来的紧张局势函告李鸿章并提醒他，日本公使竹添进一郎将在八九日内返回汉城，届时可能会有事发生。

1884 年 12 月 4 日，甲申政变爆发。开化党党徒按事先计划发动政变，谎称清军作乱，恐吓威逼国王李熙写下了“日本公使来卫朕”的敕书，并将国王和闵妃迁往景佑宫。随后日本公使率 200 人的日军进入王宫，控制了王宫的日军和开化党新军，矫诏召亲华派重臣入宫，尽皆处死。翌日，

图 5–17　朝鲜开化党人合影

开化党组成新政府，并函告各国使节，宣布准备废除同清朝的藩属关系，使朝鲜成为独立国家。

但这次由日本策划主导的政变并未成功，很快就被早有准备的驻朝清军一举扑灭。12 月 6 日，在两次致函国王，要求晋谒并带兵入卫王宫的请求被拒后，袁世凯认为事态紧急，间不容发，孤注一掷，自行决定入宫戡乱。清军 2000 人和朝鲜军 800 人，在袁世凯的督带下，强行入宫，双方激战后，日军动摇，退回了使馆，开化党政变骨干亦随之逃跑，国王被抢回。

次日，国王移居袁世凯所部军营，召集原政府成员商议善后，组成新政府，并召见各国使节，告知政变平息。竹添因使馆连日遭到愤怒的汉城民众的围攻，惊惧交加，自焚使馆，逃往仁川的日本领事馆躲避。

甲申政变以中国大胜、日本惨败而告终，袁世凯也因此一战成名，成为清廷在朝鲜的实权人物，全面控制了朝鲜的内政外交。

但军事上的胜利，带来的却是外交上的巨大失败，日本又一次在谈判桌上得到了在战场上无法得到的东西。

甲申政变后，日本一些狂热分子力主对中国用兵，但当政者深知日本“现在情形实难与我（中国）开衅”，决意主和。同时，试图通过谈判，故伎重演，以口头威胁迫使清政府从朝鲜撤军，令人没想到的是，清政府果真接受了日本撤军的要求。李鸿章表示：“如果日兵允即尽撤，我军亦未尝不可暂撤。”据说是担心日法勾结，对我不利。

1885 年 4 月，李鸿章与日使在天津签订中日《天津条约》，规定朝鲜国如有变乱重大事件，中日两国均可出兵朝鲜，但须事先互相通知，事后马上撤回，不得留防。日本轻而易举地取得了与中国同等向朝鲜派兵的权利，为 9 年后日本出兵朝鲜，挑起甲午战争创造了条件。李鸿章完全忘记了自己是胜利者。

事实上，在李鸿章心里也从来没有什么胜利，有胜利那是一时的，对中国来说，最终的结果只能是失败，所谓“即暂胜必终败”也，所以只能从失败者的角度去处理外交问题。不管军事上是胜利还是失败，外交上永远是失败的。

1885年，李鸿章主导的软弱外交，使中国丧失了近代崛起的绝佳机会，同时却为日本甲午年的胜利铺平了道路。从一定意义上说，历史是由少数人创造的。

正如礼部侍郎志锐甲午战争期间上书所评论的，1874—1885年的中日交涉：

> 于台湾则酬以费，于琉球则任其灭，朝鲜壬午之乱，我又改为调停，甲申之役，我又许以保护。我愈退，则彼愈进；我益让，则彼益骄。养痈遗患，以至今日夷焰鸱张，贪婪无已，一误再误，则我中国从此无安枕之日，可虞哉！

1894年，朝鲜爆发东学党起义，朝鲜政府军节节败退，被迫向清朝乞援。日本认为发动战争的时机已至，向清廷表示：“贵政府何不速代韩戡？……我政府必无他意。”诱使清政府出兵朝鲜。李鸿章不识这是日本的阴谋，于6月4日决定出兵。派直隶提督叶志超和太原镇总兵聂士成率淮军精锐2500人于6月9日—6月12日，陆续进驻离汉城70多公里的牙山，安营扎寨，准备镇压起义，同时根据1885年中日《天津条约》通知日本。

叶志超淮军老将，养尊处优几十年，此时已完全没有斗志，不欲行，乞求周馥说情于李鸿章。李鸿章表示：“亦未必便战，何怯！”叶志超无奈只能勉强赴朝。如此草率地决定由叶志超统兵入朝，决定了甲午战争陆上战场必然的失败结局。

有敢战之人方有能胜之战。战争既是实力的较量也是意志的较量。古往今来，有很多以强胜弱的战例，同时也有许多以弱胜强的战例。让一个根本没有战的勇气的人去指挥作战，怎么可能会有胜的结果！

李鸿章一直以来口口声声中日必有一战，但事实上绝无一战的勇气和决心，也不曾做过一战的认真准备。其一生所思所想就是如何委曲求全，如何保住自己的富贵权势。

正如他在以后马关和议时，亲口向伊藤博文表示的那样：“中国素未准备与外国交争，所招新兵未经训练。”[①] 所谓中日必战、海防高论实在不过是用于扩充实力、稳固权位的一种借口，希望终其一生都能以北洋遥执朝政也。

日本战时大本营在挑起这场战争之前，制定有海陆军统筹兼顾的“作战大方针”，明示作战视海军胜败情况而定：如海军取胜，掌握了黄海制海权，陆军便由渤海湾登陆，实施直隶平原决战；如海上决战胜负未分，则以舰队控制朝鲜海峡，协助陆军主力占领整个朝鲜；如舰队决战失败，制海权归于中国，则以陆军主力实行本土防御，海军守卫本土沿海，并以争取实现第一案为基本战略方针。

表明日本在挑起战争之时，对胜负并无把握，是在用国运做一次豪赌，而正是这种赌博心理、敢战精神使日本赢得了战争的胜利。反观中国，李鸿章秉政 25 年，始终鼓吹战必败，“即暂胜必终败”，不用开战精神上已彻底失败，胜负早已由李鸿章自己决定。

日本得知清廷出兵朝鲜的消息后，欣喜若狂，全力着手挑起战争。日本政府立即设立了由参谋总长、参谋次长、陆军大臣、海军军令部长等组成的大本营，作为指挥侵略战争的最高领导机关。从 6 月 8 日起，一方面源源不断地调兵入朝；另一方面训令驻朝公使大鸟圭介，“得施行认为适当之临机处分”，找借口发动侵略战争。

不久，全州和议达成，朝鲜政府要求清日两国撤兵。李鸿章致电袁世凯，令其与大鸟圭介商定两国撤兵的时间，大鸟以未奉本国政府训令为由，拒言撤兵。袁世凯以大鸟失言相告，建议李鸿章调南北水师迅来严备，续留陆兵。驻日公使汪凤藻也电告李鸿章“倭志在留兵，胁议善后”，要李“厚集兵力，隐伐其谋”。李鸿章均不加采纳，告以：“我再多调，倭亦必添调，将作何收场耶？”坚持一心，力保和局。

为达避战目的，李鸿章再次把国家的命运寄托在以夷制夷上，先后挽请英俄两国出面调停，均以失败告终。7 月 18 日，又同意日本提出的中日共同改革朝鲜内政的要求，承认日本在朝鲜享有与中国同等的权利。以退

① ［美］林乐知、［清］蔡尔康译编：《中东战纪本末》（第 5 卷），上海广学会，1896 年，第 6 页。

图 5–18　年少气盛的袁世凯

让乞求和平，同样无济于事。

7 月 23 日凌晨，日军突袭汉城王宫，挟持朝鲜国王李熙，解散朝鲜亲华政府，扶植大院君李昰应上台摄政。同时，威逼朝鲜亲日政府断绝与清朝的关系，并“委托”日军驱逐驻朝清军。7 月 25 日，日本不宣而战，在朝鲜丰岛海面突然袭击北洋水师的战舰和运兵船，正式挑起战争。

1894 年 8 月 1 日，中日双方正式宣战。

战争共分为三个阶段：

第一阶段，1894 年 7 月 25 日—9 月 17 日。战争在中国境外的朝鲜半岛及黄海北部进行，陆战主要是平壤战役，海战主要是黄海海战。

7 月下旬，日一面出动海军在牙山口外海域向中国舰队突然发起袭击，一面出动陆军向牙山中国派遣军发起进攻。叶志超闻日军来攻，坐立不安。聂士成提出：“海道已梗，援军断难飞渡，牙山绝地不可守，公州背山面江，天生形胜，宜驰往据之，战而胜，可据以待援；不胜，犹得绕道出也。”叶同意聂士成方案，并令其在成欢阻击，自据公州为后援。其实，叶志超并不据公州设防，而是畏敌如虎，弃公州出汉城东，逃往平壤。后聂士成设伏，经激战，杀伤日军千余人，因弹药垂尽，众寡悬殊，败退公州。见叶志超早已向平壤退逃，只得绕道迂回，尾追叶志超，撤向平壤。叶志超到达平壤后，向李鸿章谎报：“成欢血战，阵亡二百余人，倭死二三千人。”李鸿章居然相信了他的谎报，把牙山败逃当成是一路打败日军而转移到平壤，向清廷请功，任命叶志超为平壤诸军总统。

9 月平壤战役打响，当时驻守平壤的清军共 35 营，1.5 万人；进攻平壤的日军有 1.6 万多人，双方兵力旗鼓相当。平壤城的地势也非常险要，易守难攻，而且清军还得到朝鲜人民的支持，并不处劣势。由于李鸿章“先定守局，再图进取”的作战方针以及叶志超的贪生怕死，9 月 15 日，在马玉昆等两路击退日军进攻、一路失利，战局呈胶着状态的情况下，竟树白旗停止抵抗，并下令全军撤退，导致平壤之战清军大败。以后 6 天，叶志超又狂奔 500 里，一路逃至鸭绿江边，于 21 日渡鸭绿江回国。日军则一路高歌猛进，占领朝鲜全境。

图 5–19　日本人拍摄的平壤战役清军战俘照片

9月17日，即平壤陷落的第三天，日本联合舰队又在鸭绿江口大东沟附近的黄海海面挑起一场激烈的海战。黄海海战历时5个多小时，海战的结果：北洋舰队损失致远、经远、超勇、扬威、广甲5艘军舰，死伤官兵千余人；日本舰队松岛、吉野、比睿、赤城、西京丸5舰受重创，死伤官兵600余人。此役北洋水师虽损失较大，但并未完全战败，然而李鸿章为了保存实力，故意夸大损失，命令北洋舰队避入威海卫港内，不准出海作战，日本因此夺取了黄海的制海权。

第二阶段，1894年9月17日—11月22日。战争在辽宁东部进行，有鸭绿江江防之战和金旅之战。

鸭绿江江防之战开始于10月24日，由于平壤新败，清军士气不振，将领多无抗敌决心。日军则士气高昂，雄心勃勃。日方发布由间谍宗方小太郎起草的《开诚忠告十八省之豪杰》檄文，对清政府展开政治攻势，扬言要直捣北京，让清朝皇帝“面缚乞降”。担任江防的清军虽有4万人，但闻警即逃，仅20多天，东边道几乎全境沦陷。日军进逼辽阳。

与此同时，金旅之战打响，日军在大连以北的金州登陆，南攻辽东半岛，守将大半闻风溃逃。11月22日，日军仅以伤亡区区200余人的

图5-20　北洋舰队致远舰舰长邓世昌（二排左四）与部分官兵合影

代价，轻易攻占李鸿章经营16年，花费几千万银子建成的“东亚第一要塞”旅顺。日军攻陷旅顺后，制造了旅顺大屠杀，连续四天三夜的屠杀，死难者估计达到2万余人。旅顺口失陷后，日本海军在渤海湾获得重要的根据地，从此北洋门户洞开，北洋舰队深藏威海卫港内，只能坐以待毙。

第三阶段，1894年11月22日—1895年4月17日。战争在山东半岛和辽东两个战场进行，有威海卫之战和辽东之战。

威海卫之战是保卫北洋海军根据地的防御战，也是北洋舰队的覆灭之战。1895年1月下旬，日军在舰艇正面封锁威海卫的同时，出动2万人在荣成登陆，包抄威海卫。2月2日，威海卫失陷。12日，在日本海陆两军的夹击下，困守威海卫的中国北洋舰队全军覆没。

辽东之战是甲午战争的最后一战。日军突破清军鸭绿江防线后，连占凤凰城、岫岩、海城等地。清廷急调两江总督刘坤一为钦差大臣督办辽东军务，授以指挥关内外军事的全权，并任命湖南巡抚吴大徵和淮军主将宋庆为帮办，援辽作战。从1月17日起，清军先后4次发动收复海城

图5-21　日军侵入旅顺，屠杀了大量清兵和无辜居民。图为日本随军摄影师龟井兹明11月24日在旅顺口北方郊外拍摄的埋尸现场

之战，由于指挥不力，皆被日军击退。2 月 28 日，日军乘胜追击，从海城分路进攻，3 月 4 日攻占牛庄，7 日不战而取营口，9 日又攻陷田庄台。仅 10 天时间，辽东战场 6 万多清军全面溃败，辽东半岛被日军控制，京津震动。

随着战争的失利，清政府进一步加紧了乞降活动。日本虽在战场上连战连捷，但事实上国力有限，也难以维持进一步的战争。2 月 4 日，伊藤博文表示可以和谈，但必须以割地、赔款为议和条件。同时，指名要李鸿章作为全权代表。

3 月，按照日本的旨意，清廷派李鸿章为头等全权大臣，以美国前任国务卿科士达为顾问，前往日本马关（今下关）与日本首相伊藤博文、外务大臣陆奥宗光进行停战谈判。

3 月 20 日，中日于春帆楼正式开启和谈，日方提出十分苛刻的停战条款，李鸿章乞求降低条件。4 月 10 日，日方在对议和条款略做修改后，提出最后修正案。伊藤博文对李鸿章表示："此已到了尽头，中堂见我此次节略，但有允、不允两句话而已。"李鸿章问："难道不准辩驳？"伊藤博文回答："驳只管驳，但我主意不能稍改。"并限令李鸿章在三五日内必当回复。李鸿章苦苦哀求减轻勒索，但均遭拒绝。

4 月 17 日，李鸿章代表清政府与日本签订了丧权辱国的《马关条约》。

《马关条约》共十一款，并附有《另约》和《议订专条》。主要内

图 5-22　左为中日双方谈判所在地——马关春帆楼，右为谈判现场，正面左三为伊藤博文，背面左三为李鸿章

容为：

一、清政府从朝鲜半岛撤军并承认朝鲜的“自主独立”。

二、清政府割让辽东半岛及所属岛屿和台湾全岛及所有附属岛屿、澎湖列岛给日本。

三、清政府赔偿日本军费银两亿两。

四、清政府开放沙市、重庆、苏州、杭州为商埠。

五、允许日本人在通商口岸设立领事馆和工厂及输入各种机器，其产品免征各项杂税。

甲午战败实乃洋务运动和戎政策的必然结果，鸦片战争以来“无启边衅”思想的必然结果。30余年和戎，50余年退让，军队从上到下，从将帅至士兵皆以和为己任，根本忘记了军人的职责。

甲午战争期间少数能战的将领马玉昆有一句话：“当兵是打人，不是挨打的，挨打的兵是孬种兵。”虽少文采，却揭示了伟大的真理，可惜晚清将帅有这样思想的人实在是太少了。

甲午战争的失败，标志着中国从一般意义上的衰落变成彻底的衰败，日本则成功实现飞跃，成为亚洲唯一的新兴强国，成为此后50年中国的心腹大患。战后，列强乘势掀起瓜分中国的狂潮，中国面临亡国灭种的危险。

朝野上下，由此自信心丧失殆尽，民族自卑心理从此泛滥，其恶劣影响广泛而深远，至今犹存，严重阻碍了中国的发展和进步，是中华民族再度崛起最大的敌人，应该予以坚决彻底的清除。

20世纪前期中国的失败和成功

1911年，辛亥革命爆发，清王朝被推翻，中华民国诞生。

时代在进步，但国家的统治者、统治阶层的思想并没有因此而进步。不管是北洋政府还是南京政府，不管是清朝旧臣还是革命党人，对外思想、对外政策一如既往地畏洋如虎，一如既往地以妥协退让求和平，而列强，尤其是日本，一如既往地步步紧逼，一如既往地以灭亡中国为目标。

1914 年，第一次世界大战爆发。8 月下旬，日本对德宣战，出兵占领了德国在中国的势力范围——山东半岛。1915 年，日本向中国提出灭亡中国的“二十一条”要求，企图全面控制中国，变中国为日本的殖民地。5 月 7 日，日本政府向中国发出最后通牒，限令于 9 日前答复。5 月 9 日，袁世凯接受“二十一条”中 1—4 号的要求，5 月 25 日与日本签订《民四条约》，承认日本继承德国在山东的一切权益；承认日本在南满、内蒙古东部、长江流域及沿海的诸多特权。

1917 年 8 月 14 日，北洋政府向德国宣战，成为第一次世界大战的参战国。1918 年初，日本向段祺瑞控制下的北洋政府提供了大量贷款，并协助组建和装备了一支中国参战军。同年 9 月，北洋政府与日本交换了关于向日本借款的公文，作为借款的交换条件之一，又交换了关于山东问题的换文，其主要内容为：

一、胶济铁路沿线之日本国军队，除济南留一部队外，均调集于青岛。

二、胶济铁路沿线的警备由中国巡警担任，但在队本部、重要车站和巡警训练所内应聘用日本人。

三、胶济铁路由中日两国合办经营。

四、撤废擅设的民政机构。

北洋政府在复文中表示“欣然同意”。

同为战胜国，德国在山东的权益不仅没有收回，反而被日本扩大。这一换文也是巴黎和会上日本强占山东的主要借口。

1919 年 1 月，战胜国在巴黎召开和平会议，作为战胜国之一，中国参加了会议。会议决定把战前德国在山东的一切特权和利益，全部转让给日本。北洋政府屈服于列强的压力，准备在《协约国和参战各国对德和约》上签字，激起中国民众的强烈不满，最终爆发了青年学生爱国的五四运动。

1926 年，蒋介石在广东宣誓北伐。1928 年 5 月 1 日，国民革命军进入济南城，日本为向即将统一中国的国民党显示力量，借口革命军对城内的日本侨民进行抢劫、强奸、屠杀，出动军队屠杀，制造了济南惨案。

以国民革命、收回列强特权为己任的国民党，首次正面面对日本的压力，采取了避开日军，绕道北上的方针，没有发生进一步的对抗。

1931 年 9 月 18 日夜，日本关东军铁路守备队柳条湖分遣队一个小分队以巡视铁路为名，在奉天（今沈阳）北面约 7.5 公里，距东北军驻地北大营约 800 米的柳条湖南满铁路段上引爆炸药，炸毁一小段路轨，并将 3 具身穿东北军士兵服装的中国人的尸体放在现场，作为东北军破坏铁路的证据，诬称中国军队破坏铁路并袭击日本守备队。以此为借口，日军向北大营发起进攻，制造了震惊中外的九一八事变。

当时，驻守北大营的东北军第七旅毫无防备，被打得措手不及，而事前张学良曾训令东北军不得抵抗，驻守部队并未做出激烈反击。第七旅 3 个团中有 2 个团按指示撤走，1 个团未及时接到撤退命令，被迫自卫抵抗，然后撤走。由于执行张学良或蒋介石的不抵抗命令，北大营逾万名守军被只有 500 多人的日军击溃。

9 月 19 日清晨 6 时许，日军几乎未受到抵抗便将奉天全城占领。东北军撤向锦州。此后，东北各地的中国军队继续执行不抵抗命令，使日军得以迅速占领辽宁、吉林、黑龙江三省。1932 年 2 月，东北全境沦陷。

当时，日本关东军仅 2 万余人，中国东北军驻东北的有 16.5 万人，在关内还有近 10 万人。在日军的进攻面前，除少部分军队自发英勇抵抗外，其余均不战而退。

9 月 19 日，中国驻国际联盟的全权代表施肇基向国联报告事件，请国联主持公道。中国外交部部长王正廷向日本公使重光葵提出严重抗议。

9 月 20 日，蒋介石在日记中写道："日本侵略东省，是已成之事，无法补救。如我国内能从此团结一致，未始非转祸为福之机。"

9 月 21 日，施肇基正式向国联提出申诉。

9 月 21 日，蒋介石在日记中写道："余主张：日本占领东省事，先提（交）国际联盟与非战公约国，以求公理之战胜；一面则团结内部，共赴国难，忍耐至相当程度，以出自卫最后之行动。"

9月22日，蒋介石向全国人民宣称："我国民此刻必须上下一致，先以公理对强权，以和平对野蛮，忍痛含愤，暂取逆来顺受之态度，静待国际公理之判断。"

9月23日，中国政府就此事照会美国政府，希望对方"深切关怀"。

很明显，九一八事变发生后，蒋介石并无抵抗的意思。尽管出身革命党人，和清王朝势不两立，但他的对外思想和政策却与曾国藩、李鸿章一脉相承，如出一辙。委曲求全，幻想忍耐、退让换取和平；以夷制夷，恳求国联、列强出面调停。

以放弃东北换取和平，在蒋介石看来还是可以做的买卖，属于可忍耐，还未至相当程度，可以不抵抗。如果要进关，可能就是相当程度了，要出自卫之最后行动。当然了，这是1931年的想法。

随着时间的推移，进关也并不是不可以忍耐的，这是后话。

九一八事变使日本看清了以收回国家主权为己任的中国新政府的真面目，以革命为口号，外强中干，其实与清政府一样软弱可欺，不堪一击。

新政府，旧气象。

近人通过对蒋介石日记的研究，发现早在北伐战争时期，曾在日本军校留学素称知兵事的蒋介石，就有"三月亡国"之论。认为中日国力悬殊，一旦开战，中国沿海地区很快就会陷入日军之手，和李鸿章的战必败理论，堪称难兄难弟。

九一八事变的成功，使日本少壮派军人气势日张，日益看轻中国，自此步步进逼，大大加快了灭亡中国的步伐。

东北沦陷后，日本马上将侵略矛头指向了中国华北广大地区。山海关是连接东北和华北的咽喉要地。为此，日军不断向山海关地区增兵，构筑工事，设置岗哨，与中国驻军形成犬牙交错之势，并密切关注中国军队的一举一动。与此同时，南京政府却继续奢望国联能"主持公道"，对日军在山海关的动作态度暧昧，似乎始终没认识到"我们相信正义，可我们越是委曲求全，他们越是得寸进尺"[①]，不愿做也不敢做战

① 1932年2月19日张学良给南京的电报。傅虹霖：《张学良的政治生涯》，大连：辽宁大学出版社，1988年，第89页。

的准备。

长城抗战爆发前，日军在山海关一地的陆军总兵力达3000余人，野战炮40门、铁甲车3列、坦克20辆、飞机8架、军舰2艘，而山海关城里的中国军队只有东北军第九旅的626团，兵力2257人，武器配备只有迫击炮、平射炮和机关枪。

1933年元旦夜11时，日军开始向山海关进攻。何柱国率守军奋起反击，通过3个昼夜的激烈巷战，中国守军第一、第三营将士全部殉国，山海关失陷。3月，日军侵占热河后，随即向长城一线大举进犯，在古北口、喜峰口、罗文峪、冷口、界岭口和义院口等地区，向中国守军发起猛烈进攻。

长城是华北的最后屏障，也是狭义上中国的最后屏障，长城一失，华北不保；华北不保，中国危矣。长城得失事实上直接关系到整个中华民族的命运，必须集全民族之力放手一搏。

1933年1月17日，毛泽东、朱德发表《为反对日本帝国主义侵入华北，愿在三个条件下与全国各军队共同抗日宣言》，宣布中华苏维埃政府与工农红军在下列条件之下，准备与任何武装部队订立作战协定，来反对日本帝国主义的侵犯。

一、立即停止进攻苏维埃区域。

二、立即保证民众的民主权利（集会、结社、言论、出版、罢工之自由等）。

三、立即武装民众创立武装的义勇军，以保卫中国及争取中国的独立统一与领土的完整。

宣言呼吁中国民众及兵士，响应这个号召，开展武装民族革命战争，反对日本及一切帝国主义。

作为对宣言的回答，蒋介石一意孤行继续调集兵力，于2—3月间以40万之众对江西中央苏区发动第四次“围剿”，严令：“如再有偷生怕死，侈言抗战，不知廉耻者，立斩无赦。”同时，为了搪塞民意，缓和国内舆论，派遣中央军第十七军3个师北上参加抗击日军的长城抗战。力量之悬殊，足见其心中的敌友观念。

从这一刻起，蒋介石事实上已失去了领导中国的资格。在民族生死存亡的危急关头，可以弃民族大义于不顾，将个人的利益、党派的利益高置于国家的利益、民族的利益之上，这样的人怎么能担当起领导国家、民族的重任。古训说得好："兄弟阋于墙，外御其侮。"在民族矛盾面前，一切内部矛盾都是次要矛盾，民族斗争才是关乎国家、民族命运的斗争。人类历史归根结底就是民族斗争的历史。

3 月 6 日，战斗首先在冷口打响。日军第十四旅团由热河凌源出发向冷口进攻，敌刚进占冷口，我承担冷口防御任务的晋绥军第三十二军先头部队也赶到冷口，趁敌立足未稳，猛打猛冲，将敌逐出，冷口复归我手。3 月 22 日，日军再次进攻冷口，第三十二军奋勇抵抗。经连日战斗，日军未能达到目的，停止进攻。

3 月 9 日下午，日军开始向喜峰口发起猛攻。防守喜峰口一线的是西北军旧部第二十九军。第二十九军尽管装备极差，却是一支有信仰、有灵魂的军队，民族主义教育贯彻始终。一般将士深感国耻奇痛，民族意识极高。官长身先士卒，士兵勇于牺牲。明知必死，死不后退，敢打硬仗。同时，得力于特种战术训练，长于夜战、近战。

在正面顽强防守的同时，第二十九军两次主动出击，用大刀队迂回夜袭日军，予日军以沉重打击，日军被迫后撤至遵化以北 25 公里的半壁山。日本《朝日新闻》当时报道，自明治大帝造兵以来，皇军名誉尽丧于喜峰口外，遭受"六十年来未有之侮辱"。日军在喜峰口受挫后，3 月 16 日，转向遵化以北 9 公里的罗文峪进攻，连续 3 天皆被第二十九军击退。日军最终不得不下令撤退。

喜峰口、罗文峪的胜利成功地稳住了中国守军的防线，显示了中国军人抵御外侮的决心和实力。

第二十九军大刀队代表的大刀精神，是一个暂时落后民族赖以生存、赖以崛起的伟大战斗精神，是中华民族先贤先哲们始终坚持的"贫贱不能移，威武不能屈"的大丈夫气概。我们没有精良的枪炮，我们只有古老的大刀，但我们依然敢于战斗，敢于去夺取胜利。

那些从长城抗战以来不时泛起的对大刀队的质疑之声，只能表明那些质疑者在精神上的懦弱和渺小。

图 5-23　出征前的第二十九军大刀队

古北口是由承德到北平最近的关口古道，为北平、天津的门户。3月10日，中央军第十七军抵古北口接防，经3天苦战，部队遭受重大伤亡，被迫后撤至南天门及其左右阵地防守。日军虽然攻占了古北口，但也为此付出了巨大的代价。经此一战，日军元气大伤，不得不停止进攻。

3月中下旬，由于在长城各口的进攻接连受挫，日军不得不停战整顿，增调兵力，调整方向，把进攻重点向冷口一带移动，准备做最后的决战。

3月23日、24日，前方相对平静，蒋介石秘密来到了北平。蒋介石在居仁堂召开了军事会议，听取各方面的报告并做了指示，明确表示：要以现有兵力竭力抵抗，不能希望再增加援军。会后又往西山碧云寺拜谒孙中山衣冠冢，然后很快赶回了“剿共”前线南昌。

直至长城抗战结束，蒋介石始终未再调一兵一卒增援。

两军交战的关键时期，一方主帅不断调兵遣将，另一方主帅却明确表示不可能有任何增援，大家好自为之。在人类战争史上不能说绝对没有，但应该也是少之又少，确实匪夷所思。但如果我们再回忆一下李鸿章所说的一些话，应该也就不难明白了：“我再多调，倭亦必添调，将作何收场耶？”“败固不佳，胜亦从此多事。”“即暂胜必终败。”

在李鸿章、蒋介石等人看来，近代中国既已落后，就只能任人宰割，外战是绝对不可能取得最终胜利的，即使胜利也是暂时的。既然如此，不如不打，以妥协退让求一时和平为好。

蒋介石、何应钦对长城抗战的态度，像一瓢冷水浇在抗日前线将领的头上，沉重地打击了前线将领抗战的决心，由积极抗战到消极观望，保存实力。镇守冷口的第三十二军军长商震，就是考虑到在蒋介石的眼里，没有实力的将军是没有地位的，手中没兵权在军界也是站不住脚的，此时的他既要尽一个军人的职责，抵抗日寇，又要尽量保存实力。因此他在总长100余公里的防线上，只放了不足万人的部队把守，预备队留在大后方。防御战线过长，便一字排开，没有纵深配备，没有机动兵力，形成处处有防、处处薄弱的状况。

4月上旬，日军集结3万余兵力对冷口再次发动强大攻势，因前方部队不足，曾屡次要求派部队增援，但商震也只是要求前方顶住，并未及时派兵支援。4月11日，冷口失陷。冷口失陷引起连锁反应，紧接着，冷口之右翼第五十三军所守之界岭口受到威胁，旋即失陷。次日，左翼喜峰口要隘亦被迫弃守。中国守军被迫全线退却。

商震部防守冷口失败，遭到全国人民的指责与非议，但是商震本人并未因此受到任何处分。可见当时蒋介石政府的长城抗战只是摆摆样子罢了，应对一下各方面的舆论，并没有抗战到底的想法。

日军占领长城各口后，迅速南下密云、怀柔等地，守军第三十五军傅作义部进行了英勇抵抗。5月12日，日军渡滦河西进，突破中国军队第五十七、第六十七军阵地，先后占领河北丰润、遵化、玉田、平谷、蓟县、香河等县，直逼北平、天津。

5月30日，中日双方在塘沽会晤，中方首席代表为军事委员会北平分会总参议熊斌，日方首席代表为关东军参谋副长冈村宁次。下午4时双方交换全权证书，31日上午9时半，停战谈判正式举行。

冈村宁次首先提出停战协定草案，并说明这是关东军的最后案，一字不容更改，要求中国代表在上午11时前做允诺与否的答复，对中方代表熊斌提出的《中国军代表停战协定意见书》，弃而不顾。冈村宁次强硬表示，中方对日方所提停战协定草案，只能回答“诺与否”，一切声明必须等待停战协定签字以后再行商议。双方相持到10时50分，熊斌被迫在一字不容修改的日方草案上签字。

《塘沽协定》规定中国军队撤至延庆、顺义、通州、香河、宝坻、芦台所连之线以西、以南地区，而后不得越该线而前进。以上地区以北、以东至长城沿线为治安维持区，由中国警察机关担任，上述警察机关，不可用刺激日本感情之武力团体。实际上承认了日本对东北三省、热河省的占领，同时划绥东、察北、冀东为日军自由出入地区，为日军进一步侵略中国敞开了大门。

6月上旬，中国军队完全撤至协定规定的防线，日军撤出第六、第八师团，但将骑兵团留驻玉田，将铃木旅团留驻密云，以“监察中国军队”，为后来发动七七事变准备了充足的力量。

长城抗战失败，华北门户洞开，全面战争从此再也不可避免。

自鸦片战争开始，一以贯之的近代妥协投降路线，使中国从一般的落后变成彻底的衰败；从最初的割让边疆地区、割让台湾，到后来的失去外蒙古、失去东北，直至最后大半国土沦丧于外族之手。

《塘沽协定》签订后，迫于各方面压力，日本暂时停止了对中国的进一步侵略。蒋介石乘此机会发动了对中央苏区的第五次“围剿”，并于1934年10月迫使中央红军撤离中央苏区，走上长征之路，取得了安内的巨大胜利。

安内大抵成功，攘外便成了不得不面对的问题。

1934年末，蒋介石抛出了一篇由其口授要点、陈布雷笔录其详，以徐道邻名义发表的长篇奇文《敌乎？友乎？——中日关系的检讨》。

蒋介石既无攘外的勇气和信心，眼看步步退让，不断出卖国家的领土和主权仍无法换来一时的和平，病榻辗转，左思右想，想出一条妙计：文字退兵。以“策士纵横的辩言”，晓以利害，使日本知难而退，“打消其侵略的妄念”，或“稍缓其凌逼之气势”，收文字之奇效。可见蒋介石之昧于历史、昧于世界大势，亦足见蒋介石避战求和心志之坚定。

事实表明，蒋介石这篇思维混乱的奇文发表后，并没有出现其想获得的奇效：晓之以利害，使日本的缓和派抬头，从此打消侵略的妄念。从中我们却可以一窥蒋介石对国家、对民族的基本看法，以及对日的基本方针。

日本一个自明治以来一直处心积虑以灭亡中国为目标的国家，一个业已侵占中国大片国土的国家，一个和中国有着利益根本冲突的国家，毋庸置疑是中华民族最大、最危险的敌人，但在蒋的文章中，日本侵略中国变成“起因于一时毫厘之差，致酿成万劫不复之祸”，而且断言：“首先我敢说，一般有理解的中国人，都知道日本人终究不能作我们的敌人，我们中国亦究竟须有与日本携手之必要。这是就世界大势和中日两国的过去现在与将来（如果不是同归于尽的话）彻底打算的结论。”

文章认为，从日本动员之日起，开到中国攻击之日为止，最多不过10天；中国假若和日本绝交，日本在10天以内，便可以亡中国，最低限度也可以在10天以内占领中国重要之交通地区。

不管是10天亡国，还是10天占领中国重要交通地区，总之10天能基本打垮中国。如此见识，很自然就会畏日如虎，竭力主张避战求和，妥协退让。以退让求和平若能成功，至少还可以苟安一时。维持一段时间，做做英美的工作，英美觉悟了，以夷制夷，还能在列强共管下保持表面的独立，岂非上上之策。

不知他可曾想过，如果这样容易就可以灭亡中国，东洋人、西洋人为什么迟迟不动手呢？长城抗战一个月，日本调集重兵，连成功突破长城防线都无法做到。如果能珍视民族的力量，将民族的力量真正调动起来，近代历史会是这样的结局吗？

近代中国绝大多数的领导人都大大高估了列强的力量，大大低估了中华民族的力量。民族自信的缺乏注定了他们必然会一步步将中国引向绝境，也注定了他们所代表的政治力量不可能长期领导中国。

文章还认为：“国际上大错的铸成，有主因也有副因，往往不止一方有错误而必是双方均有其错误。”同时，蒋介石还在文章中罗列了中国的种种错误，有对日本判断的错误，有对国联判断的错误，但关键还是对自己判断的错误。

“（中国）对于自身力量，不是夸张太过，就是信赖过甚，祇判断敌人的缺点，无暇反省，亦无意承认自己的弱点。”“实力上顷刻之间不能强，而体面上又种种牵制不能弱。”该柔不柔，该屈不屈，因此“高呼宣战，力促出兵，使当时政府解释无从，因应不易”，表现出不该有的“虚骄”，而“中国愈表示其虚骄，日本军阀气势愈盛”。

也就是说，日本步步紧逼，主要原因是中国还有人主张抵抗，因此失去了和平的机会，如果中国能全国上下，力主和平，和平还是很有希望的。

通过对济南惨案的回顾，文章阐述了蒋介石不得已对日作战的既定方针：

> 当济南事件以后，曾闻国民政府主席谭延闿责问当时的军事统帅蒋介石：“既要死守济南，何以撤退北伐主力之兵？若要放弃济南，何以又留一团兵力来死守济南城，而最后又命其退出？”蒋氏答称：“这就是我们革命军的战略，第一当然要表示不屈服的革命精神，并且表示济南是日本兵力强占的，而不是中国自己放弃的。第二是要顾到革命的全局，不能牵制北伐的进行。第三是要保全中国军队，不作无意义的牺牲，只要济南抵抗三天之后，日本强占行为已暴露全世界，则目的已达，所以到后来仍命死守的一团冒险撤出，且使外间知我们要以一团人的力量，来对抗福田整个的一师团的兵力。”吾人观察蒋氏对日本用兵，自上海、长城战役，以至最后退出密云之抗战，可说都是济南事件以来之一贯精神。

基于日本10日便能灭亡中国的假想，蒋介石认为抵抗外敌实在是无意义的牺牲，“我以为目前中国，只有尽力消弭战机，才是唯一可采之路”。不得不抵抗外敌也不是为了击退敌人，只是作秀，只是用来应付舆论，告诉世人我蒋介石还是努力抗战的，日本人则是无法抵挡，不可战胜的，唯有妥协才可能求得和平。希望妥协退让至一定程度，日本人能感到满足，从此收手。

中国军队是用于内战的，不是用于抵抗外敌的。正如李鸿章所说：

“以剿内寇尚属可用，以御外患实未敢信。”

如果不断妥协退让，日本还不满足，和平到了最后绝望的关头，怎么办？出以自卫，争取时间，等待列强干涉。以夷制夷，制止战争。

蒋介石在文章中多次强调中国“尚处于次殖民地的地位”。因为是次殖民地：

> 欧美诸国对中国是有错综复杂而且极深厚的政治和经济利害关系，甚至在军事上也有深切的影响的，日本此时欲排斥列国，以东亚人之东亚的口号而置中国于绝对支配之下，如此不仅美俄已敌视日本，欧洲诸国都要敌视日本，尤与英国利害极端相冲突。……若日本不能如孙中山先生所说，十天以内灭亡了中国，则日本地位甚为危险，因日本灭亡中国的时间，如要用三个月、十个月或半年的期间，则美或俄必不能坐待日本之从容对付中国。

因此蒋介石相信，一旦全面战争爆发，中国只要坚持一年半载，欧美必会出面干涉，如此以夷制夷，定能制止战争。

由于缺乏民族自信，蒋介石是绝对不相信中国能主要依靠自己的力量去赢得对日战争的胜利，因此只能将中华民族的命运交付于异族之手。希望蕞尔小国能恩赐和平，欧美各国能拯救和平。

妥协退让换和平，以夷制夷求生存。这便是蒋介石对日的基本方针。

不久以后爆发的全面抗日战争，表明蒋介石的想法全部是错误的。妥协退让换来的不是和平，而是不断扩大的侵略。欧美各国也没有因为在华利益受侵害，因此军事干预在中国的战争。唯有被他大大低估了的中华民族自身的力量支持他挺过了最艰难的抗战 4 年，为中华民族，也为他蒋介石争得了生存的权利。

尽管 4 年后，蒋介石日思夜想的以夷制夷局面终于出现，但这一局面的出现主要是因为日本进一步的野心：欲谋求太平洋地区的霸主地位。美国参战后，以夷制夷局面的出现成就了蒋介石，使其得以借机一跃而为抗战胜利领袖。

文章的最后部分，蒋介石抛出了他的和平建议：认可日本在东亚之特殊地位与利益，只要归还东北，其他皆可照旧。他明确表示："只要日本有诚意谋解决，中国只须要求放弃土地侵略，归还东北四省，其他方式，不必拘泥，过去悬案，应以诚意谋互利的解决，一扫国交上的障碍，人民应洞明大义，不作苛求，当局应忍辱负重，掬示忠诚。"

很快，日本的评论文章对蒋介石的和平建议做出了回应，一致断然拒绝了《敌乎？友乎？——中日关系的检讨》提出的由日方先归还东北四省、中日举行直接谈判以恢复友好的方案。《中央公论》的评论指责徐道邻文章的最大错误在于提出要日本归还东北四省："此种结论，直无异蔑视满洲国的存在之事实，而对政治外交之现实，投下一巨弹也。"对此"不能不明白否定之"，并认为"任何日本政治家都决不能应此交涉也。"

想以道义、信义和利害关系去劝说日本，停止侵略，好比与虎谋皮，此路不通。越不敢抵抗就越没有和平，日本从此进一步加快了侵略中国的步伐。

1935 年 1 月中旬，日军制造察东事件，迫使南京政府承认察哈尔沽源以东地区为非武装区。6—7 月，关东军特务机关长土肥原和日本华北驻屯军司令官梅津又分别借口张北事件和河北事件，胁迫察哈尔代理主席秦德纯和北平军分会代理委员长何应钦签订《秦土协定》和《何梅协定》，接受日军所提取消冀察两省境内的国民党党部，撤退驻两省的中国军队，取缔两省的反日团体和反日活动等多项要求，使包括平津在内的河北、察哈尔两省的主权大部丧失。同年 9 月，日本再度制造舆论，要求华北五省（河北、山东、山西、察哈尔、绥远）自治。

11 月 24 日，日本指使原国民政府河北省滦榆区督察专员、大汉奸殷汝耕发动冀东事变，在通县发表脱离南京国民政府的宣言，25 日在通县宣布成立冀东防共自治委员会，后改称冀东防共自治政府。将冀东 22 个县独立于国民政府管治之外，由日本幕后操控，作为华北自治的"榜样"，提倡华北特殊化。

12 月 18 日，日本逼迫南京政府下令撤销军事委员会北平分会和行政院北平政务整理委员会，成立以宋哲元为委员长，由日方推荐的王揖唐、王克敏等为委员的冀察政务委员会，使冀察两省实际上置于中国行政区域之外，企图借自治的名义达到最终吞并华北的目的。

1935 年底，红军长征到达陕北，中共中央在安定县（今子长县）瓦窑堡举行了中共中央政治局扩大会议（瓦窑堡会议），确定了建立最广泛抗日民族统一战线的政策方针，提出以“人民共和国”代替“工农共和国”的政治口号，强调应以自己彻底的、正确的反日反汉奸卖国贼的言论与行动，去取得自己在反日战线中的领导权。

同时，主动和合围陕北根据地的东北军张学良、西北军杨虎城部磋商结成抗日反蒋的军事同盟，并借助各种渠道与国民党中央试探妥协的可能性。

但蒋介石依然顽固坚持其“攘外必先安内”的政策，对日继续妥协，对内坚决镇压，调遣撤回关内的东北军和西北军继续围攻共产党的陕北根据地。

在此情况下，张学良及杨虎城决定接受共产党的联合抗日主张。1936年12月，蒋介石亲自来到西安督战。12日，张学良、杨虎城发动西安事变，对蒋介石实施兵谏。事变最后在国民党、共产党和其他势力的协商下，得到和平解决，国共两党也达成了建立抗日民族统一战线的协定，成为日后影响抗日战争的关键因素之一。

西安事变和平解决后，全国范围内的大规模剿共基本结束，蒋介石中央系与地方实力派的武装冲突也告一段落，为实现国共第二次合作和抗日民族统一战线的建立奠定了基础。抗日民族统一战线开始形成。

西安事变和平解决半年后，1937 年 7 月 7 日，日军挑起卢沟桥事变，中国全面抗战开始。

8 月 13 日，蒋介石命令中国军队在上海主动向日军发起进攻，淞沪会战打响。

选择淞沪作为中日第一次会战的地点，有军事上的考虑，诱使日军改变进攻方向，由自北向南进攻改为自东向西进攻，避开华北有利于日军大兵团集结展开的大平原，利用长江流域沟渠纵横的地形限制日军作战能力的发挥，迟滞日军的进攻。

但主要还是政治上的考虑，由于日本的全面进攻，直接威胁到了蒋介石的政治统治，蒋介石不得不起而应战，但因为对中华民族自身力量的严重缺乏信心，蒋介石不敢想主要依靠自身的力量去赢得胜利，始终把希望寄托在欧美各国身上，谋求以夷制夷。

上海是列强在华利益的聚集之地，蒋介石深信上海战事可以激化英美与日本的矛盾，只要中国军队能坚持上几个月，就一定能引来列强干涉，把中国问题国际化，如此便能尽快结束战争。

淞沪会战，蒋介石投入 70 万军队拼死苦战 3 个月，以巨大的伤亡打破了日本“三个月灭亡中国”的梦想，但由于蒋介石始终对列强干涉下的和平抱有极大的幻想，强调军事抵抗为政治讲和服务，导致战役后期，日军的包围圈即将形成时，为等待九国公约签字国会议的处理结果，蒋介石宣布撤销已经下达的撤退命令，错失了撤退的宝贵时间。最终，大撤退变成了大溃逃，将近 10 万将士在撤退过程中伤亡。

因为蒋介石的和平幻想，淞沪会战撤退过程中出现了巨大的无意义伤

图 5–24　气焰嚣张的侵华日军

亡，江浙一带花费巨资建设的二三线国防工事也被迫全部弃守，中国军队再也无法在长三角地区建立坚固防御，南京随即沦陷。

巨大的战争伤亡，究竟多少是必然会产生的，多少又是因为愚蠢和幻想造成的。

如果有主要依靠自身力量去赢得战争的信心，抗战过程中，日本究竟有无能力占领大半个中国是大可怀疑的，但历史不能假设。

苦苦等待的列强干涉并没有到来，英法和美国都逃避承担更多的国际责任，不愿因为中国引起与日本的矛盾，更遑论战争。

对中华民族自身的力量缺乏信心，始终把结束战争、赢得战争的希望寄托于欧美各国。前则一面坚持抵抗，一面期待欧美各国居间调停、出兵干涉，以尽快、尽可能体面地结束战争；后则依靠同盟各国的参战，“不作无意义的牺牲”，保存实力，坐待胜利。这便是蒋介石抗战期间的所作所为。

1941 年 12 月 7 日，日本偷袭美国在太平洋夏威夷群岛上的重要海军基地珍珠港，炸沉炸伤美军舰艇 40 余艘，炸毁飞机 200 多架，毙伤美军 4000 多人。次日，美国正式对日宣战，太平洋战争爆发。蒋介石的期待终于成为现实。从此以后，蒋介石就将所有的希望寄托于同盟国，消极防御，等待胜利。

消极防御，保存实力，等待胜利，为内战早做准备，蒋介石自以为聪明，其实愚蠢透顶。须知实力是打出来的，不是保存出来的，决定战争胜负的最关键因素是军队及民众战斗意志的强弱。

在随后的国共内战中，蒋介石迅速地败下阵来，乃是历史的必然。因为共产党的军队才是真正的人民军队，真正的胜利之师、虎狼之师。

1943 年 11 月 22 日—11 月 26 日，美国、中国、英国三国政府首脑在埃及首都开罗举行会议，讨论三国联合对日作战和战后处置日本问题。会议期间，罗斯福曾两次向蒋介石提出将琉球归还中国：“我反复考虑，琉球群岛在台湾的东北面，面向太平洋，是你们的东部屏障，战略地位极其重要。你们得到了台湾，如不得到琉球，台湾也不安全。更重要的是，此岛不能让侵略成性的日本长期占领。是不是与台湾及澎湖列岛一并交给你们管辖？”蒋介石的回应是：“琉球的问题比较复杂，我还是那个意见，中美共同管理为好。”蒋介石的态度，让罗斯福感到不可思议。

事后，蒋介石私下询问王宠惠。王宠惠说：“琉球的战略地位十分重要。如果从军事的角度讲，我们应该要。”

“那日本将来要与我们扯皮怎么办？”

“我认为，从某种角度讲，琉球历史上是我们的附属国，交给我们比较合情理，日本扯皮没有道理。”①

眼看胜利在望，蒋介石却一点也没有改变其畏日、惧日的心理。

日本战败投降后，各战胜国首脑均就战争的胜利发表了讲话，这些讲话都强调了对历史耻辱的洗刷甚至报复。1945 年 8 月 15 日，蒋介石也发表了一次广播讲话，由蒋亲自执笔起草的《抗战胜利告全国军民及世界人士书》。

与各战胜国元首不同，整个讲话稿不谈七八十年来日本使中华民族所蒙受的无尽耻辱和巨大苦难，不见战争胜利对中华民族历史耻辱的洗刷，而是充满了“不念旧恶”“与人为善”的荒唐言论。

> 说到这里，又想到待人如待己，与要爱敌人这两句话，实在使我发生无限感想。同胞们，须知不念旧恶及与人为善，为我民族传统至高至贵的德性。我们一贯声称，不以日本的人民为敌，今天敌人已被我们的盟邦世界打倒了，我们要严密责成忠实执行所有的投降条款，但是我们仇不要报，欲报复，更不可对于敌国无辜人民，加以侮辱。我们只望对他们为其军阀所愚及所驱迫，而表示怜悯，使他们能自省于错误与其罪恶。要知道，如果以暴行答复敌人之从前的暴行，以耻辱来答复他们从前错误的优越感，则冤冤相报，永无终止，决不是我们仁义之师的目的。这是我们每一个军民同胞，今天所应该特别注意的。②

① 缪平均：《开罗会议上蒋介石拒接琉球群岛始末》，《金秋》，2014 年第 13 期。
② 蒋介石：《中国的胜利》，上海：光复出版社，1945 年，第 2—3 页。

几千万同胞、几百万将士尸骨未寒的时候，发表这样的讲话，要求中国人民特别注意，“不念旧恶”“仇不要报”，将曾经蒙受的奇耻大辱、遭受的巨大苦难从此通通忘记，究竟是何心理？害怕将来日本东山再起，“冤冤相报，永无终止”也。

等待得来的胜利，产生不了胜利者的优越感，也不会有对战败者的蔑视，更不会丝毫改变“次殖民地”的心态。

“即暂胜必终败。”在蒋介石看来，抗战胜利可能也只是一个比较大的暂时胜利。

8 月 21 日，侵华日军总司令冈村宁次派遣副总参谋长今井武夫一行飞抵芷江，和国民政府要员举行无条件投降的洽降会谈。会谈决定筹备中国战区日本投降签字仪式，由中国陆军副总参谋长冷欣中将先行飞赴南京，设立前进指挥所。22 日，冷欣和美国巴特勒准将前往今井武夫住处，讨论在南京开设前进指挥所，接收军需物资、装备，以及美国战俘现状、待遇等问题。

冷欣率先提出的，竟是要求日军以书面文件保证其安全。今井武夫先是吃了一惊，既而感到荒唐：以战胜国的高级将领，竟向战败国的使节要求安全保证，甚是滑稽。今井武夫便说：“这种文件没有价值和必要，日军恭候阁下光临。”多番解释，婉言劝慰，哪知冷欣还不罢休，“无论如何希望提供书面保证”，反复要求多次，最后竟达成回南京后当以无线电代替书面保证。

今井后来在回忆录中这样说：“关于这件事我认为，中国军对于迄今当时为止夸耀不败的日本军，觉得并非凭自己的力量战胜，而是依靠盟军在其他战场胜利的压力，才名列战胜国之一，因而他们自己并没有战胜的实感，对日军畏惧心理尚未消除。”[①]

身为中国陆军总司令的何应钦则感觉自己到南京主持中国战区的受降

① 朱小平：《谁该向中国忏悔：抗战胜利反思录》，沈阳：辽宁人民出版社，2013 年，第 41 页。

仪式，没有军队陪同，“在敌势力之下，诸事进行，必感困难”[①]，希望将受降地点改为芷江，同样不改畏惧之心。包括何应钦在内的一些国民党高级将领在日本投降过程中的媚态和丑行，自有其深刻的思想根源。

试想一支在各同盟国大举反攻节节胜利的大好形势下，没有主动发起过一次真正意义上的进攻作战的军队，一支在胜利前夕、在侵华日军已成强弩之末的情况下，依然会发生战场大溃败的军队，怎么可能有战胜者的心理和战胜者的姿态。

1944 年，豫湘桂战役的大溃败是在各同盟国战略反攻节节胜利，反法西斯战争业已取得决定性胜利的形势下，在中国正面战场发生的一次严重溃败。

太平洋战争爆发后，国民党政府始终执行避战、观战的政策，导致军心涣散，将无斗志，兵无士气。再加之军事委员会战略指导失误，战役指挥失当，豫湘桂会战短短 8 个月，国民党军在战场上损兵 50 余万，丢掉省会城市 4 个和其他城市 146 个，失去空军基地 7 个、飞机场 36 个，丧失国土面积 20 多万平方公里，6000 万同胞沦于日军铁蹄之下，人民生命财产损失更是不计其数。豫湘桂战役的惨败，表明国民党军队已严重丧失斗志和战斗力。

与此形成鲜明的对照的是，1944 年春，共产党的敌后根据地刚撑过困难时期，力量尚未恢复，却能迅速抓住日军为发动豫湘桂战役，从北方陆续抽调部队南下，兵力不足的有利时机，不惧日军可能的大规模报复“扫荡”，坚决地转入了攻势作战，开始了颇具规模的局部反攻。

重庆国民政府在豫湘桂作战中连番受挫失地的情形，极大程度地影响了美国对以蒋介石为首的国民政府的看法，美国国内相当一部分人因此对国民党的抗战能力产生严重怀疑。史迪威与蒋介石之间在此役之前本已严重不睦的关系也进一步恶化，史迪威直指蒋政权腐化无能是导致战争失败的根本原因，并提出由其取代蒋指挥全部中国军队。

1945 年 1 月，美军参谋长联席会议建议总统罗斯福要求苏联在它能

① 饶品良：《蒋介石确立的战后对日处置政策与方针的根由及影响》，《云南行政学院学报》，2014 年第 2 期。

图 5–25　1945 年 9 月 9 日，南京中国战区日军投降仪式，侵华日军总参谋长小林浅三郎（右）向中国陆军总司令何应钦呈递投降书，有人将本照片题名为《何应钦将军的腰》

力范围内尽早参加进攻日本，以减轻美国的负担。美国人认为：“要结束战争，必须苏联参加；要苏联参加，他当然要提出对他有利的条件；等到他提出之后，中国政府应该考虑给他好处。”于是在 2 月的雅尔塔会议上，为了使苏联尽早出兵打击在中国的日军，罗斯福、丘吉尔背着中国与斯大林达成一项严重损害中国国家和民族利益的秘密协定：维持外蒙古现状，恢复帝俄时期在中国东北取得的殖民权益：大连商港国际化，保证苏联在该港的优越权益；恢复租借旅顺口为军港；中苏共同经营中东铁路和南满铁路，保证苏联的优越权益；保持中国在满洲的全部主权。苏联和中国国民政府签订《苏中友好同盟协定》。

造成这种严重后果的直接原因，即是豫湘桂作战的大溃败。

1945 年 8 月 14 日，国民政府与苏联政府就对日作战后期及战争结束后解决双方争议问题签订《中苏友好同盟条约》。根据条约，苏联政府声明，一切援助给予国民政府，并重申尊重中国在东三省之完全主权及领土的完整。国民政府声明，日本战败后如外蒙古公民投票证实其独立的愿望，中国政府即承认外蒙古之独立，以其现在边界为边界。另外，条约还规定，中苏共同所有、共同经营长春铁路；中苏共同使用旅顺口为海军基地，苏联有权驻扎陆海空军；大连为自由港，港口主任由苏籍人员担任，苏联经该出入口货物，均免除关税；苏军进入东北后，收复区内由中华民国派员设立行政机构并派军事代表和苏联联系；日本投降后最迟 3 个月内苏军全部撤出东三省。条约有效期 30 年。

据蒋经国在《我的父亲》一书中回忆，在与斯大林会商条约时，斯大林问蒋经国：“你们对外蒙古为什么坚持不让它独立？”蒋经国答：“你应当谅解，我们中国八年抗战，就是为了要把失地收复回来，今天日本还没有赶走，东北、台湾还没有收回，一切失地，都在敌人手中，反而把这样大的一块土地割让出去，岂不失却了抗战的本意？我们的国民一定不会原谅我们，会说我们出卖了国土。在这样情形之下，国民一定会起来反对政府，那我们就无法支持抗战，所以我们不能同意外蒙古归并给俄国。”斯大林回应道：“你这段话很有道理，我不是不知道。不过，你要晓得，今天并不是我要你来帮忙，而是你要我来帮忙；倘使你本国有力量，自己可以打日本，我自然不会提出要求。今天，你没有这个力量，还要讲这些话，就等于废话！”

诚如民国资深外交家颜惠庆所言：“这是一次大战时山东问题的重演。”苏联在东北的权益与当年日本在山东的权益其本质是一样的。第二次世界大战的战胜国中国与第一次世界大战的战胜国中国同样也都是卑微的战胜国，被主要战胜国藐视的战胜国。因为他没有捍卫自身领土和主权完整的实力，因为他没有建立起这种实力所必需的民族自信和坚定斗志。

1949 年，仅用 3 年多的时间，中国共产党的军队便彻底击败了国民党号称 800 万的军队，夺取了全国政权。

1949 年 10 月 1 日，中华人民共和国中央人民政府在北京成立。

1950 年 10 月 25 日，中国人民志愿军依照毛泽东主席的命令，在彭德怀司令员的率领下，跨过鸭绿江，向世界头号强国美国为首的，共 16 个国家军队组成的“联合国军”，发起猛烈进攻。

图 5-26　1950 年 11 月 1 日—11 月 3 日，中国人民志愿军在第一次战役云山战斗中俘虏美军

标志着自鸦片战争以来 100 余年，给中华民族带来无尽屈辱的，“无启边衅”时代从此彻底结束，表明成立才不久的新政府是一个真正意义上的新的政府，是一个具有高度民族自信的政府，是一个恢复了中华民族伟大战斗传统的政府，是一个会为中华民族带来希望和美好未来的政府。

1953 年 7 月 27 日，历时 2 年零 9 个月的抗美援朝战争以中国的胜利宣告结束。

我们赢得了战争，世界向我们敞开了大门。

第六章　新世界史纲要

对世界历史的研究，首先是从西方社会开始的。目前通行的世界历史的主流观点也都是西方人的观点。

15—17 世纪的地理大发现，在西方人的视野中出现了一个地球世界，从此便开启了西方人对地球世界各方面的研究。其中，便包括了对世界历史的研究，出现了一系列描述世界历史发展轨迹、探究世界历史发展规律、预言世界历史发展方向的著作。

图 6–1　哥伦布正在向西班牙国王与王后展示自己在美洲的掠夺成果

尽管观点各异、门派众多，但有一点是基本相同的，就是西方中心主义。

在过去的200年，西方确实是世界的中心，但在18世纪前的世界历史中，中华文明长期占据领先地位，且始终屹立不倒，没有其他文明能取代；在西方文明崛起、称雄世界的时代，没有哪个国家是屹立不倒的，西班牙、荷兰、英国、美国，你方唱罢我登场……

中华文明崛起、确立世界领先地位的时代（前13000—1492）

距今1.5万年左右，在亚非欧大陆、美洲大陆相继出现了三大独立起源、发展的文明：亚非欧大陆东部的中华文明、亚非欧大陆中部的地中海东岸文明和美洲大陆的印第安文明。

中华文明由独立起源而又相互影响的辽河文明、黄河文明、长江文明等诸文明组成，几大文明随着历史的发展慢慢融合，最终统一而形成中华文明。

地中海东岸文明主要由相互联系、相互影响的四大文明组成：两河流域文明、古埃及文明、古印度文明、古希腊文明。这四大文明随着历史的发展都不约而同地走上了衰亡、中断的道路，无一例外都是废墟下的文明。

印第安文明限于篇幅暂且不论。

近年来不断出现的考古新发现表明，中华文明是世界上最早诞生的文明，中国是文明太阳最早升起的地方。中华文明区诞生了世界上最早的农业，创制了世界上最早的陶器。世界上最早的国家也出现在中华文明区。

公元前3000年前后，传说一名叫美尼斯的上埃及统治者征服了下埃及，实现了埃及统一，埃及进入第一王朝时期。此后2000余年的时间里，共经历了31个王朝，有过兴盛，有过辉煌，但终究没能摆脱覆亡的命运。公元前332年，古埃及被新兴的马其顿王国灭亡，此后又先后被托勒密王朝、罗马帝国及阿拉伯帝国统治过。

曾经辉煌的古埃及文明，从此湮没无闻，被深深地掩埋在撒哈拉大沙漠的茫茫荒沙之下。唯有高高的金字塔，始终静静地躺卧在尼罗河沿岸，伴随着人来人往、日升日落，历 4000 年而不倒。

金字塔是古代埃及法老的陵墓，被视为古埃及文明的象征，至今保存在埃及开罗附近，大大小小近百座，其中最大的胡夫金字塔，高 146.5 米，在埃菲尔铁塔建造前的 4000 余年时间里，一直是世界上最高的建筑物，由 230 万块巨石垒成。整座金字塔完全依靠石块本身的重量紧紧地压在一起，严丝合缝。在世界上绝大多数地区还是蛮荒之地的时候，古埃及王国能以人力建造这样的建筑，体现了其当时的文明程度。

位于西亚的两河流域是人类文明的另一重要发源地，距今 5000 多年前，也已出现了文明的曙光，诞生了苏美尔文明，以后又出现了更为辉煌的古巴比伦文明。

古巴比伦王国第六代国王汉穆拉比在位期间，统一了两河流域，使流域文明出现了空前繁荣。为了能使王国的统治千秋万代延续下去，执政期间，汉穆拉比专门制定了一部现存最完整、最古老的成文法典《汉穆拉比法典》，内容涉及诉讼、财产保护、婚姻、人身伤害、劳动报酬及事故处理等大类，开创了人类法治管理的先河，但这种以为单纯依靠法律就能维持长久统治的想法被事实证明太过幼稚。到他儿子统治时期，繁荣就逐渐消失，最终被赫梯王国灭亡。以后又经历了

图 6–2　现藏于巴黎卢浮宫凿刻着《汉穆拉比法典》的石碑

亚述帝国、新巴比伦王国，公元前539年，新巴比伦王国被波斯所灭，两河流域的原生文明宣告消亡。

亚洲南部的印度也是世界文明的最早发祥地之一，约在公元前2500—前1750，出现过被称作哈拉巴文化的早期文明，随后神秘消亡。

公元前1500年前后，雅利安人从中亚侵入古印度，并在印度河流域定居下来，逐渐发展起了等级森严的种姓制度，把整个社会分为四大种姓，各种姓之间不能通婚，老爷的儿子依旧是老爷，贱民的儿子永远是贱民，影响至今。

公元前6世纪前后，古印度北方小国王子释迦牟尼创立佛教。佛教出现后，在古印度本土曾盛极一时，但最终还是走向衰落，归位于印度教。由于佛教的基本精神：平等、自制，与儒家文化有一定的共通之处，在东亚世界却赢得了大量的信众，并被发扬光大。

公元前4世纪，印度历史上形成第一个统一的帝国孔雀帝国。公元前187年，孔雀帝国覆灭。此后，印度陷入长期的分裂混战之中，并多次被外来民族征服和统治，再也不曾出现统一全境的印度人王朝。

古希腊位于欧洲大陆巴尔干半岛的最南端，是欧洲文明的发祥地，也可以说是世界文明的发祥地之一。公元前2600—前1125年，就有上古文明存在，被称为爱琴文明，后被来自北方的蛮族征服，彻底毁灭，历史推倒重来。

爱琴文明是一种次生的海岛文明，是在古埃及文明、两河流域文明的影响下产生的，并非独立起源。

经过“黑暗时代”后，公元前8世纪，开启了西方史学家们所津津乐道的希腊城邦文明时代，至公元前337年被北方的马其顿王国征服，希腊城邦时代共历时400余年。400余年里涌现出了诸如亚里士多德、希罗多德这样的著名学者，通过梭伦等人的改革，雅典的原始民主政治也有一定的发展，但更多的还是争斗。在这个半岛的突出部，巴掌大的地方前前后后竟然出现过大大小小两三百个城邦，彼此各自为政，拉帮结派，纷争不已，战争频仍，从来不曾形成统一的国家。

所谓希腊文明史某种程度上就是小国寡民、内争不已的历史，就是私欲膨胀、相互攻伐的历史，就是不知节制、自取灭亡的历史。这一切也为西方世界日后的争斗、战争埋下了祸根。因为是西方文明的源头，经由西方学者的笔，希腊文明的价值很明显被夸大了。

马其顿王国收拾了内争不已的希腊各城邦以后，便开始了著名的亚历山大远征。亚历山大是一个 20 多岁的年轻国王，通过 10 年远征灭亡了波斯帝国，从希腊半岛一直打到印度河流域，建立起了一个横跨欧亚非大陆的大帝国，但帝国仅存在了短短的 13 年。他死后，帝国便四分五裂，经过混战，形成了 3 个大的希腊化国家：马其顿—希腊王国、托勒密王国和塞琉古王国。在这些国家里，希腊文明和东方文明实现了相互融合。公元前 30 年，最后的希腊化国家埃及的托勒密王国在一代艳后的手中被罗马灭亡，广义上的古希腊人的希腊文明时代从此彻底结束。

至此，纪元前后，人类早期的文明不管曾经有过怎样的辉煌，都已逐渐消亡、衰落，唯有东方的帝国犹如太阳高悬天空，向着中心的位置稳步前进。

公元前 2600 年左右，在东亚大陆黄河中下游地区出现了一位极其强有力的邦国首领。他励精图治，锐意进取，通过一系列的战争建立起一个

图 6–3　黄帝群像雕塑，表现的内容是黄帝统一古华夏各个部落的征战

图 6–4　周公像

邦国联盟，成为黄河中下游地区各邦国的共主，此人就是中华民族的人文初祖——黄帝。中华核心文明——华夏文明在世界的东方诞生。

华夏文明一经诞生，便拥有了其他文明不具备的旺盛斗志和强大领导能力。

华夏民族最初只是黄河流域的一个邦国联盟，在其四周还有其他同样相当强大的邦国或邦国联盟存在，随时都有被征服的可能，联盟也有随时瓦解的可能，就如同其他文明地区发生的那样。尽管身处强敌包围之中，但华夏民族既不曾被征服，也没有被瓦解，而是凭借与生俱来的强大精神力量通过征战不断地战胜、融合、同化周边民族，稳步地扩大疆域。

至公元前 2000 年左右，华夏民族控制范围东至海，北至燕山南北，西至甘肃东部，南至长江中下游，已是世界上最大的国家。

公元前 1046 年，周武王灭商，建立周王朝。两年后武王去世，子成王年幼，周公代理执政。周公以商代灭亡和三叔等武装反叛活动为鉴，大力提倡“敬天保民”“明德慎罚”“有孝有德”的德治思想，花大力气于贵族及其子弟的道德教育、治术教育和勤政教育。

为巩固周王朝政权，周公“制礼作乐”。“礼”强调“别”，“乐”着力“和”，制定并推行了一整套维护君臣宗法和上下等级的典章制度。有“别”有“和”，以调整中央和地方、王侯与臣民的关系，巩固了内部团结，加强了中央政权的统治。

公元前 8 世纪，中国进入春秋战国时期。春秋战国时期是“礼崩乐坏”、诸侯割据的时期，是大国争霸、战乱频繁的时期。同时，也是诸子并起、百家争鸣的时期，思想解放、哲人辈出的时期，出现了儒、法、道、墨等深刻影响中国社会发展的诸子学说。

其中，对中华文明产生最重要、最深刻影响的是由孔子创立的儒家学说。

至圣先师孔子，名丘，字仲尼，鲁国人。祖先本是殷商后裔，父亲是鲁国出名的勇士，在孔子幼年就已去世，孔子家境因此没落。孔子自幼聪明好学，20岁时，就已被时人称赞“博学好礼”。青年时代曾做过委吏（管理仓库的小官）、乘田（管理牧场的小官）。中年后，被任命为中都宰、大司寇，54岁，又代鲁国相。孔子执政仅3个月，被迫去职。此后，孔子带领门徒，离开鲁国，周游列国，虽然受到各国国君的礼遇，但由于孔子的政治主张与当时急功近利的“霸道”不相符合，历经14载未得重用，孔子68岁时返回鲁国。政治上不得意，老年的孔子只能将精力用在教育和整理典籍上，编订《诗》《书》《礼》《乐》，释《周易》，作《春秋》。

图6–5 《孔子讲学》，徐悲鸿绘。取材于《论语·先进篇》，孔子正与其弟子谈论治国方略

孔子政治思想的核心是礼与仁。礼指《周礼》所规定的等级名分制度，即外在行为准则、社会政治秩序。“仁”即爱人，是人的本性的表现，是人类美德的最高概括。仁是礼的基础，礼是仁的体现。“克己复礼为仁，一日克己复礼，天下归仁焉。”主张“为政以德”，以仁爱礼义为准绳，以

道德教化为手段，通过修身以达到国治天下平的目的。

孔子主张在平凡自然的人生中，实现思想的净化和行动的自如，不需到彼岸世界的冥冥之中去搜寻，也不需脱离世俗生活的苦行、苦修，确保了中华民族以入世思想作为社会的主导思想。“孔子不假宗教以惑世，而卓然立人之极，故为生民以来所未有。”①

孔子上承中华上古治国理念，下启中华2000年来治国思想，圣集大成，是中华民族的大圣人。儒家学说勾勒了中华文明的基本轮廓，是2000余年来中国社会的主导思想。与江河同在，与日月共辉。

孔子也是一位伟大的教育家。他创办私学，提出“有教无类”的主张，率先打破“学在官府”的贵族垄断文化格局，提倡在平民阶层中普及文化教育，而且身体力行。相传他三千弟子、七十二贤人，为儒家学派的发扬光大奠定了基础。

公元前238年，秦始皇接受加冕，正式亲理朝政。在此后的两年时间内，秦始皇先后清除嫪毐、吕不韦两大敌对集团，实际掌握秦国政权。他重用李斯、尉缭等人，大力推行各项改革，加快统一战争的步伐。

公元前230年—前221年，秦始皇采取远交近攻、分化瓦解、各个击破的策略，发动灭六国之战。以十年之力，横扫六合，一统天下，建立起中国历史上第一个统一的多民族的中央集权国家——秦。

秦始皇统一中国后，在政治、经济、军事和文化诸领域采取了一系列重大措施：

一、创立皇帝制度，设立三公九卿为中央行政机构，设置郡县为地方行政机构，建立起中央集权的国家政治体制。三公指丞相、太尉、御史大夫。丞相分左右，是百官之首，掌政事；太尉掌军事；御史大夫监察百官。丞相、太尉、御史大夫以下，是分掌具体政务的九卿：侍卫皇帝的郎中令、掌管宫廷守卫的卫尉、掌管刑辟的廷尉、掌管租税和财政开支的治粟内史、掌管山海池泽收入和手工业制造的少府、掌管国内民族事务和外事的典客、掌管宗庙礼仪的奉常、掌理皇室属籍的宗正、掌管皇帝舆马的太仆。三公与九卿议论政务，皇帝做裁决。

① 柳诒徵:《中国文化史》，北京：东方出版社，2008年，第227页。

秦王朝建立的这套中央行政机构，以后一直被历代王朝所仿效。其中，汉代的三公九卿，基本上是照搬秦制。

在地方，废除分封制，改行郡县制。地方行政机构分郡县两级，郡县主要官吏由中央任免。全国分成 36 郡，以后又陆续增设至 41 郡。

二、确立土地私有制，重农抑商，奖励垦荒，发展经济。公元前 216 年，秦始皇颁布“令黔首自实田”法令，命有产之民自报土地数量，政府据以征税，并以法律形式承认其土地私有。同时，实行“上农除末”政策，迁部分大商人往岭南，以限制商业的发展，用减免徭役的办法鼓励垦荒，奖励农业生产。将人口较多地区的民众迁往边远地区、新归化地区，发展经济，促进民族融合。

三、统一全国的法律、货币、度量衡和文字，强化中央政府的集权。修订《秦律》，形成更加完备的封建法典，颁行全国。改革货币制度，以上币黄金和下币铜钱为两种通行货币，黄金以镒为单位，一镒为二十两；铜钱以半两为单位，造型为圆形方孔。币制的统一便利了税收和商品交换，圆形方孔的货币形制则一直沿用到了清末。以原秦国的度量衡为单位标准，淘汰与此不合的制度，统一度量衡。

殷商以降文字逐渐普及。作为官方文字的金文，形制比较一致，但帛书、简书等民间文字，由于列国的分裂割据，则存在着区域差异。这种状况妨碍了各地经济、文化的交流，也影响了中央政策法令的有效推行。秦统一后，秦始皇下令“书同文”，以小篆为官方规范文字，以隶书为日用文字。

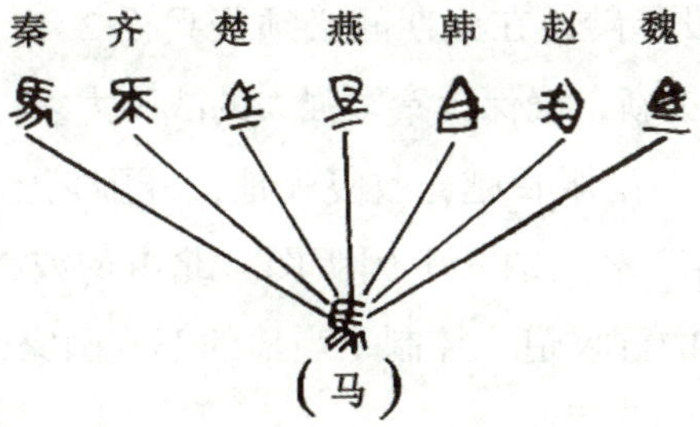

图 6-6　书同文示意图，统一于以秦文字为基础的秦篆，又称小篆，此为“马”字

统一和简化文字，是对中国古代文字发展、演变的一次总结，也是一次大的文字改革，对中国文化的发展和各地区的交流起了重要作用，为统一的汉民族的最终形成创造了条件。

图 6–7　秦李斯篆书《泰山刻石》宋拓局部。六字为“辞不称始皇帝”

四、建筑驰道，兴修水利，统一车轨，促进各地经济和文化交流。公元前220年，秦始皇开始大力修筑以国都咸阳为中心，向四面八方延伸出去的驰道，一则方便交通，以利管理全国；二则方便南北战争前线的补给。同时，也便利了皇帝的出巡。从此，四海畅通，万里无阻。

在关中平原开凿郑国渠，灌溉农田4万多顷，使关中一跃成为富饶的农业地区。在广西兴安开凿灵渠以沟通长江水系的湘江和珠江水系的漓江，2000多年来灵渠一直是岭南与中原地区之间的水路交通要道，大大便利了中国南北经济、文化的交流。

战国时期，各国车辆形制不一。秦始皇统一全国后，定车宽以六尺为制，一车可通行全国，方便了各地的往来和交流。

五、改革军事，实行征兵制，强化国家的军事力量。秦朝规定，男17—56岁，为服役年龄，在此期间必须服兵役2年。征兵制保证了国家兵源和士卒的不断更新，确保了秦军强大的战斗力。

六、北击匈奴，南服百越，收复失地，开疆拓土。秦始皇南服百越，将福建、浙江、两广永久纳入中国版图。北击匈奴，夺回河套地区。此外，还开通往西南的五尺道，控制了当地的部族国家，将政治势力延伸至云贵高原。

秦始皇新政，奠定了中国2000余年政治制度的框架，促进了以华夏

图 6–8　秦将蒙恬击败匈奴后，秦始皇命令在北部边境修筑长城，蒙恬率军在秦、赵、燕三国长城的基础上修筑了万里长城。本图为清末长城

族为主体的中华民族的融合和形成，确立了今日中国版图的基本格局，把中国推向了大一统时代，对中国和世界历史发展产生了极其巨大而又深远的影响。

公元前 134 年，雄才大略的汉武帝实际掌握政权。为了维护并加强中央集权制，巩固国家的统一，采纳大儒董仲舒策议，以“天人合一”理论、“大一统”思想为依据，变革政治。

统一思想。“罢黜百家，独尊儒术”，结束先秦以来“师异道，人异论，百家殊方”的局面，确立儒家的独尊地位，使社会思想归于儒家一说，为进一步加强中央集权做思想上的准备，以思想统一巩固政治统一。

图 6-9　董仲舒像。董仲舒系统地提出了“天人感应”“大一统”理论和“诸不在六艺之科、孔子之术者，皆绝其道，勿使并进”“推明孔氏，抑黜百家”的主张，为汉武帝所采纳，使儒学成为中国社会正统思想，影响至今

倡仁政，修正任刑而不尚德的法家路线，寻求国家的长治久安，为以后历代王朝所遵循。

改革用人制度。“兴太学，置明师，以养天下之士”，第一批太学学生 50 人，到西汉末年，太学学生增加到 1 万人，用儒家思想培养栋梁之材。举贤良方正，广聚人才，为社会各阶层人士开辟广阔的仕途。改变官僚、富豪子嗣垄断官位的情形，使有用之才不致因出身和资历而被埋没，为中国古代有系统地选拔人才制度之滥觞，开创了中国独特的文官考试制度，对中国乃至世界以后的政治、社会发展都产生了深远的影响。

整治诸侯和地方豪强。消除诸侯割据，加强中央集权，是西汉初期始终存在和想解决的一个重大问题。为了削弱诸侯王的势力，汉武帝颁布“推恩令”，通过推恩分封，缩小诸侯封地，将许多原本势力强大的诸侯国分割成一个个小侯国，削弱其实力。与此同时，对不法的地方豪强进行严厉打击，强化中央集权，巩固政治上的大一统。整顿货币，将铸币权完全收归中央政府，稳定市场和流通，使汉朝的五铢钱成为质量稳定的钱币。实行盐铁专卖，禁止私营盐铁，摧毁诸侯王赖以称雄的经济基础，增加中

图 6-10 莫高窟 323 窟初唐壁画《张骞出使西域图》，共 3 个画面。下方的画面为张骞拜别汉武帝，骑马者为汉武帝，马前持笏跪地者为张骞

央政府的收入，加强中央对地方经济的控制。

公元前 133 年，为了消除边患，开疆拓土，汉武帝发起对匈奴族的反击战争，开始了中原王朝历史上有明确记载的第一次大规模对外用兵时期。15 次用兵，收复河套地区，夺取河西走廊，逐匈奴于大漠之北，匈奴从此不敢大规模南下。

匈奴由创造了辽河流域文明、后来始终留居长城以北的上古部族逐步演化而来，虽自成一族，但与汉民族自古即有非常密切的联系。在商武丁时代，就曾臣服于商王朝，以后时叛时附。汉初势力强大，与中原王朝分庭抗礼。

汉王朝与匈奴的战争，是中华文明最主要的两大组成部分——中原农耕文明与北方游牧文明的战争。从古至今，由匈奴开创的北方草原游牧文明都是中华文明重要的不可或缺的组成部分，北方游牧文明书写的历史同样也是中华文明的历史。

对匈奴战争取得重大胜利后，公元前 119 年，汉武帝再次派遣张骞出使西域。张骞组织了 300 人的探险队，携带巨额金帛和牛羊出使乌孙、大宛、康居、月氏、安息、身毒等国，与这些国家先后建立起正式的友好往来和外交关系。

为了确保西域通道，公元前108年，汉武帝派兵征服归附匈奴的楼兰、姑师两国。公元前 104 年和公元前 102 年，汉武帝又两度用兵西域，遣师征讨大宛，改立亲汉的贵族为大宛国王，西域震动。慑于大汉军威，大宛以东各国相继向汉称臣，丝绸之路开通。

丝绸之路是沟通中原王朝与西域、中亚以及西方世界联系主要的陆上官方通道。起自汉长安城，穿越河西走廊，经天山南北两路入中亚，再经西亚—地中海东岸入罗马帝国境内。

秦汉时期中国的科技和经济已经大大领先于世界各国。丝绸之路贸易，中国输出的是优良的手工业品，如丝绸、铁器、漆器等。其中，尤以在西方世界大受欢迎、为上层人士热烈追捧的丝绸为最大宗，换回来的则主要是西方的一些观赏性的动植物，极少为中国所缺乏的先进技术工艺产品。

丝路贸易对中国经济、技术的发展，直接益处并不太大，主要是促进了中原王朝对西部边疆的政治统一，西域第一次正式进入中原王朝的版图。同时，扩大了中国的国际影响，中国的声威首次广布于世界。除此之外，也在一定程度上改变了中亚、西亚等地区的政治、经济格局。

西输的先进生活资料和生产资料，给沿线国家和人民带来了切实的利益，提高了许多落后民族的文明水准，也提高了一些沿线国家的国际地位，推进了世界历史的前进步伐。

张骞等奉汉武帝之命历经千难万险开辟丝绸之路，是人类文明史上的伟大创举，在世界历史上第一次建立起了亚欧大陆东西两端比较稳定的陆上联系，使亚欧大陆初步形成一个整体，是中华文明对人类进步和发展所做的第一次大贡献。

汉武帝在位 54 年，其中将近 50 年用于征战。南征北战，东讨西伐，开疆拓边，平定内乱，展布大汉国威于世界，构筑今日中国疆域的大致轮廓，巩固了以汉民族为主体的统一的多民族国家。

公元前60年，汉朝在西域乌垒城设西域都护府，推行汉朝政令。纪元前后，汉王朝西部疆域已达巴尔喀什湖以东、以南地区，成为一空前强大的帝国。

91年，在东汉王朝接二连三的军事打击下，南匈奴内附，北匈奴被迫西迁，暂居中亚、西亚，休养生息，准备书写匈奴历史上最后的、最灿烂的篇章。

纪元前后，西方世界出现了一个新的帝国：罗马帝国。罗马文明约出现在公元前8世纪，位于今意大利半岛中部。罗马帝国经历几百年的发展和扩张，公元前1世纪进入鼎盛时期，将整个地中海沿岸地区都纳入了统治范围。公元前27年，统治者屋大维获尊号奥古斯都，罗马进入帝国时代。到2世纪末，五贤帝时代结束。由于帝国完全依靠军队和高压来维持小部分人的统治，没有可持续性，保持了200年繁荣后便走上了下坡路。

1世纪中期，基督教在巴勒斯坦、小亚细亚的犹太下层民众中产生。基督教源自犹太教的一个小派别，创立者据说是耶稣。早期基督教宣扬上

图6–11　被视为古罗马文明象征的罗马斗兽场。目前留存在世的古罗马时期的斗兽场尚有6座，遍布罗马帝国境内的斗兽场表明，早期欧洲人完全没有平等观念和人权意识，一部分人在另一部分人眼中就是两只脚的动物

帝创造一切、主宰一切，主张人人平等，人人生而有罪，不为上层人士喜欢，因为反对罗马统治也经常遭受罗马当局的迫害。经过近 300 年的发展，随着教义的逐渐改变，基督教慢慢由穷人的宗教，变成了富人统治的政治工具。

313 年，罗马皇帝君士坦丁颁布《米兰敕令》，承认基督教的合法地位。380 年，狄奥多西一世规定基督教为帝国唯一合法的宗教，从此确立了基督教在欧洲不可动摇的统治地位。

350 年左右，在中亚养精蓄锐已经 200 多年的匈奴再次吹响战斗的号角，迈开进攻的步伐，开始了改变欧洲历史的西征。他们渡过伏尔加河，首先在顿河流域打败阿兰国，随后大败日耳曼人，迫使日耳曼人大批涌入罗马帝国境内，帝国政局因之剧烈动荡。395 年，以巴尔干半岛西侧为界，罗马帝国分裂为东罗马帝国和西罗马帝国。

447 年，匈奴王“上帝之鞭”阿提拉再度兴兵，兵锋直指君士坦丁堡，东罗马皇帝纳币乞和。450 年，阿拉提转攻西罗马帝国，强渡莱茵河，进逼奥尔良，依靠日耳曼人的增援，西罗马帝国勉强抵挡住了匈奴人的进攻。453 年，阿提拉暴卒，匈奴帝国瓦解。476 年，日耳曼雇佣军首领废黜西罗马最后一任皇帝，西罗马帝国灭亡。

身着兽皮、手持长矛的日耳曼人，即现代欧洲人的祖先，从此成了西欧新的主人，开始了千年“黑暗时代”。

西罗马帝国灭亡后，东罗马帝国继续存在了近 1000 年。1453 年，被奥斯曼土耳其所灭。其间，虽也曾有过复兴，但只是昙花一现，绝大多数时间只是龟缩在巴尔干半岛、小亚细亚的弹丸之地上苦度时光，虽有文化，但已是过气的帝国。

没有匈奴民族的西征，就没有日耳曼人的南下；没有日耳曼人的南下，就没有西罗马帝国的覆灭；没有西罗马帝国的覆灭，就没有日耳曼国家的诞生；没有日耳曼国家的诞生，就没有近现代欧洲的出现。是中华民族的一支——匈奴族将日耳曼人赶出丛林，将日耳曼民族推上了世界历史的舞台。

六七百年历史的西方帝国覆灭了，2000 余年历史的东方帝国此时正准备着迎接千年黄金时代的到来。

自从在地球上出现的那天起，中华民族就很好地承担起了领导、教化周边民族的责任，通过不断融合、教化周边民族，快速提升了东亚地区的整体文明程度。中华民族在其成长的早期，就对人类天性有了充分的了解，洞悉人类的弱点，认识到刑罚不足以维持统治长久，提出以德为主，辅之以刑的以德治国思想，培养道德自觉，以臻于“有耻且格”的境界，确保了中华文明历 5000 年而不衰。

中华帝国是唯一历 4000 年而不倒的国家。社会达尔文主义[①]为近代西方社会广泛接受，普遍认可，强调自然选择——物竞天择。认为只有通过充分的自然选择，生存下来的才是适者、优者。纵观 6000 年人类文明史，曾有多少个烈焰万丈的帝国，多少个横冲直撞的帝国，多少个不可一世的帝国，到如今，又有哪个没有土崩瓦解，又有哪个能傲立千年，又有哪个至今尚存？唯有东方的中华帝国，虽然曾经遭受苦难，却始终屹立不倒，傲立至今。

坐看潮起潮落，笑观日升日沉。

494 年，北魏孝文帝迁都洛阳，大力推行全面汉化。孝文帝改革极大地推动了北方各民族的融合、汉化，确立了汉文明在中华文明中的绝对主导地位，为千年黄金时代的到来，奠定了坚实的基础，功莫大焉。

589 年，隋文帝灭陈，重新统一中国，中华民族千年黄金时代的大门从此开启。隋、唐、宋、元、明直至清前期，中华帝国一直是世界上文化最发达、经济最繁荣、国力最强盛的帝国，无论器物、制度、思想均领先于世界，居世界的领导地位。

626 年，李世民即皇帝位。唐太宗雄才大略，锐意进取，创贞观盛世，为四海独尊的“天可汗”，经高宗、武周至玄宗朝开元盛世，100 余年，中华帝国空前繁荣。

---

① 社会达尔文主义是由达尔文的进化论演绎而来的。达尔文的进化论认为，地球上的生物，随着环境的变迁，有一个由低级生命形态向高级生命形态逐渐进化的必然趋势。社会达尔文主义者认为，社会也像生物一样，是一个以同样方式进化的有机体。这一理论认为在生存竞争中，财富是成功的标志，穷人是生存竞争中的“不适者”，不应予以帮助；支持盎格鲁—撒克逊人或雅利安人在文化上和生理上优越的主张。

图 6–12　西安唐代慈恩寺大雁塔旧照。唐高宗永徽三年（652）春，玄奘法师为供奉从天竺带回的佛像、舍利和梵文经卷奏请建造大雁塔。唐中宗神龙之后，新科进士曲江会宴后皆会来到大雁塔下题写名字于壁，史称雁塔题名

经济繁荣，人民富足。“小邑犹藏万家室”，“公私仓廪俱丰实”[1]，声名远播宇内。当时与唐通使的国家、地区有 70 多个，“万国衣冠拜冕旒”[2]。首都长安拥有人口 100 多万，是世界历史上第一个达到百万人口的大城市。外郭城面积即达 84.5 平方公里，加上城北苑城，总面积不少于 200 平方公里，是中国古代历朝都城中规模最大的一个，也是世界的政治、经济、文化中心。贸易往来、文化交流频繁，大量外商、外客聚居，最多时达 10 余万人。唐代诗人元稹有诗云：“胡音胡骑与胡妆，五十年来竞纷泊。”

陆上丝绸之路繁盛，甘肃成为当时全国最富有的地区之一，“天下称富庶者无如陇右”。海上丝绸之路发达，广州、泉州等港口城市欣欣向荣，相继出现了专门的外侨聚居区蕃坊。开元年间，广州开始设置最早的海关

① 张忠纲：《杜甫诗选》，北京：中华书局，2009 年，第 175 页。
② 赵仁珪等：《王维诗》，北京：中华书局，2015 年，第 180 页。

管理机构市舶司，管理进出口船舶。

国力强盛，开疆拓土。贞观四年（630），灭东突厥，大唐帝国从此迈开向外扩张的步伐，四面出击，连年征战，大漠黄沙，金戈铁马。极盛时帝国的疆域，西达中亚咸海，北达贝加尔湖以北，东达库页岛，南达越南北部。

随着军事上的一次次胜利，大唐帝国先后设置了6个都护府和若干边州都督府，行使对这些地区的管辖权。盛时都护府有：单于都护府，辖今内蒙古阴山、河套一带；安北都护府，辖今蒙古和西伯利亚南部一带；安西都护府，辖今阿尔泰山—咸海，帕米尔高原东西—阿姆河两岸；北庭都护府，分安西都护府置；安东都护府，辖西起辽河，南至朝鲜北部，东、北至海，包括乌苏里江以东和黑龙江下游至入海口；安南都护府，辖北有云南一部，南至越南北部，东有广西一部。在中国历史上是空前的。①

960年，赵匡胤建立宋王朝。有宋一代，中国科技文化高度繁荣。指南针、印刷术、火药三大发明，至宋代又有划时代的发展，进入实际应用。

北宋末，已有指南针用于航海的记录。南宋时，海船上普遍装有针盘，这是世界海运史上的空前进步。雕版印刷普遍推广，毕昇发明活字印刷，用胶泥刻字排印，对以后木活字、铜活字的创造有重大影响。

北宋时编撰的《武经总要》，记载了3种火药配方，以及火箭、火炮等火器的做法和用途。神宗朝，边防军已大量配备火药箭。开庆元年（1259），寿春军民发明了可以发射弹丸的管状火器突火枪，是世界武器制造史上划时代的进步。②

三大发明不久后的西传对人类历史发展进程产生了极其重大的影响。天文、数学、医学、农艺等各个领域的成就，也在当时的世界处于领先地位。

在思想文化领域，宋代理学以儒家经学为基础，兼收佛道思想形成新时代儒学，基本分为两派：以二程和朱熹为代表的程朱理学，以陆九渊为代表的心学。

① 葛剑雄：《历史上的中国》，上海：上海锦绣文章出版社，2007年，第127—130页。
② 邓广铭等：《宋史》，北京：中国大百科全书出版社，2011年，第160页。

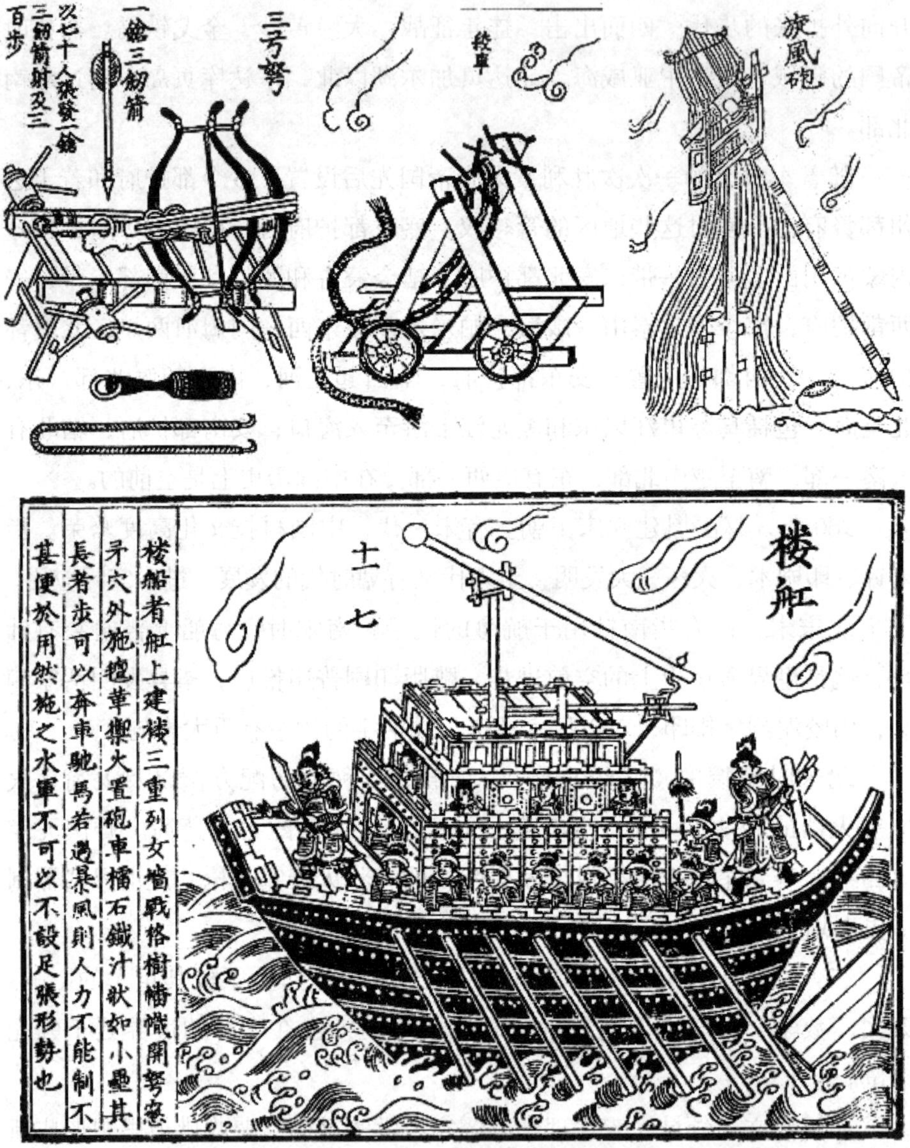

图 6–13 《武经总要》记载了丰富的中国古代科学资料，尤其是首次比较全面具体地记载了古代各种武器装备的制造技术

程颢、程颐世称二程，为理学的奠基人，当时影响不大。南宋孝宗朝，程颐的四传弟子朱熹集理学之大成，对二程理学加以阐释、发展，使理学成为更完备、更系统、更富哲理的新儒学，理学遂大为兴盛。理宗时程朱理学成为官方哲学，元、明、清以降，更居于思想文化的统治地位。

宋王朝片面强调吸取晚唐、五代军阀割据的教训，实行“守内虚外”的政策。以文人掌军，不尚武功，军事实力较弱，从来没有统一过中国，一直被视为弱宋。这只是和前朝相比，就当时世界来看，宋王朝依然是一个强大的王朝。放眼世界，当时已经没有真正的帝国存在。无论老牌帝国拜占庭，还是新兴帝国阿拉伯，此时都已四分五裂，虚弱不堪，徒有虚名。

7 世纪中叶，在阿拉伯半岛崛起了一个新的草莽帝国——阿拉伯帝国。阿拉伯民族是一个逐水草而居、过着游牧生活的民族，其时尚处在落后的部落社会时期。

610 年，阿拉伯人穆罕默德创立了伊斯兰教，声称自己是安拉的使者先知。穆罕默德从创教之初起，就把宗教和政治联系在了一起，希望通过宗教聚拢人心，统一社会，建立国家。在统一了阿拉伯半岛后，穆斯林便以圣战的名义，向世界扩张，最终建立起了一个横跨亚非欧三洲的大帝国。

750 年，倭马亚王朝覆灭，阿拔斯王朝代之而起，偃武修文，大力推动文化建设，在波斯、拜占庭等文化的基础上慢慢形成了自己的阿拉伯文化。随着阿拉伯文化的逐渐形成，阿拉伯帝国很快走向分裂。

756 年，伊比利亚半岛独立，788 年摩洛哥独立，9 世纪叙利亚、波斯独立，10 世纪埃及独立。10 世纪中叶宋王朝兴起时，阿拔斯哈里发能有效管辖的地域已仅剩两河流域以巴格达为中心的一小片土地。1055 年，塞尔柱突厥人攻入巴格达，取消了哈里发的军事、政治权威地位，只保留其宗教领袖地位，以后则是十字军战争，狼烟四起，混乱不堪。

没有文化四处扩张，有了文化四分五裂，不能不说是历史的悲哀。

阿拉伯帝国向世界扩张时期，也正是大唐帝国向世界扩张的时期，两大帝国曾经对中亚地区有过争夺，互有胜负，最终谁都没有建立起对中亚小国的完全统治，谁也无法越过中亚向西或向东扩张，只是把中亚作为缓冲地带维持力量的均衡。

1206 年，一代天骄成吉思汗建立蒙古汗国。1211 年，蒙古大军南下攻金，迫使金求和，1216 年退回草原。对金战争使蒙古族人学会了制造和使用火器，学会了攻城战术，军力大增。1219 年，蒙古发动第一次西征，挥师西攻花剌子模，1222 年灭之。1223 年，蒙古大军长驱直入，扫荡俄罗斯各地。1235 年，发起第二次西征，一路向西，扫平大半个欧洲。1253 年，发动第三次西征，攻陷巴格达，彻底灭亡了阿拉伯帝国。1271 年（至元八年），忽必烈取《易经》中“大哉乾元”之意，正式改国号大元。

蒙古西征及以后蒙古统治下的和平，极大地促进了中华文明向西的传播。

东方世界的繁荣、世俗化的生活、宽容的宗教政策直接推动了西欧文艺复兴和宗教改革运动的兴起和发展。中国先进的技术、发明，如火药、印刷术、冶金术、算盘等也相继经由西亚传入了欧洲大陆。

来自东方的现世主义、先进技术，推动处于基督教千年奴役下愚昧自守的欧洲人冲破宗教黑暗，开阔了他们的视野，增长了他们的见识，从此不做井底之蛙，开始睁眼看世界，产生对东方的热烈向往。

正是依靠东方先进文明的引领，西方文明才慢慢走上了近代崛起的道路。蒙古大军的铁蹄给黑暗中的欧洲送去了光明，也带去了文明。

1368 年，明王朝建立。明至清前期中华帝国依然是世界上最强大的帝国，还有郑和七下西洋这样的伟大壮举。同时，在思想和文化上也给予了欧洲巨大的影响，17、18 世纪欧洲大地上到处吹拂着的是中国风。

1405 年（永乐三年）7 月 11 日，明成祖命郑和率领由 240 多艘海船、2.78 万名船员组成的庞大船队，从太仓刘家港起锚，开始了人类历史上最早的伟大远航。至 1433 年（宣德八年），郑和船队历时 28 年，先后七下西洋，足迹遍及东南亚、南亚、东非等地的 30 多个国家。

郑和船队从刘家港起航后，先沿着海岸线南下，到达福建闽江口后，在长乐太平港停泊，等候太平洋东北季风。季风来了，便穿过台湾海峡和南海，第一站到达占城，随后前往东南亚各国，再进入印度洋。前三次主要在印度以东，最远到达古里，它是古代东西方海上贸易的重要港口。第四次到达西亚、东非等地区。

郑和船队七下西洋主要的航线达 42 条之多，目前比较一致的看法，其航线最远到达东部非洲莫桑比克和西亚的沙特阿拉伯。如此大规模的远航，为此前的中国航海史上所没有，在世界航海史上也遥遥领先。

郑和下西洋比哥伦布发现美洲大陆的著名远航早了 87 年，比达伽马绕过好望角到达印度、麦哲伦完成环球航行则分别早 93 年和 116 年。郑和下西洋在当时仅靠木船、凭借自然风力的条件下是非常了不起的，不仅要掌握海洋知识，拥有航海技术和航海经验，而且需要勇气和探险精神。

郑和船队根据海上航行和担负的任务，采用军事组织形式组建，堪称当时世界上实力最雄厚的海上机动编队。史料上明确记载船队人数的有 4 次：第一次 27800 人，第二次 27000 人，第四次 27670 人，第七次 27550 人。我们可以初步判断，郑和每次下西洋都在 27000 人以上。

根据海军专业人员多年研究，郑和船队由舟师、两栖部队、仪仗队 3 个序列编成。舟师相当于现在的舰艇部队，基本单位战船，编组成编队；两栖部队用于登陆行动；仪仗队担任近卫和对外交往时的礼仪活动。按照下西洋的需要，郑和船队人员主要分 5 个部分：指挥部分、航海部分、外交贸易部分、后勤保障部分和军事护航部分。

郑和率领的船队，无论规模和实力，都远远超过将近一个世纪后西班牙、葡萄牙等国的远航船队，充分体现了中国当时的国力和军事实力。诚如英国的李约瑟博士所言："明代海军在历史上可能比任何亚洲国家都出色，甚至同时代的任何欧洲国家，以至所有欧洲国家联合起来，可以说都无法与明代海军匹敌。"

郑和是大航海时代的先驱，是中国人最早开创了海洋时代，郑和船队所取得的成就清楚地表明中国自古即有海上称雄的能力。

郑和船队是当时世界上最强大的海上特混舰队，有强大的军事实力，但中国人并没有将它用于侵略扩张。郑和七下西洋，全副武装，却从不征服异族，也不建立要塞。郑和下西洋忠实地贯彻了大明皇帝“内安华夏，外抚四夷，一视同仁，共享太平”的和平包容思想，成功创建了一个前所未有的和平、安宁的国际环境，万邦和顺，万民康乐。

下西洋前，西太平洋、印度洋地区的国际环境动荡，东南亚地区各国相互猜疑，互相争夺。当时东南亚地区几个较大的国家如爪哇、安南等积极对外扩张，欺压周边的一些小国。同时，海盗猖獗，横行东南亚、南亚海上，海上交通得不到安全保障。郑和率领船队下西洋通过文武兼用的手段，调解与缓和各国之间的矛盾，平息冲突，消除隔阂，维护了地区及海洋的安全，同时也大大增强了明王朝的国际威望。

郑和使团在对外交往活动中，不以强凌弱，不仗势欺人，不奉行霸权主义，坚持礼尚往来、厚往薄来，促使西洋各国纷纷与明朝建立友好关系，积极前来中国朝贡。

据统计，永乐在位 22 年，与郑和下西洋有关的亚非国家使节来华共 318 次，平均每年 15 次，盛况空前。最多一次有 17 个国家朝贡使团同时来华。更有浡泥（文莱）、满剌加（马六甲）等国家，由国王亲自率团前来中国访问。浡泥国王访问期间不幸在中国病逝，遗嘱要托葬中华，大明皇帝以礼葬王侯的仪式，将浡泥国王葬于南京石子岗，其墓至今尚存。

历史清楚地表明，中国强大的舰队游弋海上，带给世界的是和平而不是战争，是安宁而不是杀戮。

当时东南亚、南亚、非洲一些国家和地区社会发展比较落后，非常向往中华文明。朱棣派遣郑和下西洋便赋予了“宣教化于海外诸番国，导以礼仪，变其夷习”的使命。郑和出色地将中华文明远播海外，在中外文化交流史上写下了光辉的篇章。现在马来西亚有三宝山、三宝井，印尼有三宝垄、三宝庙，表达了当地人民对这位传播中华文明先驱的敬意。

郑和下西洋的另一个重要内容是积极推动官方和民间贸易。郑和船队除了装载赏赐用的礼品外，还有大量的中国货物，如丝绸、瓷器、铁器等。同时，郑和使团也不禁止下西洋官兵带一些中国货物在沿途进行交换。西洋各国百姓对中国的丝绸、瓷器、工具非常喜欢，时常请官兵到当

图 6–14　印尼旅游胜地三宝洞，洞门外是郑和下西洋的浮雕，图为郑和船队抵达满剌加港口的情形（楚君堂　摄）

地的集市设摊交易。

郑和下西洋后引发的私人海外贸易范围广泛，几乎遍及东南亚各地。随着海外贸易的发展，出海经商、谋生的人数大量增加，形成明后期华人出国高潮，为南洋华侨社会的形成、东南亚各国的发展打下了坚实的基础。

清入关后，前期的几任皇帝励精图治，积极进取，使中国大致恢复了汉唐盛世的疆域。中国最终形成一个北起萨彦岭、额尔古纳河、外兴安岭，南至南海诸岛，西达巴尔喀什湖、帕米尔高原，东控库页岛，拥有1000 多万平方公里的空前统一的国家。

清全盛时的疆域划分为 25 个一级政区和内外蒙古各盟旗。尽管有些地区实行一定程度的自治，但涉及国家主权的重大问题完全由中央掌控，统一的范围和程度为中国以往王朝所没有。

但自 18 世纪中期始，相比于迅速崛起的欧洲，清朝在经济和技术方面的发展速度明显变慢了。一个是阔步向前，一路上行；一个则是蹒跚前行，一路下滑；一个是青春焕发，斗志昂扬；一个则是年老体迈，故步自封，最终只能痛苦地让出霸主的地位。

西方文明崛起、确立世界领先地位的时代（1492—1953）

确定 1492 年为西方文明时代的起点，是因为 1492 年的欧洲社会具备了崛起所需要的政治、军事、科技条件。

一、政治上出现了若干独立、统一的民族国家。1492 年，随着西班牙的基本统一，在西方世界最早崛起的伊比利亚半岛出现了两个统一的王权至上的强有力的民族国家，结束了中世纪贵族跋扈、王权软弱的分裂局面，形成中央集权的强力体制。同时期，北方的法国、英国也通过战争逐渐形成统一的君权至上的民族国家。

二、军事上取得了反击外族入侵的重大胜利。711 年，阿拉伯人越过直布罗陀海峡入侵伊比利亚半岛，灭亡信奉基督教的西哥特王国。从此，伊比利亚半岛的基督徒开始了长达 700 多年的收复失地运动。1492 年，基督教军队攻陷最后一个伊斯兰王国格拉纳达，把异教徒统治者彻底逐出伊比利亚半岛，标志着收复失地运动取得最后的胜利。基督教世界反击外族入侵的战争取得了重大胜利。

三、科技上在吸收东方先进技术的基础上逐渐形成自己的技术体系。在西传的东方先进技术中，来自中国的三大发明被证明对近代西方崛起产生了举足轻重的影响，这三大发明是印刷术、指南针和火药。

约于 13 世纪后期，中国的雕版和活字印刷术随着蒙古人的征服传入波斯，14 世纪又传入欧洲，15 世纪中叶德国人古登堡制造出了第一台铅活字印刷机。活字印刷术的推广彻底改变了西方社会的面貌。

中世纪的欧洲，书籍都是写在羊皮纸或牛皮纸上的手抄本，非常稀少也非常昂贵，阅读和写作的权利被限制在小部分人中间，绝大多数人是文盲，有时连国王和王子也不例外。印刷术的出现使书籍变得普通而又便宜，破除了教会对文化的垄断，知识得以迅速传播，使西方民族最终摆脱了野蛮

图 6–15 在毕昇发明泥活字的基础上，元代王祯创制了木活字，并发明了转轮排字盘，将木活字按照音韵有规律地排列在转盘中，提高了拣字排版的效率

和愚昧，进一步推动了西方社会正在兴起的思想解放运动。

如果没有活字印刷，西方世界以后几个世纪的政治、工业变革可能都不会发生。

12 世纪晚期，指南针经由阿拉伯传入欧洲，指南针解决了海洋航行的方向问题，使跨洋航行真正成为可能。依靠指南针、船尾舵等导航和航海技术，哥伦布完成了其改变世界历史进程的跨洋航行，发现了新大陆，开辟了横渡大西洋的新航路，揭开了地理大发现的序幕。

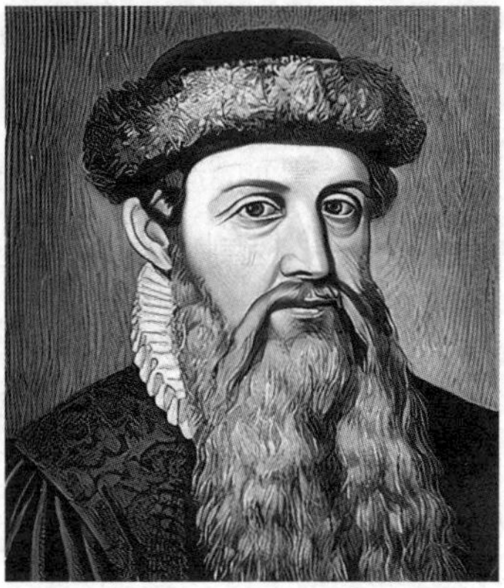

图 6–16 1455 年，古登堡用他的活字印刷方法印刷出了第一批拉丁文《圣经》，这一事件标志着西方进入了一个信息快速、廉价传播的时代

如果没有指南导航，可能就不会有哥伦布的地理大发现，也就不会有西方殖民体系的建立。

13 世纪中叶，蒙古人西征将火药和火器带到了阿拉伯。由于火药和火器直接应用于战争，很快便经阿拉伯传入了欧洲，并在战争频繁的欧洲得到了快速发展。西班牙、葡萄牙于 15 世纪中期先后开始使用火绳枪和佛郎机炮。

装备上的巨大优势使登陆新大陆的西班牙人、葡萄牙人在几十年的时间里几乎彻底毁灭了印第安文明，在几千万印第安人的白骨上建立起了庞大的殖民帝国，为西方的近代崛起完成了原始积累。

如果没有火药、火器，即便发现了新大陆，欧洲人也不可能在新大陆上建立起牢固的殖民统治。

通过对西传的东方先进技术的学习，及其随后的改进和发展，欧洲人逐渐形成了自己的科技体系，为西方文明的近代崛起奠定了坚实的技术和经济基础。

伴随着地理大发现，凭借着军事上的巨大优势，欧洲人迅速冲向了世界。

1492 年，哥伦布踏上新大陆，近代西方的殖民时代从此开启。西班牙人陆续在西印度群岛和美洲大陆沿岸建立了据点并不断向内陆推进。由于落后的新大陆文明根本无力抵抗欧洲人的入侵，推进的过程也就是屠杀和征服的过程。

1493 年，在海地筑伊莎贝拉堡，建立了美洲的第一块殖民地。1514 年，建立圣地亚哥城，征服加勒比海最大的岛屿古巴岛。1519 年，登陆墨西哥，殖民者科尔蒂斯率兵深入内陆，并于 1521 年征服阿兹特克帝国。同时，西班牙人在巴拿马地峡南岸建立巴拿马城，并开始侵入南美太平洋沿岸地区。1533 年，印加帝国被皮萨罗征服。两年后，西班牙人在秘鲁建立利马城，作为进一步控制南美其他地区的基地。1534—1535 年，西班牙人北上侵入北美西部地区，并将之命名为加利福尼亚，开始逐步向北美内陆推进。

至 16 世纪中期，西班牙以秘鲁为中心侵占了除巴西以外的整个中美洲、南美洲以及北美的部分地区，亚洲的菲律宾也逐渐沦为西班牙的殖民地。

据统计，从哥伦布抵达美洲到 1640 年的近 150 年间，仅西班牙就在美洲搜刮了 4.5 万吨白银和 875 吨黄金。同时，大肆屠杀印第安人，被杀死的印第安人将近 1500 万左右。在大肆屠杀印第安人的同时，又从非洲贩卖大批黑人到美洲做奴隶。

西方早期的另一殖民大国是葡萄牙，早在 15 世纪，葡萄牙人就在非洲西岸建立了殖民据点。1502年，达伽马在印度卡利库特建立要塞。1506年，葡萄牙人侵占红海入口处索科特拉岛，接着又占据波斯湾入口处的商业和军事要地霍尔木兹，钳制阿拉伯半岛。1510年强占印度果阿，1511年攻占马六甲，1513年东侵马鲁古群岛。至此，葡萄牙向西控制了红海和波斯湾出口，向东侵入了印尼群岛，使印度洋完全沦为其势力范围，从而垄断了东方贸易。

随后，又开始骚扰中国东南沿海地区，在几次军事挑衅被击败后，1557年，以欺骗手段获得澳门居留权。接着，又在巴西展开殖民活动，把殖民帝国扩大到美洲。近代西方出现了最早的两个殖民大国。

由于西班牙和葡萄牙在殖民掠夺中发生冲突，1494年，在罗马教皇的仲裁下，两国签订了《托尔德西拉斯条约》，规定在西非海岸佛得角群岛以西划一南北经线，线西属西班牙，线东属葡萄牙。麦哲伦环球航行后，1529年，双方又订新约划定西班牙属地西界。这是西方列强对殖民地的第一次瓜分。

1580年，利用葡萄牙国王死后出现的继承危机，西班牙借机吞并了葡萄牙组成伊比利亚联盟。自欧洲到美洲的大西洋体系，与自欧洲绕过非洲到亚洲的印度洋、太平洋体系，因此从政治上合二为一，西班牙殖民帝国达到极盛。为了保障其海上交通线和其在海外的利益，西班牙建立了一支拥有100多艘战舰、3000余门大炮、数以万计士兵的强大海上舰队，鼎盛时舰队有舰船千余艘，横行于地中海和大西洋，并骄傲地自称无敌舰队。

西班牙、葡萄牙的成功刺激了大西洋上的一个岛国——英国。16世纪中期，英国还是一个非常弱小的国家，但英国的统治者伊丽莎白一世是一位有勇气、有智慧同时又对黄金、白银有着浓厚兴趣的女性。伊丽莎白一世声称："海洋和空气为世界人所共同享有，海洋不归属任何民族或任何个人。"希望能在日益扩大的海外掠夺、海外贸易中分一杯羹，意图向西班牙、葡萄牙的海上控制权发起挑战。由于无法和西班牙、葡萄牙进行直接的、正面的对抗，所以就采取了一种不怎么光彩的做法，积极鼓励海盗活动。

英国政府积极支持海盗活动，鼓励海盗去开拓殖民地，扩大海外贸易甚至大肆拦截西班牙和葡萄牙两国商船掠夺财物。在伊丽莎白一世的支持和资助下，1580 年，英国海盗德雷克成为世界上第一个活着完成环球航行的人。

在这次历时 3 年的航行中，德雷克的船队不仅掠夺了南美的西班牙殖民地，而且还袭击了西班牙在欧洲的港口，抢夺了大量的财物。满载而归的德雷克给投资者带来了丰厚的利润。作为主要资助者，伊丽莎白一世分到了 16.3 万英镑的红利，占这次著名抢劫所获财物的 1/3。海盗德雷克也因此被隆重地授予了骑士称号。

英国的海上抢劫以及对美洲的掠夺，严重地威胁着西班牙的殖民垄断地位，西班牙终于忍无可忍，决定派遣无敌舰队前去报仇雪恨，用武力征服英国。

1588 年，为了遏制英国的崛起，老牌殖民国家西班牙和后起的英国爆发了影响日后世界历史的英西海战。5 月，由 134 艘装备精良的舰船承载着 8000 多名水兵、20000 多名步兵以及 2000 名摇桨奴隶的无敌舰队从里斯本港启程，浩浩荡荡杀向英吉利海峡，而当时的英国海洋事业才刚刚起步，只拥有一支由简易小船拼凑和昔日海盗转正组成的皇家海军。

亡国的战争危险，悬殊的力量对比究竟该如何应对，英国作为一个正在崛起中的弱国，在此关键时刻，它的领导人表现出了应该具有的勇气、斗志和信心。

大敌当前，伊丽莎白一世向她的战士们发出了战斗的号召：“在这个时候，我要的不仅是消遣和娱乐，而是要下定决心参与战争，发挥核心的作用，和你们一起同生死，为我的上帝、我的国家、我的人民、我的荣誉、我的血统，甚至牺牲在尘土中也无怨无悔。我知道，我只是一个弱女子，但我有着作为王者、作为英国国王的雄心。”

图 6–17　被女王伊丽莎白一世授予骑士称号的海盗德雷克

无敌舰队对打赢战争非常自信，

没想到一出发就遇上了麻烦。大西洋上风暴肆虐，无敌舰队那些号称当时世界上最先进的舰船在巨大的风暴面前，变得脆弱不堪。狂风卷起的海浪让舰船剧烈颠簸，不得不狼狈地返回避风港。在避风港休整至7月，才重新出发。

无敌舰队为躲避风浪将出战计划推迟，给英国提供了备战的机会。英国利用这一个多月的时间，大力扩充海上力量，筹集了100多艘战舰，且都经过了精心的改良。虽说都是寒酸小船，但在作战的机动性和灵活性方面，却远远超过西班牙舰船。

7月21日，英西两国正式开战。英国舰船迅速抢占了无敌舰队上风位置，先发制人展开攻击。无敌舰队排成几路纵队，全速向英国战舰逼近。可是，英国军舰总是能灵活地拐弯掉头，避开西班牙军舰，然后以密集的舷炮火力杀伤对方。经过几个小时的混战，由于对英国海军的作战特点缺少研究，无敌舰队手足无措，被迫退出战斗。

图 6–18 女王伊丽莎白一世像

7月23日，海上风向逆转，无敌舰队处在上风位置，于是他们以多打少，重创了英国最大的战舰凯旋号。最初的交锋双方打了个平手。

7月28日，英国人决定在29日凌晨对无敌舰队发起总攻击。他们挑出8艘小船，将船身涂上沥青，船内装满油脂和柴草，点火后乘风驶向西班牙舰队。无敌舰队顿时陷入混乱，各舰争相躲避，致使一些船只在自相碰撞中沉没。

无敌舰队不少舰船的锚、舵也因此受到严重损坏，英国海军抓住西班牙人的这一弱点大胆接近，把握风向，时而左舷，时而右舷，连续不断地向西班牙舰船发起猛烈进攻。无敌舰队只有招架之功而无还手之力。战斗一直持续到下午6点，海上风向突然改变，英国海军出于谨慎考虑放弃了攻击，无敌舰队这才保全。

7月21日—7月29日，无敌舰队耗费了将近10万发的炮弹，但这10万发炮弹未能击沉一艘英国舰船，也没能保住自身的安全。在9天的战斗中，无敌舰队伤亡了几千人。

无敌舰队只能无可奈何地承认失败，集中起剩余船只，从北面绕过不列颠群岛向西班牙撤去。英国海军由于弹药所剩无几，没有继续追击，驾着舰船凯旋。

但对无敌舰队来说，灾难远没有结束，大海同样也是残酷的战场。遭受重创的无敌舰队在苏格兰西北海岸遇到了猛烈的大西洋风暴的袭击，不少舰船触礁沉没，有的迷失方向就此失踪。10月，无敌舰队仅剩43艘残破船只狼狈回到西班牙，几乎全军覆灭，而英国舰只没有损失，总共只有100多人战死。

英西海战是后起的殖民国家英国与老牌的殖民国家西班牙之间的一场生死决战。

凭借敢于战胜强大敌人的勇气，以及伴随勇气而来的智慧，英国人在海上大获全胜，击败了最强大的对手，一跃而成为海上强国。自此，西班牙的海上霸权开始向英国转移，无敌舰队惨败后50年间，尽管西班牙依旧保持着大国地位，但其根基毫无疑问已经动摇了。

英西海战同时也预示了海上战争新时代的到来，海上火炮攻击取代了以往短兵相接、强行登船的肉搏战。

综观世界历史，不少新帝国的诞生都是以弱胜强的结果，如果战争的胜负是可以由力量对比简单地决定的话，那么人类历史上的许多帝国可能永远也不会出现。

挫败了西班牙海上霸权，打破了西班牙人的殖民垄断局面，逐渐发展成为强大的殖民国家的英国，要求独占海权、原料和市场。这就导致英国同另一新崛起的海上强国、有“海上马车夫”之称的荷兰之间的冲突变得不可避免，由竞争、冲突最终发展成为战争。

1651 年，英国议会通过新的《航海条例》，规定一切输入英国的货物，必须由英国船只载运，或由实际产地的船只运到英国，不许其他有航运能力的国家插手。荷兰一向以商船多、体积大、效率高、组织完善而成为贸易中介国家和全世界商品集散的中心。英国的新《航海条例》很显然是针对荷兰的，试图削弱荷兰在国际贸易中的中心地位。荷兰强烈反对英国的新《航海条例》，英国则坚决拒绝废除新《航海条例》，这就导致了英荷之间的战争。

1652—1674 年，通过与荷兰的 3 次战争，英国夺取了荷兰在北美的殖民地，把荷兰势力赶出了印度，取代西班牙、葡萄牙、荷兰取得海上霸主地位，一跃成为世界上的头号殖民帝国。

正当大英帝国志得意满之时，1775 年，英国在北美的 13 个殖民地爆发了要求推翻英国殖民统治的战争。

英国在北美的第一个殖民地弗吉尼亚建立于 1607 年，经过不断拓殖，到 18 世纪 30 年代，英国人已在北美大西洋沿岸建立了 13 个殖民地。在此期间，大批欧洲移民移居北美，其中主要是英国人，也有不少来自欧洲其他国家的人。除此之外，还有从非洲贩卖来的黑奴。殖民地的统治模式依照英国政体建立，每个殖民地都有自己的总督和议会。总督代表英国对殖民地进行统治，拥有行政、经济和军事大权，可以否决议会通过的法案。

经过 100 多年的发展，英属北美各殖民地的经济往来日益密切，新英格兰一带的殖民地将工业品运销南方，南方几个殖民地则以粮食、棉花、烟叶等原料供应北方，逐渐形成了统一的市场。同时，在长期的交流、融合过程中，英语也逐渐成为各殖民地的共同语言，产生了共同的文化。在此基础上，民族共同体的意识逐步产生，美利坚民族开始形成。

1756—1763 年，英国与法国为了争夺对北美殖民地的控制权，进行了 7 年的战争。英国虽然最终赢得了战争，控制了北美大部分地区，但长期的战争也导致了财政上的困难。

为了缓解财政困难，英国政府不断地向北美各殖民地增加税收。1764 年，颁布《糖税法》，规定殖民地商人从英国以外的国家输入食糖、丝绸以及其他商品需征重税。1765 年，又颁布《印花税法》。按照税法要求，报纸、纸牌、法律文件及年历等一切印刷物品均须缴纳赋税，直接影响到殖民地广大人民的生活。英国政府的行为，引起了殖民地各阶层的严重不满，人们纷纷举行大规模的游行示威。1770 年 3 月，英军开枪射杀反抗殖民当局暴政的波士顿居民，制造了波士顿惨案，使得殖民地民怨沸腾。除了以战争解决问题，已别无选择。

1775 年 4 月 18 日，英国驻马萨诸塞的总督得悉当地民兵在距波士顿 21 英里的康科德设有武器库，遂出动 800 名英军奔袭康科德，准备捣毁殖民地民兵的军械库，同时一并拘捕该地的通信委员会成员，但消息被殖民地居民获知，并迅速通知了当地的民兵组织。民兵组织得知消息后，立即集结做好了自卫准备。

4 月 19 日凌晨 5 时左右，英军进至列克星敦一带时遭到严阵以待的民兵的阻拦，美国独立战争第一枪正式打响，结果英军损失 273 人，殖民地民兵则损失 93 人。在列克星敦枪声的鼓舞下，6 月 15 日，第二次大陆会议决定将殖民地民兵组建成正规的大陆军，并任命来自弗吉尼亚的庄园主乔治·华盛顿为大陆军总司令。

8 月 23 日，英王宣布殖民地居民的反抗运动为非法，并声言“宁可不要头上的王冠，也决不会放弃战争”。12 月 22 日，英国议会通过派遣军队赴北美殖民地镇压叛乱者的决议。

美国独立战争共持续了 8 年，大致可分为 3 个阶段：

1775—1777 年为第一阶段，大陆军孤军奋战，主战场在北部地区。

战争开始后，大陆军主动出击，取得了数次胜利，并迫使英军于 1776 年 3 月撤出了波士顿。下半年，由于增援部队的到来，英军力量大大加强，开始反击。为迅速扑灭殖民地的反抗烈火，英军准备一举夺下纽约和哈德逊河谷地，把北美殖民地一截为二，孤立反英最坚决的新英格兰诸殖民地，寻机全歼大陆军。大陆军被迫转入守势，同时积极寻求欧洲强国的支持。

8 月，英军在海军舰队的配合下向纽约发起进攻。华盛顿率领大陆军与英军数月苦战，结果损失惨重，被迫于 12 月率余部 5000 余人撤过特拉华河，英军占领纽约。

当年圣诞节之夜和次年 1 月 2 日夜，华盛顿利用英军疏于戒备之机，奇袭特伦顿和普林斯顿得手，俘敌近千人，士气有所回升。1777 年夏，一支 7000 余人的英军从蒙特利尔南下参加对大陆军的围剿，由于求胜心切，在缺乏其他各路围剿军队配合的情况下，孤军深入，推进至萨拉托加地域时，被数倍于己的大陆军和民兵游击队团团包围，弹尽粮绝被迫于 10 月 17 日向大陆军投降。

1778—1781 年为战争的第二阶段，法美结成同盟，法国介入战争，主战场转移到南部。

萨拉托加战役是独立战争的一个转折点，不仅增强了美国人的信心，同时也大大增强了法国人的信心。此前，尽管法国非常想向英国报仇雪恨，但由于美军屡屡受挫，因此也只能暗暗给予支援。萨拉托加战役胜利后，法国与 1778 年 2 月与美签订军事同盟条约，条约规定“法国保证美国的独立及其在同英国的战争结束时确定下来的领土”，法国率先正式承认美国。1778 年 6 月，法英开战。

与法国的结盟，大大推进了北美殖民地的独立运动，独立也从少数激进的美国独立活动家们的美好愿望最终变成了客观事实。

1779 年 6 月，西班牙也对英宣战。俄国则于 1780 年联合普鲁士、荷兰、丹麦、瑞典等国组成武装中立同盟，打破英国的海上封锁。12 月，荷兰加入法国方面对英作战。北美独立战争演变为遍及欧亚美三大洲的国际性反英战争，英国陷入空前孤立的境地。

英国政府得知法国舰队出动开赴北美的消息后，于 1778 年 6 月放弃费城，退守纽约。北部战事出现了僵持的局面。利用南部效忠派较多和靠近西印度群岛的有利条件，英军调兵遣将，将主力转移到南部，企图对美南部诸州各个击破，并依托沿海基地和纽约遏制北部。

1778年底，英军攻取佐治亚州首府萨凡纳，揭开了在南方发动强大攻势的序幕。1779年秋，南方美军会同法国舰队进攻南部英军主要基地萨凡纳受挫。1780年春，英军对南卡罗来纳重要城市查尔斯顿实施陆海两面包围，迫使美军5000余人投降，并缴获军舰4艘，使美军遭受了整个战争中最大的一次损失。战后英军主力回师纽约，留下7000英军控制南方陆地和沿海，这为南方美军的行动提供了方便。

在民兵游击队的配合下，南方美军先后于1781年1月和3月，在考彭斯和吉尔福德等地战胜英军，迫使英军从内地向沿海撤退。美军乘势拔除英军据点，收复了除萨凡纳和查尔斯顿之外的南部国土。

1781—1783年为第三阶段，战略决战，赢得独立。

1781年8月，南方英军退守弗吉尼亚半岛顶端的约克敦。此时在整个北美战场，英军主要集中于纽约和约克敦两地。这两个点相互孤立，背靠大海，极易受到分割围歼。

法美联军意识到决战的时机已经成熟，只要法国海军能掌握制海权，切断纽约和约克敦之间的海上联系，就可以集中力量分而歼之。8月30日，法国海军舰队到达切萨皮克湾，封锁约克河口，准备在约克敦和英军决战。9月上旬，法国海军与英军舰队展开激战，成功地驱逐了从纽约南下增援约克敦的英国舰队，掌握了附近海区的制海权，切断了约克敦英军的海上补给线和退路。

9月8日，华盛顿率领的美法联军南下到达约克敦附近的威廉斯堡。9月28日，在法军舰队的支持下，美法联军1.7万余人从陆海两面完成对约克敦的包围，向英军发起进攻。英军被迫放弃外围据点，退守内线阵地。10月14日夜，美法联军成功夺取扼守约克敦的两个重要堡垒，打开了通向约克敦的大门。10月15日，英军发起反击，但被迅速打退。10月17日，英军走投无路，请求进行投降谈判。10月19日，宣布投降，8000名英军走出约克敦放下武器。

此次战役，英军共伤亡482人，8077人投降，美法联军方面伤亡将近400人，其中2/3是法国人。

约克敦战役后，除了海上尚有几次交战和陆上的零星战斗外，北美大陆战事基本结束。1782 年 11 月 30 日，殖民地代表与英国代表在巴黎签订初步停战协定。1783 年 9 月 3 日，英王代表与殖民地代表于法国凡尔赛宫签订《巴黎和约》，英国正式承认美利坚合众国成立。

和约共 10 条，第一条规定："英王陛下承认合众国为自由、自主和独立的国家。"内容还有：确认美国疆界东起大西洋沿岸，西止密西西比河，北接加拿大五大湖区，南至佛罗里达北界；两国人民从此永久和平，停止在海上、陆上的一切敌对行动并互释战俘；英从美境内所有港口、地区、港湾撤出全部军队和舰只等。该和约的签订标志着英国正式承认美国独立。

西方时代最后一个帝国美利坚合众国正式成为国家。

18 世纪末，英国人瓦特在前人研究成果的基础上研制出了新型蒸汽动力机，可以给整个工业和交通运输业提供可靠的通用动力，以蒸汽动力技术为核心的近代工业体系开始形成。新型蒸汽动力机的出现，是英国工业革命中具有决定意义的事件，传统的工场手工业变成了机器大工业。从此，英国的纺织、煤炭、冶金、机械、交通运输五大产业突飞猛进，英国在技术、经济诸领域超越中国，取代中国成为世界第一强国。西方文明开始确立对世界的影响力和控制权。

图 6–19　瓦特于 1776 年制造出了世界上第一台有实用价值的蒸汽动力机，以后又进行了一系列重大改进。瓦特的蒸汽动力机可以取代水力和畜力，使人类找到了新的动力源泉，并由此开辟了机器化大生产的新时代

1842 年，中国在中英鸦片战争中惨遭失败，被迫签订了不平等的《南京条约》，从此逐步丧失了国家的独立和主权，西方世界奠定了对中国的优势。中国由万余年的领先者变成了落后者。

1914 年 6 月 28 日，奥匈帝国皇储费迪南大公夫妇在萨拉热窝视察时，被塞尔维亚青年普林西普刺杀。奥匈帝国以此为借口，在得到德国的支持后，于 1914 年 7 月 28 日向塞尔维亚宣战，第一次世界大战爆发。

第一次世界大战是由于西方世界新老殖民体系之间的矛盾、斗争激化而引起的。老的世界殖民体系以英国为中心，以法俄等为主要成员国，英国在 19 世纪中后期掌握着海上霸权、殖民霸权和工业霸权。德国则是一个后起的资本主义国家，普法战争后超过法国成为欧洲大陆的最强国。19 世纪末 20 世纪初，德国工业飞速发展，工业生产总值超越英国跃居欧洲第一位。德国统治集团也从维持欧洲霸权的“大陆政策”转向争夺全球霸权的“世界政策”。

但此时，世界上可瓜分的殖民地大多已被老牌的英、法、荷等国瓜分完毕，扩张也就意味着用武力重新划分全球的势力范围。于是，德国人提出大海军主义挑战英国的海上霸主地位，以大日耳曼主义来支持奥匈帝国削弱俄罗斯在巴尔干半岛上斯拉夫民族地区的影响力，企图摧毁老殖民体

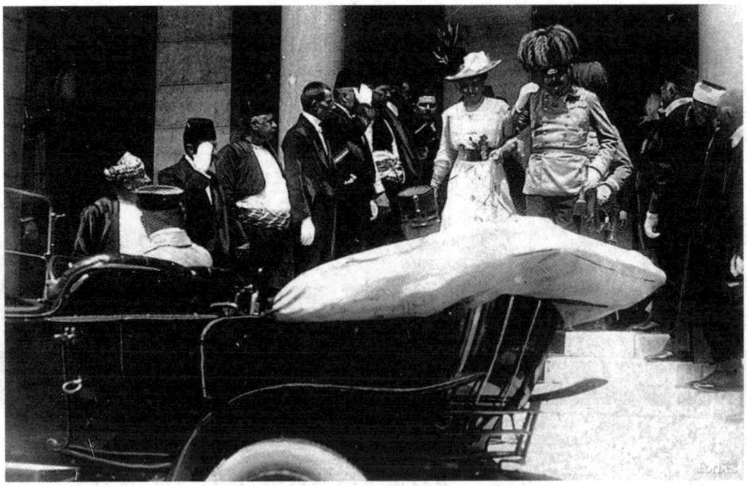

图 6-20　奥匈帝国皇储费迪南大公夫妇被刺前在萨拉热窝

系，建立起一个新的世界殖民体系。

为防止德奥同盟（尤其是德意志帝国）过分强大，威胁自己在传统领域的利益，英、法、俄这 3 个在历史上水火不相容的老牌帝国主义国家第一次联合在了一起，试图依靠自己在政治、经济、军事上的优势全面打压德奥两国。新旧两种殖民体系之间的斗争和矛盾空前尖锐，最终诉诸战争方式来解决。

7 月 30 日，俄国开始总动员，出兵援助塞尔维亚。8 月 1 日，德国向俄国宣战。接着在 3 日，向法国宣战。8 月 4 日，德国入侵永久中立的比利时，比利时对德国宣战。同日，英国考虑到比利时对自己国土安全的重要性和 1839 年签署的《伦敦条约》对比利时的保护承诺，向德国宣战。8 月 6 日，奥匈帝国向俄国宣战，塞尔维亚对德国宣战，意大利宣布中立。8 月 12 日，英国向奥匈帝国宣战。

战火首先在欧洲大陆燃烧起来，并迅速蔓延至中东、远东和非洲等地。欧洲的主要战场是：英、法、比对德作战的西线战场，俄国对德奥作战的东线战场。此外，还有巴尔干战场和意大利战场，其中最关键的战场是西线战场。战争期间，海上和空中也有交战。战争先后经历了 3 个阶段：

图 6–21　德皇威廉二世检阅军队

图 6-22　第一次世界大战中各国普遍装备的马克沁机枪，造成了惊人的人员伤亡

1914 年是战争的第一阶段。德国的战略构想是：避免东西两线作战，实行先发制人、各个击破的速决战。这一思想是根据德军前总参谋长施里芬在 1905 年制订的计划而形成的。这个计划的中心内容是集中大部分兵力，在 4—6 周内迅速击败法国，切断英国与欧洲大陆的联系，然后调过头来对付俄国，争取在 3—4 个月内赢得整个战争。

施里芬计划规定，在东线对俄军采取守势，只用 9 个师配合奥军进行防御。在西线集中 78 个师进攻法国。西线的左翼即阿尔萨斯—洛林地区只布置 8 个师，其余的 70 个师则集中于右翼，出其不意地通过中立国比利时和荷兰，越过未设防的法国北部，沿海岸线迅速推进，强渡塞纳—马恩河，随后折向东南从西南和南面包抄巴黎，形成钳形攻势，把法军围歼在巴黎以东，德军右翼纵队的“铁锤”与左翼纵队的“铁砧”之间。对法军取得决定性胜利后，把主力调往东线，会合奥军，以同样的闪击方式全歼俄军。

但德军统帅部在具体实施时，对计划做了一定程度但可能是致命的修改，增强了西线的左翼，同时削弱了西线的右翼。

1914 年 8 月 2 日，德军出兵中立国卢森堡，迅速控制了卢森堡的铁路网。8 月 4 日，德军对比利时不宣而战。至 8 月 20 日，德军成功攻占比利时首都布鲁塞尔，并四处驱逐比利时境内的法军。8 月 21 日，德军兵分五路攻入法国北部，法军失利被迫后撤。9 月 3 日，德军占领兰斯，前锋距巴黎仅 15 公里，法国政府被迫匆匆迁往波尔多。

但战局并没有如德军统帅部所设想的那样速战速决，英法在后撤过程中，迅速将军队调集至了马恩河一线，并开始组织反攻。9 月 5 日，马恩河战役打响。这次战役是第一次世界大战第一次大规模的战略决战，双方参战人数达 150 多万。经过 8 天的激烈战斗，以德军撤退、联军胜利告终。马恩河战役是第一次世界大战的第一个转折点，德军在 6 周内击败法国的计划宣告破产。

接着，双方爆发了奔向海边的运动战。双方都试图从他们各自的东翼调集军队迂回包围对方，但势均力敌。至 12 月，整个西线由运动战转入阵地战，以战壕为主要形式的西线从瑞士边境延伸至北海，长达 700 多公里，战争进入胶着对峙状态。此后直至 1918 年 3 月，没有一次进攻能使战线向前或向后移动 10 英里。

与此同时，俄军趁德军在开战之初，集中兵力在西线之际，在东线向德军发起进攻。8 月下旬，俄两个集团军攻入东普鲁士，并向纵深发展进攻，德军被迫从西线调兵增援。德国援军行动迅速，很快便抵达东线，包围并歼灭了俄第二集团军，控制住了东线战局。9 月，俄第一集团军也被德军击败，德军进逼至俄国境内作战，俄军先后损失达 20 余万人。在南部，俄军则取得了胜利，占领了全部东加里西亚和布柯维纳，并一度包围了德军，但没能成功围歼。到 12 月中旬，交战双方都停止了进攻，东线战事同西线一样亦进入胶着状态。东线的战事，使德国从大战一开始就陷入了极力要避免的两线作战境地。

1915—1916 年为战争的第二阶段。速决战的破产，迫使德国重新制订作战计划，调整军事部署。德军决定先集中兵力击溃俄国，逼使俄国停战，从而结束东线战事，然后再全力对付英法，避免继续陷入两线作战的困局，东线于是变成主要战场。

1915 年 5 月，德奥联军以 18 个师和 2000 余门大炮，兵分两路进击俄军，并计划将俄军逼至“波兰口袋”内歼灭。双方交战 5 个多月，德军攻占普热米什尔、莱姆堡、伊凡哥罗德、华沙、布雷斯特、维尔诺及里加，并迫使俄军撤退至里加湾—德涅斯特河一线，俄军共伤亡 100 多万人。德军虽然大胜，但并未能彻底消灭俄军主力，无法迫使俄国投降。

1915 年春，英法联军利用德军主力集中在东部战线的有利时机，接二连三地向德军发动攻势，但因为战术陈旧，全部被德军成功击退，英法联军伤亡惨重。4 月，德军在反击中首次大量使用毒气，使双方都遭受了重大损失。这一年的西线，尽管英法联军和德军皆死伤惨重，但战事始终呈僵持状态。

这样双方都把 1916 年看作是决定性的一年，为了赢得胜利，展开了激烈的攻防。在陆上发生了 3 次大型战役，即西线的凡尔登战役、索姆河战役和东线俄军的夏季攻势；在海上则爆发了日德兰海战。

1916 年 2 月，东线的压力稍有降低，德军统帅部决定集中兵力对西线法军实施进攻，设法消灭法军主力，迫使法国投降。德国人选择了易守难攻的法国凡尔登要塞作为主要进攻目标。凡尔登是协约国军防线的突出部，对德军深入法国、比利时有很大威胁，同时又是通往巴黎的交通要道和法军防线的枢纽，有“巴黎钥匙”之称，可以设法使法国“流尽最后一滴血”。

2 月 21 日，德军用 1200 门大炮对 40 公里的战线开始了 9 个小时的集中轰击，一天之内总计发射炮弹 100 多万发，随后集中大量的兵力向法军阵地发起进攻。到 23 日，德军已经前进了将近 5 公里，法军被迫后撤。2 月 27 日起，法军调集了 3900 辆汽车，组织起一支运输队，利用唯一与后方保持联系的巴勒迪克—凡尔登公路，源源不断地向凡尔登调运部队和物资。一周内运送人员 19 万、物资 2.5 万吨，这是战争史上首次大规模的汽车运输。法军大批援军及时投入战斗，加强了纵深防御，对战役进程产生了重大影响。

德军则由于弹药消耗太大，且战略预备队无法按时投入战场，攻击力锐减，从而丧失了突破法军纵深防御的时机。

3—6月，战事呈血肉横飞的拉锯战，尽管德军向凡尔登发起了无数次进攻，但收效甚微。6月，索姆河战役打响，迫使德军从凡尔登抽调部分兵力去对付北面的英法联军，尔后的进攻行动只是为了牵制当面法军。经数月苦战，德军虽在凡尔登以北、以东地区楔入法军防线7—10公里，但未能达成战役突破。9月2日，德皇批准停止进攻。10月24日，法军发起大规模反攻，于11月初收复杜奥蒙堡和沃堡。12月15日—12月18日，法军再次发动反攻，基本收复被德军攻占的阵地，战役至此结束。

凡尔登战役是第一次世界大战中持续时间最长的一次战役，历时10个月，双方投入兵力200万，发射炮弹4000万发，伤亡人数近百万，创造了战争史纪录，使凡尔登成了骇人听闻的“绞肉机”和“人间地狱”。

德国企图一举击败法国的战略目标再次遭受挫折，损失了巨大的人力和物力，又不可能得到及时补充。标志着德国军事进攻的能力已从顶峰跌落，战争主动权逐渐转到协约国手里。

6月，为了减轻凡尔登方向德军对法军的压力，英法联军准备在法国北部索姆河地区对德军发起进攻。24日起，英法联军进行了长达7天的炮火准备。7月1日晨，步兵在炮火支援下发起进攻。当天法军就突破了德军的第一道阵地，但英军毫无进展。英军以密集队形发起冲锋，遭德军马克沁机枪的强大火力杀伤，在一天时间里死亡、受伤、失踪近6万人。7月3日，德军利用对方进攻的间歇，迅速调集兵力，加强防御，并在一些地段实施了反击。7月中下旬，英法联军再度发起进攻，占领了德军的部分阵地，但未能发展为战役突破。9月3日，英法联军第三次发起进攻，截至12日向德军纵深只推进了2—4公里。

9月15日，英军在进攻中首次使用坦克，步兵的进攻速度因而有所提高，这是战争史上第一次使用坦克。坦克的出现使防御方的德国步兵产生了巨大恐慌，纷纷放弃阵地向后撤退，但由于无论技术还是战术都不完善，加上战线宽广，坦克的首次使用仍然没有达到打开突破口的作战目的。在9月下旬和11月的进攻中，英军又两次使用坦克，但数量都较少，收效不大。

索姆河会战，双方伤亡约 127 万人，其中英军约 42 万人，法军约 20 万人，德军约 65 万人。英法联军未达到突破德军防线的目的，但钳制了德军对凡尔登的进攻，进一步削弱了德军实力。

1916 年战事的基本特征是：双方为了取得战略突破，在很有限的地域和海区集中庞大的兵力进行决战，人力、物力消耗都极其巨大，但都未取得决定性的战果。

1917—1918 年为战争的第三阶段。第一次世界大战爆发后，美国马上宣布“不但在名义上而且在事实上做到保持中立”。实际上，一方面坐山观虎斗，让欧洲强国相互削弱；另一方面通过出售军火等战争物资，大发战争横财。同时，耐心等待参战的最佳时机，以实现其担当世界领袖、充当世界警察的梦想。

就如美国驻英大使，在第一次世界大战爆发后不久所说的那样：“差不多所有欧洲国家都快要破产了。海上将不再有德国，而 10 年以后，将很难回想 10 年以前的欧洲是什么样子。那时整个世界前途就将会落在我们手中，这是非常难得的机会。”这位大使的估计显然有些保守了。

到了 1916 年，美国总统就感到坐不住了。7 月，威尔逊在一次工商业家大会上发表演说，公开表示：“我们应当在世界上担当起重大任务。……从现在起，我们的事情是放债，帮助各个国际大企业，推动这些企业向前发展。我们要向全世界提供相当大的款项，而对世界提供款项的人，应当认识和了解这个世界，并且要会凭自己的知识和智慧管理这个世界。”①

由于英国对德国实行严密的海上封锁，美国同协约国的贸易从 1914 年的 8.24 亿美元激增到 1916 年的 32.14 亿美元，而与同盟国的贸易则从 1914 年的 1.69 亿美元猛跌至 1916 年的近乎零。在美国正式参战前，从美国运往欧洲的物资，总值已在 100 亿美元左右。战争将美国同协约国在经济利益上紧密地联结在了一起，蓬勃发展的美国工业需要协约国接连不断的订单。

战争也使美国从战前的债务国摇身一变而为各协约国家的主要债权人。大战爆发前夜，美国对欧洲各国负债近 60 亿美元；通过大战，美国不仅偿清了全部债务，而且还借给交战国约 100 亿美元，并把世界大部分

① 蒋孟引：《第一次世界大战》，上海：上海人民出版社，1979 年，第 92 页。

黄金储备集中在自己手中。

俄国发生二月革命后，美国明显感到一旦俄与德单独议和，退出战争，同盟国极有可能战胜协约国，取得战争的胜利。那时，美国的巨额贷款将可能化为乌有。再加上，经过3年的战争，两大军事集团此时也都已损失惨重，精疲力竭，美国参战夺取战后世界霸权的时机显然已经成熟。

现在唯一需要的是借口。

1917年1月，美国收到德国关于实行无限制潜艇战的照会。2月3日，美国宣布与德国断绝外交关系。

3月，美国公布被英国人截获的德国齐默曼密电，密电称如果德国和美国发生战争，墨西哥愿意参加德国一方对美国宣战，德国将协助把美国西南部还给墨西哥。以此为借口，美国在4月6日向德国宣战，迈向世界霸主的宝座。

事实上，相对正在没落中的英国，快速崛起的在经济上具有更大潜力的德国，才是同样也在快速崛起中的美国的最大威胁，所以从大战开始之日起，美国统治集团就不是中立的，而是亲协约国。摩根商行的一位高管承认：他们的商行从未中立，自战争爆发之日起，就采取了一切可能的手段，以协助盟国的事业。这个盟国就是协约国。

1916年，首先在凡尔登采取攻势的是德国人。时间进入1917年，发动攻势的变成了协约国。在经历了前一年的沉重打击后，德国人决定在西线采取守势，同时在海上展开无限制的潜艇战，以使法国孤立在欧洲大陆上，因饥饿而投降。

4月，法军于西线展开春季攻势，在与德军激战一个多月、伤亡10余万人后未有进展，引起法国士兵的骚动，法军被迫转而采取守势，并尽力安抚士兵们的不满。下半年，美国提供的装备到达欧洲，英军于是再次在西线发起进攻，但在损失30多万人后，也没有改变战事的胶着状态。德国的防御战略使协约国蒙受了40余万人的伤亡，而自己仅伤亡25万人，成效还是相当显著的。

东线持续的战事，使俄国内经济濒于崩溃，工厂倒闭，失业率骤增，军火补给困难，士兵极度厌战。1916年冬始，俄国内各种矛盾加剧，罢工人数迅速增加。1917 年 3 月（俄历 2 月）8 日，彼得格勒爆发罢工和暴动，派去镇压的军队也当场哗变，二月革命爆发。沙皇尼古拉二世失去对军队和国家的控制，被迫退位。

3 月 12 日，临时政府成立。临时政府认为俄国对其盟友负有某些不可推卸的责任，不愿结束战争，也不愿意满足农民日益高涨的土地重新分配要求。与此同时，民众代表会议苏维埃则要求立刻结束战争，实现和平，立即分配土地。

4 月，列宁结束长期在国外的流亡生活回到俄国，发表了著名的《四月提纲》，提出了立即实现和平、将土地分给农民和全部政权归苏维埃的主张，制订了从资产阶级民主革命向社会主义革命过渡的明确路线和具体计划。根据《四月提纲》的指示，布尔什维克党在群众中展开了广泛的宣传和组织工作，领导彼得格勒工人和士兵举行了四月示威、六月示威和七月示威。

7 月 1 日，临时政府为了实践自己的诺言，恢复了对德军的进攻。最初，进展还是顺利的，但到了 19 日，德军开始反攻，俄军迅速崩溃。夏季攻势的失败使停止战争的呼声进一步高涨，布尔什维克的主张得到越来越多民众的支持。9 月 12 日，彼得格勒苏维埃通过了一项布尔什维克决议，要求立即停止战争。战和矛盾进一步激化，临时政府方面再次发难，派兵进攻彼得格勒，力图消除苏维埃对政府的影响，被赤卫队和同情革命的士兵击败。

10 月间，彼得格勒和莫斯科的苏维埃都转到了布尔什维克党方面；工人罢工、农民起义、士兵骚动，革命形势完全成熟。布尔什维克党再度提出“全部政权归苏维埃”的口号，并在全国各地着手准备武装起义。在武装起义问题上，布尔什维克党内产生了重大分歧，列宁坚持由布尔什维克夺取政权，并最终说服了党中央委员会投票赞成起义。

11 月 7 日（俄历 10 月 25 日），俄国首都彼得格勒的工人赤卫队和士兵在列宁和布尔什维克党领导下首先举行武装起义。以停泊在涅瓦河上的阿芙乐尔号巡洋舰的炮声为信号，彼得格勒的工人和士兵开始向冬宫发起攻击，逮捕了临时政府的部长们。当晚，第二次全俄苏维埃代表大会在斯莫尔尼宫召开，会议宣布临时政府被推翻，中央和地方全部政权一律转归苏维埃。

第二天，大会通过了《和平法令》和《土地法令》。《和平法令》向各交战政府和人民建议结束战争，缔结不割地、不赔款的和约。《土地法令》规定废除地主土地私有制，实行国家土地所有制，同时把土地分给农民耕种。大会组成了以列宁为主席的第一届苏维埃政府人民委员会，世界上第一个社会主义国家宣告诞生。

彼得格勒武装起义的胜利，奠定了苏维埃政权胜利的基础，1917 年 10 月—1918 年 2 月，革命扩展到俄国各地。十月革命的胜利极大地影响和改变了世界历史的进程，社会主义运动从此在世界范围内兴起。

为了退出战争，新成立不久的苏俄政府积极向各交战国呼吁和平。协约国对苏俄的和平建议避而不答，但同盟国为了尽快结束东线战事，以便集中兵力在西线作战，表示愿意谈判。

12 月 3 日，谈判开始，德国提出了把波兰、立陶宛、爱沙尼亚的局部和拉脱维亚、白俄罗斯的全部割让给德国并赔款 30 亿卢布的苛刻条件，这引起了布尔什维克党内严重的分歧。列宁主张接受德国的条件，签订和约，为新生政权争得喘息机会。仅季维诺也夫、斯大林等少数中央委员支持列宁，列宁的主张最终未被多数接受。1918 年 2 月 8 日，德国发出最后通牒，苏俄谈判代表仍然拒绝签约，并声明苏维埃国家准备停止战争，遣散自己的军队。

以此为借口，德国开始对苏俄大举进攻，兵锋直指彼得格勒。在极其严峻的形势下，苏俄中央委员会举行了紧急会议。经过激烈的争论，最终以 7 票赞成、5 票反对、1 票弃权的结果通过了列宁的提案。苏俄政府连夜通知德国方面，同意签约，但德国在得到通知后并没有停止进攻，反而提出了更加苛刻的条件。苏俄党中央再次召开有 15 名委员参加的紧急会议。会议中，大多数委员表示不赞成列宁的主张。列宁只得提出，如果这种空谈继续下去，他就要辞职，退出政府和中央委员会。最终，列宁的主张以 7 票赞成、4 票弃权、4 票反对获得通过。2 月 24 日，苏俄政府重新派出了谈判代表团与德国进行谈判。

3 月 3 日,《布列斯特和约》正式签订。按照合约，俄国丧失了将近

100万平方公里的土地和近5000万居民，这片土地拥有全国煤炭开采量的90%、铁矿石的73%、工业的54%以及铁路的33%。此外，条约还规定，苏维埃政府必须复员军队，海军应该驶进俄国的港口，在那里停泊到缔结普遍的和约或立即解除武装。同时，以各种形式赔款60亿马克。这是一个不平等且屈辱的条约。

但通过这一条约苏俄成功地与德国结束了战争状态，消除了自己最大、最主要，同时也是最危险的敌人，为刚刚诞生的苏维埃政权争取了极其宝贵的喘息时间，使苏维埃俄国得以在全世界的围攻下艰难地生存下来。

11月11日，德国战败，同协约国签订停战协定。11月13日，苏俄政府宣布废除掠夺性的《布列斯特和约》，仅仅几个月时间，条约变成了一纸空文，从中应该可以一窥列宁当时的远见卓识。

东线战事因俄国发生十月革命并退出战争而结束后，德军立即集中全部兵力于西线，做最后孤注一掷的努力，意图在美军到达欧洲之前，于1918年夏季打败英法两国，以扭转战局。

1918年3—7月，德军接连于西线发动4次大规模的攻势，前两次攻势在损兵10余万后毫无所获。美军则已到达欧洲，协约国兵力开始增加。5月底，德军发动第三次攻势，主要是打击巴黎方向的法军。这次攻势成功突破了法军的防线，并进逼至距巴黎仅37公里之地，由于美军来援，才阻止了德军的前进。7月15日，德军发动第四次也是最后一次进攻，在付出巨大伤亡后，向前推进了不足4公里。

7月18日，协约国军队在马恩河一线发动反攻，获得成功。8—9月，英法联军开始使用坦克集群配合以飞机的新战术，向德军坚固设防的阵地发起进攻，德军遭到自开战以来最惨重的失败，防线不断被突破，德国人彻底丧失了继续战斗的信心。9月，德军统帅部要求政府趁军队受损还不是非常严重，立即着手停战谈判。随后出现了柏林和华盛顿之间持续数星期的外交接触，主要的障碍是德皇拒绝退位。

11月3日，基尔港德军舰队发生兵变，并迅速蔓延到整个海军及全国。9日，德皇威廉二世被迫宣布退位，并逃往荷兰。德国社会民主党组成临时政府，宣布成立民主共和国。1918 年 11 月 11 日，《贡比涅森林停战协定》签订，德国投降。历时 4 年零 3 个月的第一次世界大战以协约国的胜利而告终。

第一次世界大战波及 30 多个国家和地区，约 15 亿人卷入战乱。双方伤亡人数达 2000 多万，造成巨大的经济损失，带给人类空前的灾难。

第一次世界大战结束后，世界格局发生了巨大的改变。英国的经济实力和军事实力在战争中大为削弱，国力日衰，地位下降，逐渐沦为二流国家，美国则如愿以偿成功取代英国成为西方世界第一强国。这一次的世界权力交替，虽然也源于战争，但战争已不再是唯一重要的，经济力量的消长也已变得相当重要。

战争也为社会主义革命创造了条件，苏维埃俄国因此而诞生，根本改变了世界历史的发展进程。

第一次世界大战结束了，但和平并没有持续太久。

以缔造和平为目的的巴黎和会不但没有解决西方各国原有的各种矛盾，反而增加了战胜国和战败国的矛盾。作为战败国，德国丧失了大量领土、殖民地及其自身的经济优势，会议签订的《凡尔赛和约》的严酷条款，使

图 6–23　1920 年 5 月 5 日，列宁向准备奔赴波兰前线的士兵发表演说，讲台右侧为托洛茨基，其后为卡米涅夫

德国人普遍感到强烈不满。复仇的思想开始在德国社会形成并逐渐蔓延。

1922 年 10 月，意大利国王任命墨索里尼担任意大利总理，法西斯专政首先在意大利建立，以民族主义与极权主义取代了原本的代议制民主体制，不断打压意大利国内的社会主义、左派和自由主义的活动。同时，墨索里尼政府也积极展开多方位的外交活动，期望能够将意大利发展成为世界大国之一，成为新罗马帝国。

几乎同时，以希特勒为首的纳粹党则开始尝试在德国建立一个法西斯政府。由于经济大萧条所带来的动乱，法西斯主义开始恶性发展，纳粹党迅速膨胀为德国第一大党。1933 年 1 月，希特勒上台，2 月制造国会纵火案，3 月通过《授权法》，继之一系列法西斯法案相继出笼，至次年 8 月颁布《国家元首法》，对国家社会进行了全面改组，建立起集权统治的法西斯体制，同时加紧扩军备战。

1936 年 3 月，希特勒无视《凡尔赛和约》和《洛迦诺公约》的规定，派兵占领莱茵非军事区。7 月，西班牙内战爆发，希特勒和墨索里尼公开支持主张法西斯独裁的佛朗哥将军，联合武装干涉西班牙。1936 年 10 月，德国和意大利组成柏林—罗马轴心；11 月，德国和日本签署了《反共产国际协定》；1937 年，意大利也宣布加入这一协定，正式形成了由三国组成的法西斯国家集团。

1927 年，日本田中内阁为制定侵略中国的总方针，召开了东方会议，会议形成了《对华政策纲领》。1931 年，日本国内军国主义日趋高涨，军方积极策划如何能够有效占领中国并且获取足够的自然资源，以迅速壮大日本的力量，达到进一步控制亚洲、太平洋的目的。9 月，日本关东军按预定计划，制造了九一八事变并入侵中国东三省，迅速走上了战争和法西斯化的道路。1936 年，日本法西斯青年军官发动二二六兵变，军部实力大大加强。不久，受军部控制的广田弘毅上台组阁，建立军事法西斯专政。

随着帝国主义国家间经济、政治和军事发展不平衡的加剧，军事实力发展较快的德、意、日三国要求重新划分世界势力范围，使得世界大国之间的矛盾迅速尖锐化。

1937 年 7 月 7 日，驻河北丰台的日本华北驻屯军第一联队，在中国驻

图 6–24　1931 年 9 月 19 日凌晨，日军步兵冲进北大营，左胳膊以白布条为记号

军阵地附近举行演习，借口士兵“失踪”，无理要求进入宛平城搜查。驻宛平的中国第二十九军当即予以拒绝，日军向宛平城发动攻击，中国驻军奋起还击。第二次世界大战的战火首先在亚洲战场燃起。

1938 年 3 月和 10 月，为了实现其全球扩张计划第一阶段目标，建立起一个包括中欧所有日耳曼人的大德意志帝国，希特勒先后入侵奥地利、捷克斯洛伐克，不战而屈人之兵，兵不血刃占领奥地利、捷克斯洛伐克全境。欧洲进入战争状态。

1938 年 7 月，日本制造张鼓峰事件。1939 年 5 月，又制造诺门坎事件，向苏军发动大规模进攻，但均被苏军击退。日本决定放弃北进，转为加速南下。

1939 年 9 月，德军进攻波兰，英法被迫相继对德宣战。1940 年 6 月，巴黎沦陷，法国屈辱投降。

1941 年 6 月 22 日，德国未经宣战向苏联发动全面进攻，苏德战争爆发。12 月 7 日，日军袭击珍珠港，太平洋战争爆发。第二次世界大战全面展开。

太平洋战争爆发后，法西斯国家和反法西斯国家相互宣战，两大阵线形成。12 月 11 日，德、意、日签订《联合作战协定》，结成更紧密的军事联盟。1942 年 1 月 1 日，美、苏、中、英等 26 个国家在华盛顿签署《联合国家宣言》。《联合国家宣言》的签署，标志着世界反法西斯同盟的最终形成，为最后战胜法西斯轴心国奠定了坚实的基础，也为战后联合国的建立准备了条件。

苏德战争开始后，由于苏联方面完全没有准备，苏联红军在半天之内就损失飞机 1200 架，其中 800 架未及起飞即被击毁于机场。苏联西部城市、海空军基地、通信设施，在德军空军袭击之下严重受损，边境军区指挥机构基本瘫痪。德军在战争的第一天就前进了 50—60 公里。苏联国防委员会命令各军区向入侵者进攻，但事实证明这根本不切实际。由于通信设施遭到严重破坏，各军区已经失去同边境地区部队的联系。

德军凭借进攻的突然性、军队的作战经验以及武器装备上的优势，在战争的前三周，进展非常顺利。中央集团军群向前推进了 450—600 公里，先锋已到达距莫斯科只有 370 公里的斯摩棱斯克；南方集团军群向前推进了 300—350 公里，前锋进至通向基辅的接近地；北方集团军群向前推进了 450—500 公里，已经渡过西德维纳河。

面对有备而来的德军，苏军则陷入完全的被动。战争初期，便有 28 个师被全歼，70 个师人员武器损失过半，大量人员被俘，大量装备被毁。

当时，英美军界除了少数不同意见外，大多数意见认为苏军的抵抗很快就会被粉碎，苏联人坚持不到冬季来临。为了形成自己的看法，罗斯福派遣私人代表霍普金斯于 7 月 30 日抵达莫斯科，斯大林要将战争进行到底的决心给霍普金斯留下了强烈的印象。

斯大林预言，莫斯科、列宁格勒各条战线，最迟将于 10 月稳定下来。尽管正面临严峻的考验及承受着巨大的压力，但他坚信，希特勒必败，反法西斯战争必将取得最后胜利。霍普金斯的莫斯科之行，促成了美国和苏联在反法西斯战争中的协调和合作。

9 月，德军在攻占斯摩棱斯克和基辅后，集中兵力向苏联首都莫斯科发动进攻。为了达到在 10 天内拿下莫斯科的目标，德军用于莫斯科会战的兵力达 180 万，74 个师又 1 个旅，其中包括 14 个装甲师和 8 个摩托化师，占当时苏德战场上装甲师和摩托化师数量的 64%，共有 1700 辆坦克、1.4 万门火炮、1390 架飞机。德军不仅在数量上，而且在武器质量上也优势明显。

德军计划以坦克集团实施主突击，割裂苏军防御，在维亚济马、布良斯克合围歼灭苏军的西方面军、预备队方面军和布良斯克方面军，尔后以强大的快速集群从北面和南面两翼迂回莫斯科，在步兵集群正面进攻的配合下最终攻占莫斯科。

自 7 月起，苏联政府迅速动员了 45 万首都居民，在莫斯科以西日夜构筑防御工事。战前，在莫斯科以西 300 余公里纵深内，已成功建立起梯次配置的多道防御地带。参加会战的苏军有 3 个方面军和 1 个战役集群，共 125 万人，坦克 990 辆、火炮和迫击炮 7600 门、飞机 677 架。

9 月 30 日，德军第二装甲集群在布良斯克方向；10 月 2 日，第三、第四装甲集群在维亚济马方向，相继开始了进攻。尽管苏军进行了顽强的抵抗，德军仍然突破了苏军的防御。10 月 7 日，德军进抵维亚济马，苏军在此陷入合围，一直顽强抵抗到 13 日。13 日，苏军维亚济马集团大部被歼。布良斯克方面军陷于战役合围的困境后也向后退却。23 日，苏军布良斯克方面军大部被歼。德军在维亚济马—布良斯克战役中，共俘虏苏军 67 万人。

德军虽然在维亚济马—布良斯克战役中消灭了大量的苏军有生力量，但自己也遭受了严重的损失。同时，随着天气的变冷，秋雨把道路变成了泥沼，进一步阻碍了德军的进攻。德军于是被迫全线停止前进，以待大地封冻。德军进攻的暂时停止，为苏军赢得了宝贵的休整时间。

10 月 19 日，国防委员会在莫斯科及其附近地域实行戒严，号召首都人民不惜一切配合红军，誓死保卫莫斯科。居民在街道筑起防御工事，连克里姆林宫附近都不例外，组建起大量民兵师，全城做好了巷战准备。苏联政府则向东撤退到古比雪夫，但斯大林仍留在莫斯科。为了提升国民及军队的士气，斯大林命令在 11 月 7 日于红场照常举行纪念十月革命阅兵式。

11 月 7 日上午，在飘着雪花的初冬雾霭中，非同凡响的盛大阅兵式在红场举行。全副武装的苏军，在接受斯大林的检阅后，直接从红场开赴前线。

图 6–25　1941 年 11 月 7 日红场阅兵，是近现代史上颇具英雄主义精神的阅兵仪式。苏军将士顶着暴风雪走过红场，接受最高统帅斯大林的检阅，随即开赴前线

11 月 15 日—11 月 18 日，德军经过调整和补充后，向莫斯科重新发起进攻，遇到苏军极其顽强的抵抗，莫斯科附近的战斗空前残酷、激烈。首都保卫者的口号是："俄罗斯虽大，但已无处可退，后面就是莫斯科！"经过 11 月底—12 月初的顽强防御和多次反突击，德军突向莫斯科的最后企图破产了。12 月 5 日，在环绕莫斯科 200 英里的半圆形阵地上，德军全线被阻止。苏军虽然经常处于危急之中，但终于坚持下来并大量消耗了德军的有生力量。

仅 11 月 16 日—12 月 5 日，德军在莫斯科附近就死伤 15.5 万余人，损失坦克约 800 辆、火炮 300 门。

1941 年 12 月 6 日，苏军开始大规模反攻。到 1942 年初，苏军解除了德军对图拉的包围，收复了克林、加里宁、卡卢加等许多城市。4 月，莫斯科会战以苏军获胜而告终。苏军在会战中歼灭了 50 多万德军，其中冻死、冻伤有 10 余万人，有 38 个德国师被重创，包括 15 个装甲师或摩托化师，击毁 1300 余辆坦克、2500 余门火炮和 1.5 万辆汽车，解放了 1.1 万个居民点，将战线向西推进了 100—350 公里。

莫斯科保卫战的胜利使纳粹德国企图快速征服苏联的计划宣告破产，打破了德军不可战胜的神话，并使其遭到无法弥补的物资损失，德军再也无力在全线发动进攻，基本丧失了赢得战争胜利的可能。

1942年春天，漫长的苏德战线相对稳定了下来，但双方都在秣马厉兵，准备更大规模的战役，以争夺战略主动权。鉴于德军已无力发动全线进攻，希特勒认为攻击莫斯科目标过于明显，并且中央集团军群已经受到了很大削弱，德军应放弃再次进攻莫斯科的计划，集中兵力于南方战线发动新一轮重点攻势，占领高加索的油田、库班的小麦产区、顿涅茨盆地的工业区，并拿下伏尔加河上的斯大林格勒。

斯大林格勒位于伏尔加河下游西岸，战前居民约60万人，是苏联内河航运干线——伏尔加河上的重要港口，也是苏联南方的一个铁路交通枢纽和重要工业城市。斯大林格勒以西、以南是广阔富饶的顿河下游地区和高加索地区，这些地区是苏联粮食、石油和煤炭的重要产区。德军占领乌克兰后，斯大林格勒便成了苏联中央地区通往南方经济区唯一交通要道的咽喉，战略位置更为重要。如果德军占领这一地区，苏联就会失去继续战争所需要的石油、粮食和重要的工业基地，而德国此时也迫切需要得到这些资源。

1942年6月底，在希特勒的命令下，德军从哈尔科夫附近的集结地域向罗斯托夫和斯大林格勒方向发起进攻。7月17日，斯大林格勒外围防御战打响。战役开始时，苏联红军在斯大林格勒方向的防御力量薄弱，苏德实力对比是：人员1:1.2、坦克1:2、飞机1:3.6，只有火炮数量大致相等。为了增强苏军的斗志，斯大林严厉要求苏联红军“一步也不能退！”规定凡是不服从命令而离开战斗岗位或者撤退的军人都将按军法处置。

8月17日，德军兵分两路开始向斯大林格勒发起强大的钳形攻势，一路从西北、西向东突进，一路从南向北突击。8月23日，北路德军先头部队进抵伏尔加河畔，把苏军的防线成功地割裂为二，防守市区的第六十二集团军与方面军其他部队的联系被切断，伏尔加河的航运一度中断。同时，南路德军也逼近斯大林格勒以南的伏尔加河河曲，半包围圈形成。

斯大林格勒的局势对苏军极为不利，在此危急形势下，最高统帅部决定紧急动员尚在补充和修整中的近卫第一、第二十四和第六十六集团军迅速投入斯大林格勒战场。8 月 29 日，朱可夫飞到斯大林格勒并着手组织第二十四、第六十六集团军和近卫第一集团军的反击行动。在斯大林的命令下，朱可夫多次组织反击，试图恢复同第六十二集团军的联系，但均失败。9 月 12 日，斯大林格勒外围防御地带已全部丧失，德军突至城下。

9 月 13 日，德军集中 13 个师，总计 17 万人开始攻城。在此之前，德军轰炸机用燃烧弹将市区炸成一片废墟，伏尔加河东岸对斯大林格勒的水路增援也受到严重影响。德第六集团军担任主攻，从城北实施猛烈突击。第四装甲集团军则从城南推进，策应城北的主攻。

9 月 14 日，德军从城北突入市区，与苏军第六十二集团军展开激烈的巷战，斯大林格勒变成一片瓦砾，大量建筑被摧毁。在满是瓦砾和废墟的城市中，苏军第六十二集团军顽强抵抗，城市的每家工厂、每条街道、每座楼房都发生了激烈的战斗，攻城德军的死伤人数迅速增加。

德军的进攻战术是多兵种联合作战，强调步兵、炮兵和空军地面轰炸的协调。为了对抗这种战术，苏军针锋相对尽量将己方的前线与德军贴近，使德军炮兵部队无法发挥远程攻击的优势。

9 月 15 日，德军对斯大林格勒城中的制高点马马耶夫高地实施重点突击。经过一天残酷的战斗，德军占领了马马耶夫高地，但第二天，苏近卫第十三师渡过伏尔加河进入斯大林格勒，突然向德军发起反冲击，又夺回了该高地。很多重要据点双方都进行了反复的争夺，第一火车站的争夺战达一周之久，曾 13 次易手。德军的推进不是用公里，而是用米来计算，但德军不顾一切，一步步向市中心逼近。

无论对斯大林还是对希特勒来说，此时的斯大林格勒成了事关战争成败的关键之地。斯大林决不能让这个以自己名字命名的城市落入德军之手，他亲自下令要求在任何情况下都要坚守该城，每一座房屋，只要有苏联军人，哪怕只有一个人，也要成为敌人攻不破的堡垒，而在希特勒眼中，斯大林格勒的精神价值也已大大超过了其战略价值，非要攻占它不可。

苏军调动了全国所有的空中力量支援斯大林格勒，在 9 月底和 10 月初，苏军便向斯大林格勒城区调去了 6 个步兵师和 1 个坦克旅。刚刚赶赴城中的红军战士平均存活时间往往不超过24个小时，军官也只有约3天的平均存活时间。德军则调去了20万增援部队，包括90个炮兵营和40个受过攻城训练的工兵营。

经过3个月血腥的战斗，至1942年11月初，德军占领了整个城市80%的地区，将坚守的苏军分割成两个狭长的口袋状，但德军始终无法完全占领斯大林格勒。11月11日，德军以5个步兵师、2个装甲师和2个工兵营在宽5公里的正面发起最后一次强攻。战斗队形高度密集，苏德两军为争夺每一寸土地、每一座房屋，进行了异常激烈的战斗，德军终于冲至了伏尔加河岸，但部队已疲惫不堪，其攻势已成强弩之末，被迫于次日停止进攻，休整部队。

根据苏联方面的统计，1942年7—11月，德军在顿河、伏尔加河和斯大林格勒的交战中，损失约70万人、1000余辆坦克、2000多门火炮、1400余架飞机。

早在9月中旬斯大林格勒巷战刚开始时，苏最高统帅部便已制订了一个行动计划：一方面以积极防御疲惫敌人，另一方面着手准备反攻，在斯大林格勒地区围歼德军。担任斯大林格勒方向最高指挥的朱可夫开始向斯大林格勒地区秘密地大规模集结兵力。

至1942年11月中旬，在斯大林格勒城外南北两侧的苏联红军已达3个方面军10个诸兵种合成集团军，1个坦克集团军，4个空军集团军和若干个独立军、坦克军和旅，共143个师110.6万人，有15500门火炮和迫击炮、1463辆坦克和强击火炮、1350架飞机。当面的德军B集团军群共有80个师又3个旅，约100万人、10290门火炮、675辆坦克、1216架飞机。无论兵力还是兵器，苏军都已占优势。

朱可夫的计划是将德军继续牵制在城内，然后通过打击德军虚弱的两侧将德军包围在斯大林格勒地区。11月13日，斯大林批准了朱可夫和华西列夫斯基拟订的反攻计划。11月19日，苏军开始实施大规模反攻。11月22日，南北两翼的苏军在斯大林格勒以西40公里顿河河曲的卡拉奇会师，将德第六集团军的5个军22个师，以及罗马尼亚、意大利、克罗地亚部分军队共约30万人合围，第六集团军只有约5万人被分割在包围圈之外。

得到消息后，希特勒严令德军坚守，绝不许从伏尔加后退，并命令德顿河集团军群的装甲重兵集团实施救援，但被苏军所阻。

1943 年 1 月初，压缩在包围圈中的德军态势急剧恶化，已经没有任何解围的希望。为了减少无谓的流血牺牲，苏军最高统帅部命令顿河方面军向德军第六集团军发出最后通牒，要求德军无条件投降，但遭到德军拒绝。

10 日，顿河方面军开始了旨在分割并最终全歼被围德军的进攻。6 天时间，德军的阵地缩小了一半。24 日，德军阵地被一劈为二，最后一条临时跑道失去。31 日，德军南集群被消灭，以第六集团军司令为首的残部投降。2 月 2 日，德军北集群残部投降，斯大林格勒会战结束。苏军消灭了德军在苏德战场总兵力的 1/4 约 150 万人，由德军及仆从军所组成的最大军事集团彻底覆灭。

苏联在斯大林格勒会战所取得的胜利，为苏联卫国战争和第二次世界大战的根本转折做出了决定性的贡献，苏军从德军手中夺取了战略主动权，并一直保持到战争结束。斯大林格勒战役也是历史上最为残酷的战役，双方共约 200 万人在战火中丧生，其中 50 万是平民。

7 月，德军在库尔斯克突出部集中优势兵力，发起其在东线的最后一次进攻作战——库尔斯克战役，企图合围库尔斯克突出部的两个方面军的苏军。苏军在战役之前已获得准确情报，对库尔斯克突出部加强了防御。

7 月 5 日晨，库尔斯克会战打响，德军以装甲集群从南北两翼向苏军发起猛攻，在苏军极其顽强的防御面前，德军的进攻收效甚微，未能突破主要防御阵地。12 日，双方发生激烈的坦克遭遇战，世界军事史上最大的坦克大会战爆发。两军各有近千辆坦克参战，并有大量飞机支援，激烈的战斗持续了一整天。日暮时分，苏军在这场决战中取得了关键性的胜利。8 月，库尔斯克战役以苏军的全面获胜而结束。

库尔斯克战役是苏德战争中德军最后一次的进攻战役，这场战役使德军丧失了 50 余万士兵、1500 多辆坦克、3000 多门火炮、1000 多架飞机，从此完全丧失战略进攻能力。苏军夺取了战略主动权，德军被迫转入全面防御。所以斯大林说："如果说斯大林格勒附近的会战，预告了德国法西斯军队的覆灭，那么库尔斯克附近的会战，就使得它已经处于覆灭的边缘。"

同时期的太平洋战场，日军在偷袭珍珠港得手后，迅速出兵攻占了菲律宾、泰国、马来亚、新加坡、荷属东印度群岛、威克岛、吉尔伯特群岛、新不列颠和关岛。加入美国对日战争的同盟国，包括英国、澳大利亚和荷兰，均遭到了日军的进攻，但在不久后的珊瑚海及中途岛海战中日军遭受了巨大挫败。中途岛海战大大削弱了日本航空母舰舰队的攻击能力，是盟军对日本的第一次重大胜利。盟军开始在太平洋处于优势，准备从日本人手中夺取战争的主动权。

盟军选择了所罗门群岛，特别是所罗门群岛南部的瓜达尔卡纳尔岛、图拉吉岛和佛罗里达岛为进攻目标。日本海军 1942 年 5 月占领图拉吉岛后就在附近构建了水上飞机基地，并在瓜达尔卡纳尔岛动工建设一个大型机场。机场建成后，日军计划在此一次性部署 45 架战斗机和 60 架轰炸机。这些飞机可以为南太平洋的日本海军提供空中掩护，同时威胁美国、澳大利亚和新西兰之间的补给线。

1942 年 8 月 7 日，以美军为主的盟军开始在瓜达尔卡纳尔岛、图拉吉岛登陆作战。登陆部队被分成两组：一组进攻瓜达尔卡纳尔岛，另一组进攻图拉吉、佛罗里达和附近的岛屿。由 6000 名士兵组成的美国海军陆战队在攻占图拉吉岛的战斗中遭遇了日军的激烈抵抗，8 月 8 日，盟军攻占了图拉吉岛。在瓜达尔卡纳尔岛的登陆作战遇到的抵抗则轻微得多，8 月 8 日下午，美军攻占机场后，发现机场即将建成。

盟军的进攻令日军十分意外，8—12 月，日军多次尝试从美军手中夺回亨德森机场。双方在海上、陆地、空中展开了激烈的争夺，消耗了大量的人员、战舰和飞机。最终，日军因无力进行消耗作战，只能选择撤退。1943 年 2 月 7 日，日军全部撤离瓜达尔卡纳尔岛。

瓜达尔卡纳尔岛战役是继中途岛之后日本的再次失败，也是日本从战略优势走向劣势的转折点。1942 年底，盟军在瓜达尔卡纳尔岛的反攻和胜利，与同时期的斯大林格勒会战一起，成为同盟国进入战略反攻阶段的开始。

1943年9月，中国军队和美军开始缅甸战役，英军配合作战。1943年11月，太平洋盟军兵分两路反攻：一路沿所罗门群岛北上，一路从新几内亚西进。

1944年6月，英美盟军在诺曼底登陆开辟第二战场。东线苏军也连续发动大规模攻势作战，几乎全部恢复战前的国境线，并进入东欧地区。

1945年春，苏、美、英、法四国军队都已进入德国本土作战。苏军距柏林仅60公里，准备给德军以最后歼灭性的打击。美英的先头部队则已前出到易北河，距柏林100—120公里。

德军此时仍集中主要力量以对付苏军，至4月16日前，在苏德战场作战的共有214个师，其中34个坦克师、15个摩托化师。而当时对美英军队作战的只有60个人员装备不齐的德国师，包括5个坦克师，仅有约200辆坦克。

担任柏林防御的德军共约100万人、火炮和迫击炮10400门、坦克和强击火炮1500辆、作战飞机3300架。此外，在柏林还组建了200多个国民突击队营。德军在柏林方向的防御是重兵集结的纵深防御，在柏林以东共建有三道防御阵地。德军统帅部采取了各种措施，力图阻止苏军夺取柏林。

苏军集团用于柏林方向作战的共有162个步兵师和骑兵师、21个坦克军和机械化军、4个空军集团军共250万人，火炮和迫击炮约4.2万门、坦克和自行火炮6250余辆、作战飞机7500架，人员及装备均数倍于德军。

柏林战役的目的是：粉碎防守柏林方向的德军集团，攻占德国首都柏林，并于战役结束前使苏军前出易北河与盟军会师。战役企图规定，在宽大正面实施数个猛烈突击，迅速突破奥得河、尼斯河防御，合围德军柏林集团，同时予以分割，逐一消灭。

由于德军主力在苏德战争上被大量歼灭，德国已无力继续作战，战争行将结束，同盟国与苏联的矛盾因此也日益尖锐。美英军队统帅部一改原先拖延等待的态度，积极催促其欧洲远征军尽快向德国中心地域推进，如果有可能的话设法先苏军占领柏林。苏军最高统帅部因此特别强调战役必须高速进行，力争在12—15昼夜内结束。

4月16日清晨，战斗以炮击揭幕，数以千计的大炮和喀秋莎火箭炮开始猛烈轰击德军阵地，随后各坦克集团军发起突击。至4月24日，白俄罗斯第一方面军与乌克兰第一方面军在柏林东南会合，切断了德军第九集团军与柏林的联系，并合围了该集团军。4月25日，白俄罗斯第一方面军第四十七集团军与乌克兰第一方面军第四坦克集团军在柏林以西会合，从而完成了对柏林的合围。柏林以北地区的德军集团，也遭到苏军重兵集团的夹击，处境十分困难。同日，乌克兰第一方面军所属近卫第五集团军西进到易北河，在托尔高地区与西线美军第一集团军会师。

在败局已定的情况下，希特勒决定德军统帅部撤离柏林，他本人则留下"与柏林共存亡"。他下令军事机关的所有参谋和文职人员都毫无例外地参加战斗，并决定对按兵不动的指挥官要在5小时内处决。

4月26日—5月1日，合围柏林的苏军展开了对柏林城的强攻。柏林是德军精心设防的城市，防御体系完整，工事非常坚固。牢固的楼房、隐蔽的地下室、地下铁道、排水沟壕等，为德军提供了顽强防御的支撑点。地下铁道和众多的地下建筑物也便利了部队实行广泛的机动。苏军在进攻

图6-26　新闻照片《美国国旗插上硫磺岛》。1945年2月23日，美军将国旗插上激战中的硫磺岛

图6-27　新闻照片《胜利旗帜插上柏林国会大厦》。1945年4月30日，苏军攻克柏林，将胜利的红旗插到了柏林国会大厦顶上

前首先用火炮和飞机对目标地域进行轰击，随后步兵在坦克和配有喷火器和爆破器材的工兵掩护下，一小段一小段地前进，攻占每一条街道、每一座楼房。因此，每前进一步都要付出很大的代价。

29日深夜1时，希特勒宣布与始终追随的爱娃·布劳恩举行婚礼。婚礼之后，希特勒口述了他的遗嘱，指定海军元帅邓尼茨为他的接班人，并决定自杀，同时希望他们夫妇的遗体在总理府立即火化。30日下午3点50分，希特勒与结婚才一天的妻子在地下暗堡的寝室里双双服毒自杀。

4月30日晚9时前后，经过逐层逐房间的争夺，苏军将胜利的旗帜插上柏林国会大厦主楼圆顶。

5月2日7时，德军柏林城防司令官前往崔可夫的前沿指挥所，签署了投降令。下午，柏林剩余守军约15万人全部投降。至此，苏德战争最后一次决战——柏林会战结束。此役苏军共歼灭德军100万人，俘虏48余万人，而苏军也付出了30万人伤亡的代价。

1945年5月9日零时许，受希特勒继承人邓尼茨的委托，德军最高统帅部代表凯特尔元帅在柏林军事工程学院的食堂大厅内，与苏联及其盟国正式签署了无条件投降书。

1945 年初，盟军基本占领太平洋上的全部岛屿。1945 年 8 月，美国在日本广岛和长崎投下两颗原子弹。8 月 8 日，苏联正式对日作战，进攻中国东北的日本关东军，中国也展开战略反攻，对日寇进行最后一战。8 月 15 日，日本被迫接受《波茨坦公告》，宣布无条件投降。

1945 年 9 月 2 日上午 9 时，在停泊于东京湾的美国战列舰密苏里号上举行了隆重的受降仪式。日本外相重光葵作为日本政府代表，陆军参谋总长梅津美治郎大将作为日军大本营代表，在投降书上签字。随后，麦克阿瑟以盟军最高司令官的身份签字，中国军令部长徐永昌上将等代表各战胜国依次签字，接受日本投降。

至此，第二次世界大战结束，反法西斯国家和人民取得了反法西斯战争的伟大胜利。

第二次世界大战后期，同盟国召开了一系列重要国际会议，美、苏、

图 6–28 1945 年，雅尔塔会议上的斯大林和丘吉尔

英三国就结束战争、处置法西斯和战后世界安排等问题达成了多项协议，形成雅尔塔体系，主要内容有：

一、划定美、苏、英在欧洲、亚洲及世界各地的势力范围，确定对德国、奥地利、朝鲜和越南等国实行分区占领的原则。

二、明确了对德、日、意法西斯进行民主改造，惩办战争罪犯的基本政策。

三、创建了维护世界和平的国际性组织——联合国，制定了世界各国在战后进行合作的基本方针。

雅尔塔体系确立了战后世界的基本秩序，世界进入美苏争霸阶段。

1949 年 10 月 1 日，毛泽东主席在天安门城楼上向全世界庄严宣告，中华人民共和国中央人民政府成立！

中华文明伟大复兴的时代（1953—）

确定 1953 年为中华文明再度兴起的起点，是因为 1953 年中华文明具备了再度崛起的政治、军事、科技条件。

一、政治上重新成为独立、统一的国家。1949 年中华人民共和国成立，标志着 100 多年来中华民族受外族入侵者欺凌奴役，国家四分五裂的时代从此一去不复返。中华民族期盼已久的一个独立、统一、民主的新国家从此诞生，中国人民重新站起来了，可以挺直脊梁向着新的中华文明的时代勇敢前进。

二、军事上在反击外族入侵和入侵威胁的战争中取得最后胜利。1953 年朝鲜停战协定的签订，宣告 100 多年来中华民族反击外族入侵和入侵威胁的战争取得最终胜利。中国人民志愿军将以美国为首的“联合国军”从鸭绿江边打回了三八线，并迫使美国在停战协定上签字，打破了美军不可战胜的神话，捍卫了新生的共和国的安全，赢回了中华民族失去已久的尊严和自信，奠定了中华民族再度崛起的坚实基础。

三、科技上通过引进国外技术逐步建立起自己的工业、技术体系。1953年，中国开始实施第一个发展国民经济的五年计划，“把重点转到基本建设上来”，逐步建立起国家的工业、技术体系，奠定了国家工业化的初步基础。

在中国共产党的领导下，中国人民在充满敌意的国际环境和极少外援的情况下，将中国从一个贫穷落后的农业国建设成为一个以工业为主的国家。1949年前的中国，除了东部和内陆中心城市有少量轻工业外，基本上没有像样的工业，国内使用的许多工业品都是外国制造的。至20世纪70年代末，中国建立起了门类基本齐全的工业体系，拥有了石油、煤炭、电力、钢铁、机械制造、航天、航空、原子能、化工、轻纺织等多行业的生产基地和生产能力。钢铁、石油、煤炭、粮食、棉花、棉纱等主要工农业产品的产量进入世界前列。

在此期间，开展了大规模的基础设施建设，共建成80多万公里的公路、2万多公里的铁路，其中绝大部分穿行于崇山峻岭和戈壁荒漠，使云南、广西、四川、贵州、青海、新疆等地结束了没有铁路的历史。1970年竣工通车的成昆铁路，更是创造了世界铁路建筑史上的奇迹。完成了主要大江大河的治理，兴建了5万多座水库，变水患为水利，使农民千百年的梦想变为现实。

建立了规模庞大、分布领域广泛的科研院所，这样庞大的科研体系，在发展中国家中是唯一的。完全依靠自己的科研力量，建立起了比较完整的核科技工业体系。

1964年10月，中国第一颗原子弹爆炸成功。1967年6月，中国先于法国成功进行了第一颗氢弹爆炸试验，成为世界上第四个拥有氢弹的国家。从第一颗原子弹到第一颗氢弹，美国用了7年4个月，苏联用了4年，英国用了4年7个月，中国仅用了2年8个月。1970年12月，中国自己研制建造的第一艘核潜艇安全下水，标志着中国已经掌握了核动力技术，建成了世界上只有少数几个国家才拥有的比较完整的军用核燃料循环体系。

所有这一切极大地改变了中国的面貌，也为中国以后的改革开放、经济发展奠定了物质基础。

1978年12月，党的十一届三中全会召开，中国进入了改革开放的历史新时期。

改革开放后，中国全面执行以经济建设为中心的政策，通过全体国民的共同努力，实现了连续40多年的经济持续高速增长，创造了世界经济史上的奇迹。自2007年起，中国成为世界第三大经济体国家。2010年，中国成为世界第二大经济体国家。

历史发展的轨迹清楚地表明，中国的再度崛起已是不争的事实，中华文明的时代再度到来乃是世界历史发展的必然趋势，任何力量都阻挡不了，任何力量也改变不了。就如同劈开崇山峻岭，在高山深谷间咆哮奔腾、汹涌向前的滚滚长江之水，谁都无法阻挡。

同时，我们也应该清醒地看到，尽管中国目前已成为世界第二大经济体，但从人均角度来看，与欧美经济强国还有不小的差距。依据发展经济学理论，现在的中国仍处于工业化中期，与世界经济强国相比还有不小的距离，中国必须在今后二三十年时间里继续保持经济的中高速增长。

（至本书出版时止，本书中尚有少量图片，本书作者未能与该图片作者取得联系，请原作者见示与中国摄影著作权协会联系，以便支付稿酬，电话：010-65595720）